BASTEI
LÜBBE

Andreas Kasprzak

Die Welt der X-Akten

Unerklärliche Phänomene und ihre Hintergründe

BASTEI LÜBBE

BASTEI-LÜBBE-TASCHENBUCH
Band 13 905

Erste Auflage: Juni 1997

Lektorat: Dr. Edgar Bracht
Titelbild: IFA-Bilderteam
Umschlaggestaltung: Quadro Grafik, Bensberg
Satz: KCS GmbH, Buchholz/Hamburg
Druck und Verarbeitung:
Brodard & Taupin, La Flèche, Frankreich
Printed in France
ISBN 3-404-13905-4

Der Preis dieses Bandes versteht sich einschließlich der
gesetzlichen Mehrwertsteuer.

*Für Peter Thannisch,
der den Stein ins Rollen brachte,
und Michael Schönenbröcher,
der ihm noch mehr Schwung gab.*

Inhalt

Es gibt mehr Dinge zwischen Himmel und Erde,
als Eure Schulweisheit sich träumen läßt.

William Shakespeare

Vorwort

Seit dem September 1993 (in Deutschland seit September 1994) sorgt in den Vereinigten Staaten mit gleichbleibend gewaltigem Erfolg eine Fernsehserie von Fox Television für Aufsehen, in der sich zwei FBI-Agenten, Fox Mulder und Dana Scully, immer wieder in die Welt des Übersinnlichen, Irrealen und Unfaßbaren begeben. Der Produzent, Drehbuchautor und geistige Vater der mittlerweile weltweit zum Kult avancierten Serie *The X-Files*, Chris Carter, hat durch die Vermischung von Realismus, Paranormalem und durchweg ausgezeichneten Darstellern wie David Duchovny, Gillian Anderson und Pitch Pileggi ein Phänomen der neunziger Jahre geschaffen, das seinesgleichen sucht. Carter hat mit *The X-Files* den Nerv der Zeit getroffen. Dabei ist es nicht weiter von Bedeutung, ob er von einer gesellschaftlichen Bewegung, die dem Unerklärlichen wesentlich aufgeschlossener gegenübersteht als die hartnäckige Scully, beeinflußt wurde und sich davon inspirieren ließ, oder ob er mit seiner brillanten TV-Serie erst das Interesse des Publikums am Übernatürlichen geweckt hat. Fakt bleibt, daß *The X-Files* international eine Lawine losgetreten und zahllose Anhänger gefunden hat, die bereit sind, sich ernsthaft mit Phänomenen wie Telekinese, Vampiren, Voodoo, UFOs und dergleichen auseinanderzusetzen, vor allem, da immer wieder behauptet wurde, daß die Inhalte der einzelnen Folgen größtenteils auf Zeitungsberichten basieren würden. Und so fragt sich seit nunmehr vier Jahren mancher Zuschauer, was an der Serie real und was Fiktion ist.

Beschäftigt man sich wie Mulder und Scully näher mit den in der Serie auftauchenden Phänomenen, muß man des öfteren genau wie die Agenten feststellen, daß mehr hinter einer vergleichsweise harmlosen Erscheinung stecken kann, als man auf den ersten Blick vermutet. Umgekehrt birgt aber auch so manches faszinierende Rätsel bei genauer Prüfung nichts als leere Luft.

›Vertrauen Sie niemandem!‹ ist ein Motto, das nicht nur Mulder und Scully verinnerlichen mußten. Auch der Zuschauer sollte diesen Leitsatz beherzigen, der wie das große ›X‹ zu einem Symbol geworden und mittlerweile sogar in Posterform zu haben ist. Denn häufig – und ebenso geschickt – spielen Chris Carter und die kreativen Köpfe seines Teams mit unserem Glauben bzw. Aberglauben.

Was an den Phänomenen der X-Akten wahr ist und was nicht, das ist die Frage, der Andreas Kasprzak in diesem Band nachgeht – fundiert, detailliert, kritisch und unterhaltsam, aber stets darauf bedacht, dem Leser das abschließende Urteil zu überlassen.

Das vorliegende Buch ergründet Erscheinungen, die den Menschen seit jeher Rätsel aufgeben, die sie immer wieder staunen lassen wie Kinder. Und selbst wenn Sie wie Mulder und Scully niemandem auf der Welt weiter über den Weg trauen, als Sie ihn einhändig werfen können, sollten Sie mir dennoch eines glauben: *Diesem Band können Sie Ihr volles Vertrauen schenken!*

Walther Wiesheier
(Herausgeber des Magazins *Screem*,
Phantastische Welten)

Walther Wiesheier ist Herausgeber des renommierten Horrormagazins *Screem* (Verlag Phantastische Welten), das sich neben der Serie *The X-Files* regelmäßig alle drei bis vier Monate auch mit sämtlichen übrigen Facetten des Phantastischen in Literatur und Film auseinandersetzt.

Einführung

The X-Files ist keine Serie für Menschen, die an irgend etwas glauben oder nicht glauben, sondern für alle diejenigen, die jede Woche das prickelnde Gefühl einer Achterbahnfahrt erleben wollen.

Chris Carter

Ganz so einfach, wie Chris Carter, der geistige Vater der vielgerühmten Mystery-Fernsehserie *The X-Files* es sich in obigem Zitat macht, ist die Sache nicht. Denn auch wenn die Serie in erster Linie produziert wird, um die Zuschauer für eine Weile gut und spannend zu unterhalten, ist sie doch so ausgelegt, daß der Rezipient auch lange nach dem Abschalten des Fernsehers noch über das behandelte Thema nachgrübeln kann.

Meist werden in den einzelnen Episoden mehr Fragen aufgeworfen, als sich am Ende klären. Viele Fans und Kritiker sind sich darin einig, daß dieser Umstand entscheidend beigetragen hat zum phänomenalen Erfolg der Serie, die weltweit in über sechzig Ländern ausgestrahlt wird (darunter in Taipe, Taiwan, China und Japan). *The X-Files* ist keine Serie, die man sich anschaut und umgehend wieder aus dem Gedächtnis verbannt. Aufmerksamkeit und Mitdenken seitens des Zuschauers sind Dinge, die die Macher von *The X-Files* voraussetzen. Da diese Verhaltensweisen heutzutage, da die meisten Medien dem reinen Konsum oder der geistlosen Berieselung dienen, allerdings Mangelware geworden sind, ist es kein großes Wunder, daß die Fans der Serie, die sich selbst den Namen ›X-Philes‹ gegeben haben (abgeleitet vom griechischen Wort ›philo‹, was Freund/Liebhaber bedeutet), statistischen Erhebungen von Twentieth Television und der Fox Broadcasting Company zufolge zumeist zwischen achtzehn und vierunddreißig Jahre alt, überdurchschnittlich intelligent und gebildet sind. Damit dürfte das Vorurteil widerlegt sein, daß nur geistig leicht zu beeindruckende Teenager an Geschichten der Art, wie sie *The X-Files* präsentiert, Interesse haben.

Obgleich die Fälle, die in den einzelnen Episoden der Serie behandelt werden, allesamt fiktiv sind, entbehren sie dennoch nicht einer ›gesicherten‹ Grundlage. Pyrokinese, UFOs, Vampire, Außerirdische, spontane menschliche Selbstverbrennung, Hellseherei, Wunderheiler ... Praktisch mit allen Facetten des Unerklärlichen und Widernatürlichen bekommen es die FBI-Agenten Fox Mulder und Dana Scully, die ein inniges, allerdings rein platonisches Verhältnis miteinander verbindet, im Laufe der bislang dreiundsiebzig Folgen (inklusive Pilotfilm) zu tun. Und all diese Phänomene haben ihren eigentlichen Ursprung nicht in der Phantasie der talentierten Drehbuchautoren der Serie, allen voran Chris Carter, Glen Morgan und James Wong, sondern bis zu einem gewissen Grad in der Realität bzw. dem, was wir gemeinhin dafür halten. Keine andere TV-Serie versteht es, derart geschickt wie *The X-Files* Fiktion und Fakt miteinander zu verknüpfen und so selbst der unglaublichsten Geschichte zumindest einen Anstrich von Authentizität zu verleihen. Dazu Carter: »Oft beziehen wir unsere Ideen aus Tatsachenberichten, Reportagen, Essays und Zeitungsartikeln, die wir für die Serie weiterentwickeln unter dem Aspekt: ›Was wäre, wenn ...‹«

Was wäre, wenn in den ersten Julitagen des Jahres 1947 in der Nähe der Kleinstadt Roswell, New Mexico, tatsächlich ein UFO abgestürzt wäre, aus dessen Trümmern das US-Militär die Leichen dreier außerirdischer Kreaturen geborgen hat? Wenn es wirklich Vampire, Werwölfe und Zombies geben sollte, oder Menschen, die allein kraft ihrer Gedanken Feuer entfachen können? Wenn Poltergeister und Gespenster ebenso real wie Atomkraftwerke wären und nicht bloß in unserer Phantasie existieren?

Was wäre dann?

The X-Files nährt das Interesse der Zuschauer an den Dingen, die jenseits des wissenschaftlich Faßbaren, Erklärbaren liegen. Insgeheim will wohl jeder wissen, was tatsächlich hinter jenen sonderbaren unerklärlichen Phänomenen steckt, die immer wieder als Aufmacher für die Boulevardpresse herhalten müssen. Doch dafür sind Beweise nötig, *eindeutige, unwiderlegbare Beweise,* und die sind sowohl die moderne Wissenschaft als auch Mulder und Scully uns bislang größtenteils schuldig geblieben.

ERSTER TEIL
Mysterium Mensch

1

Präkognition

> Der unvoreingenommene Beobachter kann nur die eine Schlußfolgerung ziehen, daß es eine kleine Gruppe von Menschen gibt, die ihr Wissen mit Mitteln, die der Wissenschaft bis jetzt noch unbekannt sind, entweder aus dem Bewußtsein anderer Personen oder aus einer anderen Welt nehmen.
>
> *H. J. Eysenck*

Mit einem der erstaunlichsten und faszinierendsten Phänomene im Kontext des Unerklärlichen sehen sich Mulder und Scully in der *X-Files*-Episode ›Clyde Bruckman's Final Repose‹ konfrontiert. In dieser Folge gelingt es den beiden FBI-Agenten mit Hilfe des präkognitiv begabten Versicherungsvertreters Bruckman einen Serienmörder zu fassen. Präkognition, die Kenntnis über zukünftige Ereignisse, ›firmiert‹ zusammen mit anderen paranormalen Erscheinungen wie beispielsweise Telekinese, Levitation, Psychokinese, Telepathie sowie Retrokognition (Reflexion vergangener Geschehnisse) unter dem Oberbegriff ›Außersinnliche Wahrnehmungen‹, kurz ASW, und hat seit jeher beträchtliches Interesse erregt, da es schon immer einer der größten Wünsche der Menschen war, ihr eigenes Schicksal vorherzusehen. Dabei scheinen sie jedoch häufig zu übersehen, daß es unter gewissen Umständen wenig erfreulich ist, die Zukunft vorhersagen zu können, denn der Großteil präkognitiver Voraussagen, die sich zumeist in Form extrem realistischer prophetischer Träume oder plötzlicher Eingebungen offenbaren, befaßt sich mit Katastrophen, Tod und anderem Unheil. Optimistische Vorhersagen sind überaus selten.

Ein bemerkenswertes Beispiel für einen hellsichtigen Traum ist der Fall des britischen Schatzkanzlers Spencer Perceval, der am 11. Mai 1812 im Foyer des Unterhauses ermordet wurde. Neun Tage zuvor hatte der Grubenbesitzer John Williams aus Cornwall seinen Freunden davon erzählt, daß er letzte Nacht träumte, wie Perceval, mit blauem Frack und einer weißen Weste angetan, von einem Mann, der einen braunen, mit Messingknöpfen besetzten Mantel trug, durch einen Pistolenschuß in die Herzgegend getötet wurde. Williams war von seinem Traum dermaßen beeindruckt, daß er den Schatzkanzler warnen wollte, doch auf Anraten seiner Bekannten verzichtete er schließlich darauf. Als er zwei Wochen später bei einem Besuch in London Zeichnungen der Ermordung Spencer Percevals sah, die man nach Augenzeugenberichten angefertigt hatte, stellte er beklommen fest, daß sein Traum bis hin zu den Knöpfen an der Kleidung des Mörders, John Bellingham mit Namen, exakt den Tatsachen entsprach.

Ebenso verblüfft von seinen Träumen wie John Williams war der britische Luftfahrtpionier John W. Dunne, der seine Erfahrungen mit der Präkognition in dem Buch *An Experiment with Time* (1927) darlegt. Dunne, ohne Zweifel ein integrer Mann, pflegte seine hellsichtigen Träume nach dem Erwachen stets niederzuschreiben und notierte sich im Herbst des Jahres 1913 folgendes: ›Ich sah einen hohen Bahndamm. Im Traum wußte ich, so selbstverständlich, als ob ich mit der Gegend vertraut wäre, daß der Ort gleich nördlich der Firth of Forth Bridge in Schottland lag. Am Fuße des Dammes erstreckte sich offenes Grasland, auf dem Menschen in kleinen Gruppen umhergingen. (...) Dann sah ich, daß ein in Richtung Norden fahrender Zug soeben die Böschung hinabgestürzt war. Mehrere Waggons lagen unten am Abhang. Steinblöcke rollten und rutschten den Bahndamm herab.‹ Als Dunne am nächsten Morgen seiner Schwester von dem Traum erzählte, erwähnte er zudem, daß sich das Unglück im folgenden Frühjahr ereignen würde, wohl im März oder April. Und so geschah es auch: Am 14. April 1914 stürzte der Postzug *Flying Scotsman* nahe des Bahnhofs von Burntisland, ungefähr fünfzehn Kilometer nördlich der Firth of Forth Bridge, den sechs Meter hohen Damm hinab auf einen darunter liegenden Golfplatz.

Vor allem bei folgenschweren Katastrophen wie beispielsweise Flugzeugabstürzen oder Zugunglücken, bei denen viele Personen ihr Leben lassen, kommt es hin und wieder vor, daß mehrere Menschen unabhängig voneinander dasselbe Ereignis vorausahnen. Als die neunjährige Eryl Mai Jones aus Aberfan in Südwales ihrer Mutter am Morgen des 19. Oktober 1966 erzählte, daß sie in der Nacht geträumt habe, zur Schule zu gehen und das Gebäude ›nicht mehr da‹ wäre, weil es ›unter etwas Schwarzem‹ verschüttet sei, hatten offenbar über sechzig Personen weltweit dieselbe Vision. Zwei Tage später, am 21. Oktober, rutschten 500 000 Tonnen Kohlenschlacke einen Berghang hinab und begruben die Schule von Aberfan unter sich. Hundertvierundvierzig Kinder und Lehrerkräfte starben, darunter auch Eryl Mai Jones, was der Londoner Psychiater Dr. John Barker zum Anlaß nahm, um sich für die Einrichtung des ›British Premonitions Bureau‹ einzusetzen, einem Institut, das Vorahnungen aus der Bevölkerung protokolliert und auswertet, *bevor* die Voraussagen sich erfüllen, wodurch Barker wesentlich dazu beitrug, dem von Skeptikern häufig geäußerten Einwand zu begegnen, daß angebliche präkognitive Visionen stets erst *nach* dem betreffenden Unglück allgemein bekannt würden.

Heute gibt es weltweit mehrere Dutzend ähnliche ›Vorahnungs-Büros‹. Allein in Kalifornien befassen sich mittlerweile zwei Einrichtungen – in Monterey und Berkeley – mit der Auswertung von präkognitiven Hinweisen aus der Öffentlichkeit. So ging etwa beim ›Toronto Premonitions Bureau‹ die Vorhersage der Kanadierin Mrs. Zmenak ein, die geträumt hatte, daß die Polizei sie anrief, um ihr zu sagen, daß ihr Gatte vorerst nicht nach Hause kommen würde, weil jemand getötet worden sei. Im Traum sah sie einen Mann ohne Beine, bei dem es sich aber nicht um ihren Gatten handelte. Gleichwohl war sie davon überzeugt, daß ihr Mann irgendwie mit dem Unglück zu tun hatte, und bat ihn, an diesem Tag nicht aus dem Haus zu gehen. Doch Mr. Zmenak ignorierte ihren Wunsch, schlug die Warnung seiner Frau in den Wind und fuhr wie gewohnt zur Arbeit. Auf dem Nachhauseweg versagte plötzlich die Elektronik seines Wagens. Er ging zu einem Telefon und bat seine Frau, ihn abzuholen. Eine Polizeistreife hielt an, um sich zu erkundigen, ob es Probleme gebe. Während Mr. Zmenak die Situation erklärte, hielt auf der gegenüberliegenden Straßenseite ein weiteres Auto. Der Fahrer kam herüber, um sich nach dem Weg zu erkundigen, und die Polizisten gaben ihm Auskunft. Als der Mann zu seinem Wagen zurückging, lief er direkt vor ein herankommendes Auto und war augenblicklich tot. Seine Beine lagen zusammengeknickt unter seinem Körper, so daß es aussah, als seien sie abgetrennt worden. Die Polizei rief Mrs. Zmenak an und teilte ihr mit, ihr Gatte würde vorerst nicht nach Hause kommen, da jemand getötet worden sei und er eine Zeugenaussage machen müsse …

Der vermutlich ›größte‹ Hellseher aller Zeiten dürfte Michel de Nostredame gewesen sein, der am 14. Dezember 1503 in St. Remy in der Provence geboren und später als Nostradamus bekannt wurde. Obwohl Nostradamus eigentlich Mediziner war, lagen seine wahren Interessen auf den Gebieten der Astrologie und

Hellseherei, was ihn nach dem Tod seiner ersten Frau und seiner beiden Kinder, die der damals in Europa wütenden Pest zum Opfer fielen, dazu bewog, als Weissager durch Frankreich, Korsika und Italien zu ziehen, bevor er seine Wanderschaft 1547 beendete, von neuem heiratete und sich als Arzt in Salon niederließ, um dort nach und nach seine Prophezeiungen niederzuschreiben, die ab 1555 in zehn Bänden erstmals veröffentlicht wurden und mehr als tausend geradezu kryptische Verse umfassen, die er durch Umschreibungen und Symbole verschleierte. Nach eigenen Angaben tat er dies, um die Menschen nicht zu sehr zu ängstigen, vermutlich jedoch eher, um nicht wegen Hexerei angeklagt zu werden und auf dem zu jener Zeit allgegenwärtigen Scheiterhaufen zu enden. Gleichwohl verraten Nostradamus' Weissagungen deutlich genug, worauf sie zielen. So sagte Nostradamus beispielsweise mit genauer Angabe der Jahreszahl den Londoner Großbrand des Jahres 1666 voraus, bei dem die St. -Paul's-Kathedrale, von Nostradamus mehrmals als ›alte Dame‹ bezeichnet, vollständig zerstört wurde (›Man wird das Blut der Gerechten von London fordern, welches dreimal-zwanzig-und-sechs niederbrennt. Die alte Dame wird stürzen, und andere Bauten der Sekte werden vernichtet‹). Ebenso schildert er die Französische Revolution von 1789 (›Wenn die Sänfte vom Sturmwind umgestürzt ist und man die Gesichter mit dem Mantel bedeckt, wird die Republik durch neue Herrscher gequält. Die Weißen und die Roten verurteilen sich gegenseitig.‹), die Seeschlacht von Trafalgar (1805), deren Verlierer, der französische Admiral Villeneuve, später mit einem Pferdezügel erdrosselt wurde (›Zwischen zwei Meeren erhebt sich das Kap. Jenem, der später durch einen Biß vom Pferde sterben wird, entfaltet Neptun das schwarze Segel. Zwischen Gibraltar und Rocheval liegt die Flotte.‹) und den Tod Heinrichs des II. von Frankreich, der sich am 1. Juli 1559, dem Hochzeitstag seines Sohnes, zu einem Zweikampf mit dem Hauptmann der Garde, dem Comte de Montgomery, hinreißen ließ (›Der junge Löwe überwindet den Alten im Turnier beim Einzelwettstreit. In einem goldenen Käfig wird er sein Auge durchbohren im dritten Waffengang. Zwei Wunden in einer. Danach stirbt er eines gar grausamen Todes.‹). Tatsächlich brach die Lanze des Comte beim dritten Zusammenprall. Das abgebrochene Ende drang durch das goldene Visier von Heinrichs Helm, durchbohrte das Auge und wurde tief in seinen Kopf getrieben. Außerdem wurde er an der Kehle verletzt. Nach qualvollem Leiden starb der König schließlich am 10. Juli 1559.

Besonders bemerkenswert sind all jene Prophezeiungen, in denen Nostradamus konkrete Orte, Daten und Namen nennt, so daß eine Fehldeutung ausgeschlossen ist. Das wohl beste Beispiel hierfür betrifft den bekannten französischen Chemiker und Mikrobiologen Louis Pasteur (1822–1895), der entdeckte, daß Infektionen und Fäulnis durch Bakterien ausgelöst werden, die durch Erhitzung abgetötet werden können. In der *I. Centurie*, seinem ersten Versbuch, schreibt der Seher, daß ›Pasteur wie ein Halbgott verehrt werden wird‹. Auch den Aufstieg Hitlers, den Nostradamus Hadrie oder Hister (ein Wortspiel, das sich auf Hitlers Namen und den französischen Begriff ›ister‹ bezieht, der die Donau, in deren Nähe Hitler geboren wurde, bezeichnet) nennt, und Napoleons sah der Hellseher voraus. In diesen Fällen von Zufall zu sprechen, dürfte selbst dem größten Skeptiker – wie etwa dem Autor dieses Buches – reichlich schwer fallen.

Nicht weniger verblüffend sind die Vorahnungen der Amerikanerin Jeane Dixon, der Frau eines Grundstücksmaklers aus Washington, D. C., die wie Nostradamus vorhersah, daß das Ende der Welt 1999 anbrechen soll. Als Mrs. Dixon im Jahre 1952 in der St. Matthew's Cathedral in ihrer Heimatstadt vor einer Statue der Jungfrau Maria betete, hatte sie eine Vision, in der sie deutlich das Weiße Haus erblickte. Ein junger Mann mit blauen Augen stand in der Tür des Gebäudes, und eine Stimme erklärte ihr, daß jener Demokrat, der später Präsident der Vereinigten Staaten werden würde, im Laufe seiner Amtsperiode einem Attentat zum Opfer fiele. Die Prophezeiung wurde damals gemeldet und bald wieder vergessen, bis Jeane Dixon in den ersten Novembertagen des Jahres 1963, drei Jahre nach der Wahl John F. Kennedys zum amerikanischen Staatsoberhaupt, von neuem von Visionen heimgesucht wurde, die sich um die Ermordung des Präsidenten drehten. Daraufhin unternahm die Hellseherin eine Reihe von Versuchen, Kennedy vor der Gefahr, in der er schwebte, zu warnen. Allerdings ohne Erfolg. Wenig später, am 22. November 1963, wurde Kennedy in Dallas von Lee Harvey Oswald erschossen.

Auch den Tod von John Kennedys Bruder Robert, der sich damals in aussichtsreicher Position befand, zum Präsidenten gewählt zu werden, sah Jeane Dixon voraus. Als sie 1968 bei einer Tagung im Ambassador Hotel in Los Angeles Fragen aus der Zuhörerschaft beantwortete, wollte jemand von ihr wissen, ob Robert Kennedy je das amerikanische Staatsoberhaupt werden würde, woraufhin sie erwiderte, daß das nicht der Fall sei, weil sich ›in diesem Hotel bald eine Tragödie ereignen‹ würde. Eine Woche später, am 6. Juni 1968, wurde Robert Francis Kennedy im Ambassador Hotel das Opfer eines Attentats.

Obgleich trotz intensiver wissenschaftlicher Forschung nach wie vor ungeklärt ist, was präkognitive Erscheinungen auslöst oder um was genau es sich dabei handelt, scheint dennoch sicher zu sein, daß das Phänomen Präkognition bestimmten Beschränkungen unterworfen ist, zu denen offenbar gehört, daß ein Hellseher in den seltensten Fällen sein eigenes Schicksal vorhersagen kann, was wahrscheinlich gut so ist, denn wer möchte schon freiwillig wissen, wann, wo und wie er stirbt? Zu den Ausnahmen, die diese Regel bestätigen, gehören u. a. Nostradamus, der vorhersah, daß man ihn in seiner Kammer tot neben seinem Bett und seiner Bank auffinden würde, Abraham Lincoln und der spanische Hotelmanager Jaime Castell, der Anfang 1979 einen Traum hatte, in dem eine Stimme ihm erklärte, daß er das Baby, das seine Frau in drei Monaten zur Welt bringen sollte, nie zu Gesicht bekommen würde. Überzeugt davon, daß sein Tod dicht bevorstand, schloß Castell eine Lebensversicherung über umgerechnet hundertfünfzigtausend Mark ab, um seine Familie abgesichert zu wissen. Als er einige Wochen später auf dem Heimweg war, geriet ein Wagen, der ihm auf der Gegenspur mit hoher Geschwindigkeit entgegenkam, außer Kontrolle, krachte gegen eine Leitplanke, überschlug sich – und donnerte frontal gegen Castells Auto. Jaime Castell starb noch am Unfallort.

Obwohl die meisten präkognitiven Erscheinungen zufälliger Natur sind und vollkommen unerwartet auftreten, kommt es immer wieder vor, daß Hellseher ihre Fähigkeit ganz bewußt einsetzen, um Informationen über bestimmte Dinge zu erlangen, etwa, wenn die Polizei sie bittet, bei der Suche nach einer vermißten Person zu helfen, was gelegentlich durchaus vorkommt, wie zum Beispiel im Falle des siebenjährigen Carl Carter, der im Oktober 1978 spurlos aus seinem Elternhaus in Los Angeles verschwand. Da es keinerlei Hinweise darauf gab, was mit dem Jungen geschehen sein konnte, ob er entführt wurde oder sich einfach verlaufen hatte, schlug einer der Polizisten vor, ein in der Gegend unter dem Namen Joan bekanntes Medium hinzuzuziehen. Die Folge davon war, daß sich die

Beamten auf einmal mit einem Mord konfrontiert sahen, denn Joan war vollkommen sicher, daß Carl nicht mehr am Leben war. Darüber hinaus konnte sie den vermeintlichen Mörder detailliert beschreiben, so daß ein Polizeizeichner nach ihren Angaben das Phantombild eines Mannes anfertigte, den der Vater des verschwundenen Jungen spontan als einen guten Bekannten der Familie identifizierte, einen gewissen Harold Ray Memro, der beim Verhör nicht bloß zugab, Carl Carter erdrosselt zu haben, sondern außerdem gestand, für die Morde an zwei weiteren Jungen verantwortlich zu sein, die er zwei Jahre zuvor beging.

Daß die Kunst das Leben imitiert, ist allgemein bekannt. Daß es hin und wieder jedoch Fälle zu geben scheint, die dem entgegenlaufen, wird deutlich, wenn man sich das vermutlich berühmteste Beispiel für ›unbewußte Präkognition‹ vergegenwärtigt, das der amerikanische Schriftsteller Morgan Robertson 1898 vorlegte, als er einen Roman veröffentlichte, in dem ein riesiger 70.000-Tonnen-Ozeandampfer, das luxuriöseste und sicherste Kreuzfahrtschiff, das jemals gebaut wurde, auf seiner Jungfernfahrt von Southampton, Kanada, nach New York City im Atlantik mit einem Eisberg zusammenstößt und sinkt, wobei der Großteil der an Bord befindlichen zweitausendfünfhundert Passagiere in den eisigen Fluten ertrinkt, da die vierundzwanzig Rettungsboote nicht mal für die Hälfte der Reisenden genug Platz bieten. Der Name, den Robertson seinem ›fiktiven‹ Ozeanriesen gab, lautete *Titan*.

Der Untergang der *Titanic*, des ›sichersten Ozeandampfers aller Zeiten‹, der am 14. April 1912 sank und tausendfünfhundert der zweitausendzweihundertfünfzig Passagiere den Tod brachte, wird in Morgan Robertsons Roman so detailliert beschrieben, daß man diese Geschichte unmöglich als bloßen Zufall abtun kann. Ebenso verhält es sich mit dem Roman *Black*

Abductor des amerikanischen Autors James Rusk, der in seinem – pornografisch angehauchten – Werk die Entführung einer reichen Erbin namens Patricia durch eine revolutionäre Gruppierung schildert, der sie schließlich beitritt, nachdem sie sich in den schwarzen Anführer der Bande verliebt hat. Zwei Jahre nach dem Erscheinen des Buches 1972 wurde die junge Verlagserbin Patricia Hearst von der Simbionese Liberation Army, kurz SLA, vom Universitätsgelände entführt, um sich der militanten Gruppe letztlich anzuschließen, was das FBI zum Anlaß nahm, Rusk mehrmals zu verhören, da man dort glaubte, daß der Schriftsteller irgendwie in die Entführung verwickelt war. Letztlich jedoch mußten die Agenten erkennen, daß James Rusk mit der Sache nicht das geringste zu tun hatte – abgesehen davon, daß er ein Buch über den Fall geschrieben hatte, bevor er sich überhaupt ereignete …

Was vom Phänomen der Präkognition vom rein wissenschaftlichen Standpunkt aus zu halten ist, kann man schwer sagen. Fest steht bloß, daß unter den Tausenden von Berichten über vermeintliche Vorahnungen, die Jahr für Jahr von den ›Premonition Bureaus‹ weltweit registriert werden, immer einige Fälle sind, die sich später in zu vielen Details bewahrheiten, um als purer Zufall abgetan werden zu können.

2

Spontane menschliche Selbstverbrennung (SHC)

> Menschen, in deren Gegenwart Feuer ausbrechen … Flammen, die Häuser und Wohnungen heimsuchen … Leute, die plötzlich Feuer fangen und von den Flammen völlig aufgezehrt werden … Gibt es zwischen diesen Dingen Zusammenhänge? Das ist die brennende Frage, auf die wir bislang noch keine Antwort haben.
>
> *Janet & Colin Bord*

»Eigentlich«, so Glen Morgan, zusammen mit James Wong einer der produktivsten Drehbuchautoren von *The X-Files*, »wollten wir [in der Episode ›Fire‹] ja das Phänomen spontaner Selbstentzündung demonstrieren. Aber es ist schwierig, es so zu machen, daß es nicht wie ein Monty-Python-Sketch aussieht.« Darum fügten er und Chris Carter, der das Skript für die Folge ›Fire‹ schrieb, der Episode kurzerhand den pyrokinetisch veranlagten Killer Cecil L'Ively hinzu und schlugen so praktisch zwei Fliegen mit einer Klappe.

Tatsächlich ist das relativ seltene Phänomen der ›Spontaneous Human Combustion‹ – ›spontane menschliche Selbstentzündung‹ –, kurz SHC genannt, eines der interessantesten und gleichzeitig auch gräßlichsten Kapitel in der Geschichte des Unerklärlichen. Etwa zweihundert vermeintliche SHC-Fälle sind inzwischen bekannt, doch abgesehen davon, daß die Opfer sich alle mehr oder weniger guter physischer Gesundheit erfreuten, bevor sie völlig ohne Vorwarnung von Flammen aufgezehrt wurden, die anscheinend *aus ihrem Inneren* kamen, gibt es nur wenig, das sie miteinander verbindet. Gleichwohl ähneln sich die

Umstände ihres grausigen Todes erstaunlich genau. So gibt es am Tatort in der Regel keinen Brandherd, von dem das Feuer hätte ausgehen können. Das Fleisch wie auch das Skelett des Opfers verbrennen nahezu vollständig zu Asche, zuweilen mit Ausnahme der Extremitäten, obwohl weit über tausend Grad Celsius erforderlich sind – mehr, als jedes normale Feuer erzeugt –, um das menschliche Knochengerüst ganz oder teilweise einzuäschern. Der Brand ist exakt auf das SHC-Opfer und seinen Platz begrenzt, wobei hin und wieder sogar die Kleidung oder die Körperbehaarung des/der Unglücklichen von den Flammen verschont wurden. Hinzu kommt, daß, falls von den Opfern tatsächlich Körperteile erhalten blieben – was nicht häufig vorkommt –, diese sich in einem Zustand befanden, der jeglicher medizinischen Erfahrung widerspricht. So wurden in einigen wenigen Fällen zum Beispiel die durch die Hitze geschrumpften Schädel der bedauernswerten Opfer gefunden, was bei Feuertoten vollkommen untypisch ist, da menschliche Köpfe, wie jeder Pathologe bestätigen wird, bei extremer Hitze nicht schrumpfen, sondern sich im Gegenteil aufblähen wie Luftballons oder einfach zerplatzen. Ausnahmen sind nicht bekannt.

Der erste dokumentierte SHC-Fall trug sich im 17. Jahrhundert zu, als das Haus eines Tischlers namens John Hitchen während eines leichten Unwetters in Flammen aufging. Zuerst glaubten die Nachbarn, die auf der Stelle herbeieilten, um zu helfen, daß ein Blitz das Gebäude in Brand gesteckt hatte. Doch als man die Leichen von Hitchen und seiner Familie schließlich, nachdem die Flammen gelöscht worden waren, aus den rauchenden Trümmern des Hauses barg, stellten die Menschen fassungslos fest, daß der Körper des Tischlers von innen her brannte, obwohl rein äußerlich kaum Hinweise darauf festzustellen waren. Angeblich brannte John Hitchen danach noch drei Tage, bevor sein Leib ganz zu Asche zerfallen war.

Normalerweise verbrennen SHC-Opfer allerdings weit schneller, in der Regel innerhalb weniger Minuten, nahezu vollständig zu kalzinierter Asche, wie die Amerikanerin Mary Reeser, deren Fall zu den wohl berühmtesten und am besten dokumentierten Beispielen dieses Phänomens gehört. Mrs. Reeser, die in der Kleinstadt St. Petersburg an der Westküste von Florida lebte, war Witwe und wohnte in einem kleinen Einzimmerapartment in einem Mietshaus in der Innenstadt. Am Abend ihres Todes, dem 1. Juli 1951, hatte sie mit ihrem Sohn Dr. Richard Reeser und dessen Familie in ihrer Wohnung zu Abend gegessen. Nachdem ihre Gäste gegen halb neun Uhr gegangen waren, kam um neun Uhr die Hauswirtin vorbei, um noch ein bißchen zu plaudern. Als sie sich nach einer Viertelstunde wieder verabschiedete, saß Mary Reeser in einem Polstersessel vor dem laufenden Fernseher. Sie trug ein Nachthemd aus Kunstseide, einen Hausmantel sowie schwarze Bettpantoffeln aus Satin. Wie sie der Hauswirtin erklärte, hatte sie vor, eine Schlaftablette zu nehmen und anschließend ins Bett zu gehen.

Ungefähr elf Stunden später schaute die Hauswirtin erneut bei Mrs. Reeser vorbei, weil sie ein Telegramm für sie hatte. Sie läutete, doch niemand öffnete. Außerdem fühlte sich der Türknauf seltsam heiß an. Beunruhigt bat die Hauswirtin zwei Maler, die ein Stück den Flur runter arbeiteten, um Hilfe, woraufhin die beiden Männer die Tür von Mrs. Reesers Appartement aufbrachen. In der Wohnung brannte ein Deckenbalken, den die Maler löschten. Doch von Mrs. Reeser fehlte jede Spur. Erst als die alarmierte Feuerwehr eintraf, fand man die Überreste der Frau – einen Haufen grauer Asche, einen Fuß, der noch im Pantoffel steckte, ihre verkohlte Leber, die an einem Stück der Wirbelsäule klebte, und ihren auf die Größe eines Baseballs geschrumpften Schädel. Der Sessel, in dem sie gesessen hatte, war nur leicht angebrannt, doch einige Plastikfiguren, die in der Nähe gestanden hatten,waren durch die enorme Verbrennungshitze geschmolzen, und der Spiegel an der Wohnzimmerwand war geplatzt. Gleichwohl war der Leinenüberwurf der Bettcouch, anderthalb Meter von Mrs. Reesers Sessel entfernt, gänzlich unversehrt, ebenso wie ein Stapel Zeitungen, der unweit des Brandortes auf dem Fußboden lag. Die Feuerwehrleute und die herbeigerufene Polizei standen vor einem Rätsel.

Die Gerichtsmediziner Joe Nickel und John F. Fischer, die Mary Reesers Ableben untersuchten, beschäftigten sich intensiv mit dem Fall, gelangten letztlich jedoch zu dem unbefriedigenden Schluß, daß das Geheimnis von Mrs. Reesers Tod im Grunde einfach zu lüften wäre. Sie erklärten, die Frau habe vor dem Fernseher eine Zigarette geraucht, die ihr heruntergefallen wäre und ihre Kleidung in Brand gesteckt hätte. Als das Feuer um sich griff, wäre Mrs. Reesers Körperfett geschmolzen und hätte den gierigen Flammen neue Nahrung gegeben – man nennt dies den ›Kerzeneffekt‹, den der Brandexperte Dr. Douglas Drysdale in einem 1989 von der BBC ausgestrahlten Bericht zum Thema SHC wie folgt beschrieb: »In gewisser Weise ist der menschliche Körper wie eine Kerze aufgebaut, nur umgekehrt. Bei einer Kerze befindet sich im Innern ein Docht, außen Fett. Wenn der Docht brennt, schmilzt die Kerze, wodurch Flüssigkeit vom Docht angezogen wird und verbrennt. Der Körper wiederum besteht aus einer großen Menge Fett, das schmilzt und von der Kleidung aufgesogen wird. Diese dient dann praktisch als Docht und hält den Brand in Gang.«

Diese Theorie wurde bereits in den späten sechziger

Jahren von dem Gerichtsmediziner Prof. David Gee aus Leeds aufgebracht, der im November 1963 mit einem Fall spontaner menschlicher Selbstentzündung zu tun hatte und seitdem von dem Phänomen fasziniert war. Um seine These zu beweisen, rollte Gee aus menschlichem Körperfett eine vierundzwanzig Zentimeter lange Kerze, hüllte sie in Menschenhaut, umwickelte das makabre Gebilde mit Stoff und zündete es schließlich mit einem Bunsenbrenner an. Es dauerte eine volle Minute, bis die groteske Kerze trotz der Direktbeflammung Feuer fing, und über eine Stunde, bevor sie gänzlich abgebrannt war. Verglichen mit der explosionsartigen Verbrennung von SHC-Opfern verhielt sich Gees ›menschliche‹ Fettkerze wie ein Knallfrosch zu einer Atombombe. Im übrigen scheinen die ›Kerzeneffekt‹-Anhänger einen wesentlichen Aspekt zu übersehen, nämlich den, daß der menschliche Körper zu einem wesentlich höheren Prozentsatz aus Wasser als aus Fett besteht, so daß es noch wesentlich schwieriger ist, einen ›richtigen‹ Menschen anzuzünden und zu verbrennen, als eine Kerze aus Körperfett und Stoff. Aber selbst wenn das nicht der Fall wäre, würde das Opfer niemals solche Verbrennungen aufweisen, wie es bei SHC üblich ist, denn ein Körper, der einem ganz normalen Feuer ausgesetzt ist, *kann* normalerweise nicht komplett zu Asche verbrennen. Dr. Wilton M. Krogman, ein Anthropologe und Spezialist auf dem Gebiet der spontanen Selbstentzündung, der mehrfach Experimente mit brennenden Leichnamen durchgeführt hat, berichtet, daß er Körper bei über 1000° Celsius in einem Krematorium acht Stunden lang brennen gesehen habe, und danach seien noch immer erkennbare Knochenreste übriggeblieben. ›Erst bei 1600° Celsius und mehr habe ich beobachtet, wie Knochen schmolzen und sich auflösten, bis nichts mehr von ihnen übrig war. Bei derart großer Hitze versengt, verkohlt und verschmort alles in einem ziemlich großen Umkreis um den Brandherd.‹ Doch davon kann im Fall von Mary Reeser keine Rede sein.

Das gilt auch für den siebenundzwanzig Jahre alten Billy Thomas Peterson, der am 13. Dezember 1959 offenbar beabsichtigte, in der Garage seines Elternhauses in Pontiac, Michigan, Selbstmord zu begehen. Zu diesem Zweck hatte Billy – ganz klassisch – einen Gartenschlauch über den Auspuff seines Wagens gestülpt und das andere Ende ins Innere des Autos geführt, damit das Kohlenmonoxid ihn von der Erde in den Himmel befördere. Doch als man ihn fand, war er nicht bloß an einer CO-Vergiftung gestorben, sondern darüber hinaus auch stark verbrannt. Große Teile seines Körpers und Gesichts waren verschmort, teilweise zu Schlacke verkohlt. Der linke Arm des jungen Mannes mußte einer so extremen Hitze ausgesetzt gewesen sein, daß sich die Haut vom Fleisch löste und abpellte. Gleichwohl war Billys Kleidung – sogar seine Unterwäsche – vollkommen unversehrt, und auch sein Haar wies keinerlei Bandspuren auf. Noch nicht einmal seine Körperbehaarung war angesengt. Völlig unversehrt sprossen feine Härchen auf seinen Unterarmen aus dem schwarzverkohlten Fleisch – ein groteskes Bild. Als man den Leichnam von Billy zur Untersuchung ins Krankenhaus brachte, stellte sich heraus, daß sein Körper mit inneren und äußeren Verbrennungen dritten Grades überzogen war. Die Ärzte fanden keine Erklärung dafür.

Als fünfzehn Jahre später, am 7. Dezember 1973, Betty Satlow aus Hoquiam im US-Bundesstaat Washington ebenfalls an einer Kohlenmonoxidvergiftung starb und ihre Leiche am nächsten Tag in ihrem Sarg im Leichenschauhaus plötzlich in Flammen aufging, wurde verschiedentlich die Hypothese geäußert, daß SHC durch zuviel Kohlenmonoxid im Blut ausgelöst werden würde – eine Theorie, die Dr. Adrian Have im Jahre 1894 bereits in einem umfangreichen Artikel mit dem voluminösen Titel ›So-called Spontaneous Combustion or Increased Incombustibility of the Human Body‹ (›Sogenannte spontane Verbrennung oder gesteigerte Unverbrennbarkeit des menschlichen Körpers‹) aufgestellt hatte, der in der April-Ausgabe des *New Orleans Medical and Surgical Journal* erschien.

Tatsächlich ist es durchaus möglich, daß Kohlenmonoxid, das sich im Körper eines Säugetiers (und das ist der Homo sapiens schließlich) sammelt, bei genügender Konzentration früher oder später dafür sorgt, daß ein Körper von selbst in Flammen aufgeht. Diesbezügliche Versuche hat Dr. Hava durchgeführt, als er Hähne und Kaninchen so lange einer starken Kohlenmonoxidkonzentration aussetzte, bis sie Feuer fingen. Allerdings dauerte es hundertneunundsechzig Tage, bis sich im Blut des Kaninchens genügend CO abgelagert hatte, um das Tier in eine lebende Fackel zu verwandeln. Die Hähne mußten sogar acht Monate lang mit Kohlenmonoxid ›geflutet‹ werden, bevor sich bei ihnen der gewünschte Effekt zeigte. Das Endergebnis dieses makabren Experiments waren allerdings keine Aschehaufen, wie sie von SHC-Opfern zurückbleiben, sondern Tierkadaver, die aussahen, als wären sie ›ganz normal‹ verbrannt. Damit ist die These, daß sich in Billy Petersons Blut bei seinem Selbstmord so viel Kohlenmonoxid ansammelte, daß es den Körper schließlich entzündete, hinfällig, zumal ein Mensch normalerweise weit mehr Masse als ein Hahn besitzt und demnach etwa zehn bis zwanzig Jahre in der mit Kohlenmonoxid gefüllten Garage verbringen müßte, bevor es zu irgendeiner Reaktion kommen würde. Darüber hinaus sähe der Tote in diesem Fall – wie das Kaninchen und die Hähne von Dr. Hava – lediglich wie ein gewöhnliches Brandopfer aus. So leicht läßt sich dem

Phänomen SHC also nicht auf die Schliche kommen, vor allem, weil die Wiener Kirche, in welcher der Pfarrer Franz Lueger 1986 während der Predigt vor seiner versammelten Gemeinde auf der Kanzel plötzlich in Flammen ausbrach und explodierte, wohl kaum mit Kohlenmonoxid gefüllt war. Dasselbe gilt sicher auch für den Operationssaal des Krankenhauses der UCLA, in welchem eine Patientin namens Angela Hernandez vor ein paar Jahren bei einer Operation unter den Händen der Ärzte mit einem Mal in Brand geriet und innerhalb weniger Minuten verbrannte, weil die Flammen, die aus ihren Eingeweiden emporloderten, sich trotz verzweifelter Bemühungen der Mediziner nicht löschen ließen.

Nach wie vor ist vollkommen unklar, wie Menschen sich innerhalb einer Sekunde allem Anschein nach ohne Grund in lebende Fackeln verwandeln können. In ihrer Ratlosigkeit stellen die Forscher immer neue, absurdere Theorien auf, um SHC zu erklären, wie etwa der deutsche Sachbuchautor Viktor Farkas, der in seinem Werk *Jenseits des Vorstellbaren* die Ansicht äußert, daß SHC ›durchaus eine externe Attacke von was auch immer‹ sein könnte, daß SHC-Opfer also nicht von selbst in Flammen aufgehen, wie bisher angenommen, sondern von irgendeiner unbekannten Macht ›angezündet‹ werden. Als Beispiel hierfür führt er den Fall einer jungen Studentin namens Jacqueline Fitzsimon an, die an einem Februarmorgen des Jahres 1985 nach einem Hauswirtschaftskurs zusammen mit einigen Kommilitonen die Treppe des Halton College in Widnes in der englischen Grafschaft Ceshire hinunterging und sich im Blickfeld mehrerer Personen befand, als über ihrer Schulter auf einmal ein seltsames Licht in der Luft erschien, das sich auf die Siebzehnjährige senkte und sie innerhalb von wenigen Augenblicken komplett in Flammen hüllte. Farkas kommt zu dem Schluß, daß

›irgend etwas unseren Globus mit uns teilt und hier nach Lust und Laune in jeder nur erdenklichen (und manchmal undenklichen) Weise fuhrwerkt. Es zieht kreuz und quer durch die Lande, macht gewisse Gebiete zu seinen speziellen Spielwiesen und kümmert sich keinen Deut um unsere Reaktionen. Vielleicht ist unsere Erde sogar der Tummelplatz verschiedener Mächte, Kräfte, Wesenheiten oder was auch immer.‹

Der pensionierte Industriechemiker Cecil Jones ist wie andere, rationaler denkende Wissenschaftler eher der Meinung, daß die Ursache für SHC in uns selbst zu suchen – und zu finden – ist, in unserem Körper, dessen komplexe Funktionen wir noch immer nur ansatzweise verstehen. Jones vertritt die These, daß SHC durch Phosphin (Phorphorwasserstoff) verursacht wird, ein Gas, das beim Kontakt mit warmer Luft verpufft und in Sumpfgebieten zuweilen als sogenanntes Irrlicht zu beobachten ist. Obwohl Phosphin im menschlichen Körper ›von Haus aus‹ in der Regel nicht vorkommt, hält Jones es für möglich, daß das Gas unter gewissen Umständen von den Phosphaten in unserem Körper gebildet werden könnte und vom Opfer bei Blähungen abgegeben wird. Das aus dem Körper ausgetretene Gasgemisch steige, so Cecil Jones, innerhalb der Kleidung am Rücken auf und hätte sich dabei im Kontakt mit der vorhandenen begrenzten Luftmenge bereits zum Teil entzündet, um danach an den Schultern mit weiterer Luft in Kontakt zu kommen und schließlich mit jenem phosphoriszierenden Leuchten, wie es von mehreren Zeugen im Fall von Jacqueline Fitzsimon beobachtet wurde, in Flammen auszubrechen. Tatsächlich würde dieser Effekt, der allgemein als ›Phosphin-Furz‹ bezeichnet wird, eine schlüssige Erklärung dafür bieten, wieso die bedauernswerte Studentin an Rücken und Gesäß extrem starke Verbrennungen aufwies, während ihre vordere Körperhälfte und die Beine nahezu unversehrt waren. Allerdings erklärt der ›Phosphin-Furz‹ noch immer nicht, wie es möglich ist, daß ein menschlicher Körper innerhalb weniger Minuten bis zu einem Punkt verbrennt, der selbst im Krematorium erst nach einigen Stunden erreicht wird.

Nicht minder rätselhaft als das Phänomen der ›Spontaneous Human Combustion‹ ist es, wenn statt Menschen Gegenstände ohne den geringsten Anlaß in Flammen aufgehen – und anschließend jemand behauptet, er habe den Brand verursacht, wie im Fall des sechzehnjährigen Bendetto Supino, eines Jungen aus Formia in der Nähe von Rom, der offenbar über die äußerst seltene Gabe der Pyrokinese verfügt. Bendetto entdeckte seine ungewöhnliche Fähigkeit, als er 1982 bei seinem Zahnarzt im Vorzimmer saß und der Comic, den er gerade las, in seinen Händen in Flammen aufging. Seitdem fangen Möbel, Bücher und andere Dinge unvermittelt an zu brennen, wenn Bendetto sie ansieht – oder auch nur daran vorbeigeht. Mehrmals wurde der Italiener nachts wach, weil seine Bettwäsche brannte. Auch elektronische Geräte reagieren auf seine Anwesenheit und funktionieren nicht mehr richtig, wenn er in der Nähe ist. Da Bendetto seine ›Feuer-Neigung‹ selbst für beängstigend hält, begab er sich zur medizinischen Behandlung ins Tivoli Social Medical Centre, doch dort war man nicht in der Lage, ihm zu helfen. Schließlich wandte er sich an den italienischen Parapsychologen Dr. Demetrio Groce, um mit seiner Unterstützung zu lernen, seine Fähigkeit zu kontrollieren.

Ein Jahr, nachdem Bendetto Supino seine Gabe entdeckte, saß eine junge Schottin namens Carole Compton im italienischen Livorno in Untersuchungshaft, weil man sie wegen fünffacher Brandstiftung und wiederholten Mordversuchs anklagte. Anfang des Jahres

1982 hatte die junge Frau eine Stelle als Kinderschwester auf Elba angetreten, wurde aber entlassen, nachdem zuerst das Wohnzimmer ihres Arbeitgebers grundlos in Flammen aufging und anschließend das Haus, in das Carole während der Reparaturarbeiten umzog, abfackelte. Obwohl man sie mit den Bränden in Verbindung brachte (ihr jedoch keine Schuld nachweisen konnte), fand Carole schon bald eine neue Stellung bei einem wohlhabenden Ehepaar, das beim italienischen Fernsehen arbeitete, um auf deren dreijährige Tochter Agnese aufzupassen. Doch auch im Haus ihrer neuen Brötchengeber kam es schon bald zu unerklärlichen Bränden. Am Abend des 1. August 1982 stand das Bett von Agneses Großvater plötzlich lichterloh in Flammen. Am nächsten Morgen fing Agneses Matratze an zu brennen, während das Mädchen noch schlief. Obwohl niemand bei diesen Zwischenfällen verletzt wurde, rief die Familie die Polizei, die Carole Compton daraufhin wegen Brandstiftung und versuchten Mordes verhaftete. Da ihr Antrag auf Kaution abgelehnt wurde, blieb Carole sechzehn Monate in Untersuchungshaft, bevor ihr Fall vor Gericht verhandelt wurde, was stark an die Zeit der Hexenprozesse erinnerte, zumal Agneses Großmutter Ceccini sich bei jeder Gelegenheit lautstark darüber ausließ, daß die junge Schottin vom Geist eines Mädchens aus dem 18. Jahrhundert besessen und eine böse Hexe sei. Im Dezember 1983 verkündete das Gericht, das sich bemühte, sämtliche übernatürlichen Aspekte des Falles bei der Verhandlung unbewertet zu lassen, das Urteil: Carole wurde wegen zweifacher Brandstiftung und einmaliger versuchter Brandstiftung für schuldig befunden. Da sie aber bereits anderthalb Jahre in Untersuchungshaft saß, kam sie nach der Gerichtsverhandlung wieder auf freien Fuß.

Sogenannte unbewußte Pyrokinese, wie in den Fällen von Bendetto Supino und Carole Compton, tritt häufig in Zusammenhang mit Poltergeistaktivitäten auf und ist mindestens ebenso rätselhaft wie SHC. Bis heute weiß niemand, was hinter diesem Phänomen steckt. Zwar wurde unter anderem vom Leiter der medizinischen Fakultät der Universität Rom, Dr. Giovanni Ballesio, die Vermutung geäußert, daß Pyrokinese möglicherweise durch unverhältnismäßig hohe Körperelektrizität entsteht, aber bis dato konnte diese These nicht zweifelsfrei bewiesen werden, so daß Pyrokinese ebenso wie SHC auch weiterhin zu den großen ungelösten Rätseln der modernen Wissenschaft gehört.

3

Seelenwanderung

Was [an der Episode ›Lazarus‹] so interessant ist, ist die Idee, daß jemand von einem Verbrecher völlig besessen ist, diesen Gangster erschießt und dann seine Persönlichkeit übernimmt. Ist das Ganze lediglich eine Psychose? Oder gibt es so etwas wie eine Seele wirklich, und kann sie in dem kurzen Augenblick des Todes, der uns alle so fasziniert, auf jemand anderen übergehen?

Howard Gordon

Die Vorstellung, daß jemand von der Seele, dem Geist, dem Bewußtsein einer anderen Person besessen sein könnte, ist eines der regelmäßig wiederkehrenden Themen der *X-Files*-Serie, obwohl es sich dabei um ein überaus seltenes Phänomen handelt. Das wahrscheinlich bekannteste Beispiel für einen Fall dieser Besessenheit, der von dem Arzt Dr. Winchester Stevens aus Watseka, Illinois, 1879 dokumentiert wurde, betrifft eine junge Amerikanerin namens Lurancy Vennum. Dr. Stevens untersuchte sie erstmals, als das Mädchen vierzehn Jahre alt war. Lurancy litt seit etwa einem Jahr an Anfällen, die Dr. Stevens zunächst für eine Form der Epilepsie hielt, bis das Mädchen behauptete, mit den Toten gesprochen zu haben und deutliche Anzeichen einer multiplen Persönlichkeit offenbarte. Um Lurancys psychischem Leiden auf die Spur zu kommen, unterzog Dr. Stevens sie einer ›Regressionshypnosetherapie‹, an der Fox Mulder vermutlich seine helle Freude gehabt hätte. Unter Hypnose berichtete Lurancy, daß sie mit einem Engel namens Mary Roff in Kontakt stand, die ihre ›Stelle‹ einnehmen wollte und ihr versprochen hatte, sie dafür von den ›bösen Geistern‹ zu befreien, die das Mädchen quälten. Stevens kannte Mary Roff, die ebenfalls in Watseka gelebt hatte und 1865 im Alter von nur achtzehn Jahren gestorben war. Trotzdem schenkte der Arzt der Behauptung seiner Patientin keinen Glauben – bis Lurancy am nächsten Morgen erwachte, in die Küche ihres Elternhauses ging und ihrer fassungslosen Familie erklärte, daß sie Mary Roff sei und schrecklich Heimweh haben.

Da sich Lurancy nicht von ihrer Geschichte abbringen ließ und Dr. Stevens und die Familie des Mädchens deutliche Veränderungen in Lurancys Charakter und Verhalten ausmachten, für die es keinerlei logische Erklärung gab, nahm Dr. Stevens kurzerhand Kontakt mit den Roffs auf und bat sie um ein Treffen, das kurze Zeit später stattfand. Während Marys Mutter und Schwester behaupteten, Lurancy noch nie zuvor gesehen zu haben, erkannte das Mädchen die Roffs sofort und sprach sie mit Kosenamen an, die Mary für sie erfunden hatte. Bald waren die Roffs fest davon überzeugt, daß Mary aus dem Reich der Toten zurückgekehrt war, und trafen mit den Vennums eine Vereinbarung, Lurancy bzw. Mary für drei Monate zu sich zu nehmen, da ›Mary‹ unbedingt ›nach Hause‹ wollte. Dann, kurz bevor das Vierteljahr um war, begann ›Mary‹ mit einem Mal bitterlich zu weinen und erklärte ihrer Mutter, daß Lurancy zurückkommen würde, was kurz darauf geschah. Allerdings hatte Lurancy keine Ahnung, wo sie sich befand und konnte sich an nichts von dem erinnern, was in den vergangenen Monaten geschehen war. Man brachte Lurancy zu ihrer eigenen Familie zurück. Anschließend hatte Lurancy Vennum nie wieder psychische Probleme.

Ein ähnlicher Fall neueren Datums trug sich 1985 in Indien zu, als ein verstorbenes siebzehnjähriges Mädchen namens Sumitra während ihrer eigenen Beerdigungsvorbereitungen auf dem Totenbett plötzlich ›erwachte‹ und ihren fassungslosen Angehörigen erklärte, daß ihr Name Shiva sei und sie sich daran erinnern könne, bei einem Familienstreit mit einem Stein auf den Kopf geschlagen worden zu sein, um unmittelbar darauf in Sumitras Körper aufzuwachen. Nachforschungen der Polizei ergaben, daß die zweiundzwanzigjährige Shiva zwei Monate zuvor unter sehr mysteriösen Umständen ums Leben gekommen war. Obgleich man die junge Frau mit einer schweren Kopfverletzung auf den Bahngleisen gefunden hatte, bestand die Familie ihres Mannes darauf, daß Shiva Selbstmord beging. Nach traditionellem indischen Brauch hatte man die Leiche Shivas verbrannt, doch als Sumitra die Familie des allem Anschein nach ermordeten Mädchens aufsuchte, erkannte ›Shiva‹ genau wie Lurancy Vennum Familienangehörige, Verwandte, Nachbarn und Freunde wieder und entsann sich auch bestimmter Räume, Gegenstände und Kleidungsstücke. Darüber hinaus schrieb sie in Shivas Handschrift, und das, obwohl Sumitra eigentlich Analphabetin war. Wie hundert Jahre zuvor bei Lurancy war Shivas Familie schließlich fest davon überzeugt, daß die Tote durch Sumitra zu ihnen zurückgekehrt war, und so nahmen sie die junge Frau bei sich auf. Im Gegensatz zu Lurancy Vennum kam Sumitras Geist jedoch nicht zurück, um ihren Körper in Anspruch zu nehmen.

Vermutlich fällt es Indern bzw. Hindus, die den größten Teil der indischen Bevölkerung ausmachen, leichter, ein Phänomen wie Seelenwanderung als real zu akzeptieren, weil der Glaube an Reinkarnation – Metempsychose, Palingenese – seit jeher ein fester Bestandteil ihrer Religion ist. Der Hinduismus beruht auf der Vorstellung von einem Geburtenkreislauf, in dem jeder Mensch in verschiedenen Existenzweisen so lange auf die Erde zurückkehrt, bis er den Kreislauf des Samsara endlich durchbrechen kann und schließlich ins Nirwana eingeht, was von den Hindus als höchstes Glück und Erlösung empfunden wird. Doch es hat den Anschein, als wären Reinkarnationen auch außerhalb des Hinduismus möglich.

Ein interessanter Fall von Seelenwanderung in der westlichen Welt erregte 1956 das Interesse der breiten Öffentlichkeit, als in den Vereinigten Staaten ein Buch mit dem Titel *The Search for Bridey Murphy* auf den Markt kam, das ein Hypnotherapeuth namens Morey Bernstein aus Colorado verfaßt hatte. In mehreren zwischen dem November 1952 und dem Oktober 1953 abgehaltenen Hypnosesitzungen versetzte Bernstein die neunundzwanzig Jahre alte Virginia Tighe, die in Maddison, Wisconsin, geboren worden war und ab ihrem dritten Lebensjahr bis zu ihrer Hochzeit in Chicago gewohnt hatte, anscheinend in ein früheres Leben im Irland des anbrechenden 19. Jahrhunderts zurück. Unter Hypnose sprach die junge Frau mit deutlichem irischen Akzent und behauptete, Bridget (Bridey) Murphy zu sein, die einzige Tochter des in Meadow, Cork, lebenden protestantischen Ehepaars Duncan und Kathleen Murphy. Sie erzählte, daß ihr – Brideys – Bruder Duncan eine Frau namens Aimée Strayne heiratete, die Tochter einer Lehrerin an der Schule, die Bridey im Alter von fünfzehn Jahren besuchte. 1818, so setzte Mrs. Tighe ihren Bericht fort, ehelichte Bridey einen Katholiken mit Namen Brian MacCarthy, dessen Verwandte sie namentlich benannte. ›Bridey‹ berichtete, daß sie und ihr Mann mit einer Kutsche nach Belfast fuhren und dabei durch diverse Orte fuhren, deren Namen Virginia Tighe ebenfalls nannte, die sich jedoch auf keiner modernen Karte von Irland finden ließen. Das Ehepaar MacCarthy besuchte den Gottesdienst in der Pater John Gorman's St. Theresa's Church, bevor

Bridey und Brian in Belfast in Geschäften einkauften, die Mrs. Tighe detailliert beschrieb. Zudem benutzte Mrs. Tighe auch mundartliche Wörter der damaligen Zeit, deren Bedeutung sie im Grunde gar nicht kennen konnte, wie zum Beispiel ›Slip‹, einen Begriff, der im frühen 19. Jahrhundert in Irland den ›Spielkittel‹ eines Kindes bezeichnete. Darüber hinaus war ›Bridey‹ recht gut in irischer Mythologie bewandert, konnte eine Handvoll irischer Lieder zum besten geben und tanzte am Ende einer Sitzung mit Bernstein sogar einen ›Morning Jig‹, einen traditionellen irischen Tanz, dessen Authentizität von einer alten Irin bestätigt wurde. Verblüffend waren außerdem Mrs. Tighes Angaben des Vorgehens beim Küssen des sogenannten ›Blarney Stone‹, einem Stein, der sich unter den Zinnen der Südmauer des Blarney Castle in der Grafschaft Cock befindet und der Legende nach jedem, der ihn küßt, die Fähigkeit der Beredsamkeit verleiht, da sich dieser Brauch seit der Zeit von Bridey Murphy vollkommen verändert hatte.

Als der Chefredakteur des amerikanischen Magazins *Empire* von der Geschichte erfuhr, fand er, daß es sich dabei um eine gute Story handelte, und schickte einen Reporter los, damit er die Angaben von Virginia Tighe bzw. Bridey Murphy vor Ort überprüfte. Wie in solchen Fällen üblich, ergaben die Recherchen, daß zahlreiche Fakten von ›Brideys‹ Bericht den Tatsachen entsprachen, andere sich allerdings nicht bestätigen ließen. So konnten die Geburts-, Heirats- und Todesdaten, die ›Bridey‹ genannt hatte, nicht ermittelt werden, da diese Daten in Cork erst ab 1864 amtlich beurkundet wurden. Ebensowenig ließ sich etwas über Pater Gorman und die St. Theresa's Church in Belfast in Erfahrung bringen. Demgegenüber hatten die Geschäfte, in denen Bridey und ihr Gatte Brian MacCarthy nach dem Gottesdienst einkauften, allerdings wirklich existiert.

Sogar der Name des damaligen Gemüsehändlers erwies sich bei intensiver Recherche als korrekt. Auch Brideys Behauptung, während ihrer Beerdigung wurden die ›uillean pipes‹ gespielt, bestätigte sich in gewisser Weise, da diese Flöten wegen ihres weichen Klangs damals häufig bei solchen Anlässen verwendet wurden.

Trotz einiger Ungereimtheiten wirkt der Fall Bridey Murphy im großen und ganzen durchaus glaubwürdig. Woher wußte Virginia Tighe von den ›uillean pipes‹, dem Küssen des ›Blarney Stone‹ und von Läden in Belfast, deren Existenz erst durch intensive Nachforschungen bestätigt werden konnte? Was versetzte eine junge, moderne Amerikanerin, die noch nie außerhalb der USA gewesen war, in die Lage, ein so authentisches Bild vom Leben im Irland des frühen 19. Jahrhunderts zu zeichnen?

Solche Vorfälle sind ziemlich schwer zu erklären. Daß es sich dabei um ein paranormales Phänomen handelt, ist möglich, muß aber nicht zwangsläufig so sein, weil Psychologen wie Carl Gustav Jung, Sigmund Freud oder William James in den letzten hundert Jahren nachdrücklich bewiesen haben, daß der Verstand des Menschen wesentlich komplexer ist, als wir uns träumen lassen, so daß man Scully lediglich darin zustimmen kann, wenn sie ihrem Partner Mulder in der Episode ›Lazarus‹ erklärt, daß psychische Störungen zuweilen äußerst ungewöhnliches Verhalten heraufbeschwören können. Tatsächlich könnten psychische Leiden wie Schizophrenie, multiple Persönlichkeiten oder Dissoziation durchaus als Erklärung für vermeintliche Seelenwanderungen in Frage kommen.

Während bei Schizophrenie, der häufigsten der endogenen (von innen kommenden) Psychosen, deren Ursache und Entstehung nach wie vor nicht exakt bekannt sind, für den Kranken die Grenze zwischen Ich und Außenwelt verschwimmen und die eigenen Körperfunktionen, Gedanken und Gefühle als von außen gesteuert erlebt werden, scheinen bei Menschen mit multipler Persönlichkeit mehrere verschiedene Charaktere völlig unabhängig voneinander Anspruch auf denselben Körper zu erheben. Bei den meisten multiplen Persönlichkeiten, von denen der Fachwelt bis dato bloß ungefähr zweihundertfünfzig Fälle bekannt sind, wurde die ursprüngliche Persönlichkeit durch ein schweres psychisches Trauma wie ein Glas, das auf dem Küchenboden zersplittert, in mehrere Teile gespalten, sogenannte ›Nebenpersönlichkeiten‹, die sich auf verschiedenste Art und Weise bemerkbar machen und dem eigentlichen Charakter des Erkrankten häufig konträr gegenüberstehen. Wenn man beispielsweise annimmt, daß es sich bei der multiplen Persönlichkeit um eine ruhige, zurückhaltende, gewissenhafte und ernste Frau handelt, die eine unglückliche Kindheit verbracht hat, wird die stärkste Nebenpersönlichkeit vermutlich sehr lebhaft sein und die langweilige Frau, mit der sie den Körper teilt, für ihre ›Unzulänglichkeit‹ verachten. Diese Abneigung seitens der Nebenpersönlichkeit kann sich darin äußern, daß sie dem Hauptcharakter, der nichts von der Existenz des ›Spaßvogels‹ ahnt, derbe Streiche spielt. In der Regel unterscheiden sich die verschiedenen Charaktere einer multiplen Persönlichkeit so stark voneinander, daß man auf den ersten Blick erkennt, mit ›wem‹ man es im Moment gerade zu tun hat. Darüber hinaus dokumentiert oft eine fast physische Veränderung der Gesichtszüge und des ganzen Auftretens, welcher Charakter im Augenblick die Kontrolle über den Körper besitzt.

Normalerweise weist eine multiple Persönlichkeit nicht bloß eine eigenständige Nebenpersönlichkeit auf, wie im Falle des Arztes Dr. Henry Jekyll in dem brillanten Roman von Robert Louis Stevenson, sondern mehrere, die sich in ihren Überzeugungen, Moralvorstellungen und auch rein intelligenzmäßig oft stark voneinander unterscheiden. Die Amerikanerin Doris Fischer zum Beispiel, die von Dr. Walter F. Price aus Pittsburgh behandelt wurde, einem anerkannten Fachmann auf diesem Gebiet, besaß fünf Persönlichkeiten: Doris, Margaret, Ariel, die Kranke Doris und die Schlafende Doris. Doris war die Hauptpersönlichkeit, ein ruhiger, etwas verwirrter Charakter, während Margaret überaus boshaft war und Doris häufig in peinliche Situationen brachte. Ariel (in der jüdischen Dämologie der Name eines Engels, in den naturmagischen Schriften des Spätmittelalters und der frühen Neuzeit hingegen ein Elementargeist) erschien nur, wenn Doris schlief, und behauptete stets, sie wäre ihr Schutzengel. Die Kranke Doris erweckte den Eindruck einer schüchternen, extrem langweiligen und fast einfältigen Frau, indes die Schlafende Doris keine ausgeprägte Persönlichkeit besaß und offenbar in erster Linie als ›Hüter der Erinnerungen‹ fungierte, weil sie wie ein lebendes Tonbandgerät vergangene Ereignisse in allen Details abspulen konnte.

Während der langwierigen Behandlung durch Dr. Price, der die ängstliche junge Frau wie eine Tochter bei sich aufnahm, veränderten sich langsam die Beziehungen zwischen den Persönlichkeiten, die in Doris Fischers Körper lebten. Zunächst erhielt Margaret ›Zugang‹ zum ›Bewußtsein‹ von Doris und der Kranken Doris. Dann gelang es Ariel, mit den übrigen vier Charakteren in Kontakt zu treten, so daß es gelegentlich zu Streitigkeiten zwischen den Nebenpersönlichkeiten darüber kam, wer im Moment die Kontrolle über den Körper besitzen ›durfte‹. Mit der Zeit schaffte es Doris, sowohl dic Kranke Doris als auch die Schlafende Doris zu vereinnahmen, so daß die zwei Charaktere schließlich mit Doris verschmolzen. Anschließend wurde Margaret Schritt für Schritt verdrängt, bis sie keinen Einfluß mehr auf Doris besaß und ebenfalls verschwand. Zum Schluß war Ariel an der Reihe, der vermeintliche Schutzgeist, den Dr. Price als die reifste und klügste der fünf Persönlichkeiten bezeichnet. Als auch Ariel fort war, war Doris Fischer dank der engagierten Hilfe ihres Arztes schließlich ›nur‹ noch sie selbst.

Trotz couragierter, einfühlsamer Psychologen wie Dr. Price oder Dr. Cornelia Wilbur, die u. a. ›Sybil‹ behandelt hat, eine Frau mit sechzehn Persönlichkeiten, sind Heilungen wie im Falle von Doris Fischer selten, vor allem dann, wenn die Zahl der Nebenpersönlichkeiten deutlich höher liegt als etwa bei Doris, wie zum Beispiel bei ›Charles‹. ›Charles‹ ist ein Pseudonym, das ein amerikanischer Psychologe jenem Teil der Persönlichkeit seines Patienten Eric gab, in dem er den Hauptcharakter des jungen Mannes vermutete, der im Februar 1982 in Daytona Beach, Florida, von der Polizei aufgegriffen wurde, als er benommen in den Straßen der Stadt umherirrte. Bei Charles/Eric wurden ganze siebenundzwanzig verschiedene Persönlichkeiten identifiziert, von denen viele Charaktere miteinander ›Streit‹ hatten und sich gegenseitig Probleme bereiteten. Zu den Persönlichkeiten von Eric gehörten u. a. ein Älterer Eric, ein Jüngerer Eric, der eine – frei erfundene – Geschichte über seine Kindheit in den Händen von Drogenhändlern erzählte, die ihn vergewaltigten und in seinem Beisein Morde begingen, der überhebliche ›Michael‹, der bösartige ›Mark‹, der blinde und stumme ›Jeffrey‹ und sogar ein Fötus, der sich noch im Mutterleib befand. Doch obwohl sich unter den Nebenpersönlichkeiten einer Person wie bei Doris Fischer oder Eric häufig mindestens ein Charakter mit stark sadistischer Ausprägung befindet, neigen diese Menschen in der Regel nicht zu physischer Gewalt. Gleichwohl wurde 1976 in Columbus, Ohio, ein Mann namens William Milligan vor Gericht für schuldig befunden, unter der Kontrolle einer seiner zehn Nebenpersönlichkeiten, einer achtzehnjährigen Lesbierin, vier junge Frauen brutal vergewaltigt zu haben.

Es ist durchaus denkbar, daß dic Symptome psychischer Leiden wie Schizophrenie und multipler Persönlichkeit für viele Fälle von scheinbarer Besessenheit oder Reinkarnation verantwortlich sind. Allerdings erklärt dies in keinster Weise, wie Menschen wie Lurancy Vennum oder Virginia Tighe Dinge wußten, die sie logisch betrachtet eigentlich gar nicht hätten *wissen können*. Wie konnte Sumitra Fakten über Shivas mysteriösen Tod wissen, die nie allgemein verbreitet worden waren? Ebenso rätselhaft ist der Umstand, daß sie plötzlich in der Lage war, perfekt zu lesen und zu schreiben, obwohl sie als Analphabetin galt. Für diese Phänomene gibt es bis auf den heutigen Tag keine akzeptable, schlüssige Erklärung, und es ist fraglich, ob die Wissenschaft je damit aufwarten können wird.

4

Wunderheiler

Unterschätzen Sie niemals die Macht der Suggestion. Die größte Kraft des Heilers liegt in der Bereitschaft seines Patienten, zu glauben. (...) Wenn man sich ein Wunder vorstellt, ist es schon so gut wie geschehen.

Dana Scully

Der Glaube an Wunder- und Geistheilungen existiert in manchen Kulturen schon so lange, wie es Gebrechen und Krankheiten gibt, die den Menschen zu schaffen machen. Schriftliche Berichte von wundersamen Heilungen reichen zumindest bis in die Zeit Christi zurück, der vermutlich der bekannteste ›Wunderheiler‹ überhaupt war. Dem Evangelium zufolge besaß Jesus von Nazareth nicht nur die Fähigkeit, alle zu jener Zeit bekannten Leiden, von Aussatz über Epilepsie und Blindheit bis hin zu Mondsucht, zu heilen, sondern verfügte außerdem über die Gabe, Tote zu neuem Leben zu erwecken, wie die zwölfjährige Tochter des Synagogenvorstehers Jaïrus, den Jüngling von Nain und, selbstverständlich, Lazarus von Bethanien. Ob Jesus tatsächlich in der Lage war, all diese Wunder zu wirken, muß wohl bezweifelt werden. Doch die Menschen damals glaubten an ihn und seine gottgegebenen Heilkräfte, und in einer Zeit, da die ›Medizin‹ außer Blutegeln und Aderlässen kaum etwas aufbieten konnte, um den Leidenden zu helfen, lag in Gebeten und dem Glauben an eine göttliche Heilung praktisch die einzige Hoffnung, die den Kranken blieb, um nicht vollends zu verzweifeln. Jeder Heiler, der auch bloß ansatzweise

Resultate vorweisen konnte, wurde mit offenen Armen empfangen, vor allem, wenn es sich dabei um Adelige wie den englischen König Edward den Bekenner handelte, der im 11. Jahrhundert angeblich Skrofel (eine tuberkulöse Haut- und Lymphknotenerkrankung) durch Handauflegen kurierte, oder um Geistliche wie den Reformator Martin Luther, dem man fünf Jahrhunderte später ebenfalls zahlreiche Wunderheilungen nachsagte.

Trotz der erstaunlichen Möglichkeiten der modernen Medizin hat sich der Glaube an wundersame Heilungen vor allem innerhalb der römisch-katholischen Kirche, die seit jeher jedes ›Wunder‹ in den sogenannten Mirakelbüchern schriftlich festhält, bis heute gehalten. Vor allem Heiligengräbern und bekannten Wallfahrtsorten wie etwa Lourdes, Chartres und Assisi wird nachgesagt, daß dort ›göttliche Kräfte‹ heilend auf die Pilger einwirken. Darüber hinaus gesteht der Katholizismus zuweilen neben Nonnen und Priestern auch besonders glaubensstarken Menschen ebenfalls die Gabe der Geistheilung zu, beispielsweise der jungen Linda Martel, einem schwerkranken Mädchen mit einem Wasserkopf, einem Wirbelspalt und gelähmten Beinen, das sein gesamtes Leben auf der britischen Insel Guernsey verbrachte und 1961 im Alter von nur fünf Jahren starb. Trotz ihrer Jugend erwies sich Linda als intellektuell weit entwickelt und tief gläubig, obgleich ihre Familie keineswegs religiös geprägt war. Sie war angeblich in der Lage, durch Berührung Warzen, Hämorrhoiden, Ekzeme und Meniskusprobleme zu heilen. Nach Lindas Tod sollen ihre Heilkräfte in den Kleidern weitergewirkt haben, die das Mädchen zu Lebzeiten trug. Auch ihrer Grabstätte werden Wunderheilungen zugeschrieben.

Wesentlich spektakulärer als Linda Martels Heilungen sind die Taten des indischen Mystikers Satyanarayana Raju, bei dem es sich um die Reinkarnation des Hindu-Heiligen Sai Baba handeln soll, der vor seinem Tod 1918 prophezeite, er würde schon bald wiedergeboren werden. Von vielen seiner Anhänger als ›avatar‹, als Gottheit in menschlicher Gestalt, betrachtet, besitzt Raju bzw. ›Satya Sai Baba‹ nicht nur die Gabe, Gegenstände scheinbar aus dem Nichts zu materialisieren – Goldketten, Bücher, Kreuze, Götterbilder, sogar Nahrungsmittel –, sondern viele Krankheiten durch Berührung zu heilen. Außerdem soll er, wie Jesus Christus oder der Wunderheiler Samuel Hartley aus der *X-Files*-Episode ›Miracle Man‹, mehrere Menschen von den Toten wiedererweckt haben. Besonders beeindruckend ist die Geschichte des sechzigjährigen Fabrikbesitzers V. Radhakrishna, der Sai Baba 1953 in Puttaparti aufsuchte, damit der ›heilige Hindu‹ (Colin Wilson) ihn von einem schmerzhaften Magengeschwür befreien sollte. Doch das tat der Wunderheiler nicht. Statt dessen schickte er den Mann wieder nach Hause, wo er drei Tage später starb. Als die Frau des Verblichenen gegenüber Sai Baba Vorwürfe erhob, daß er nichts für Radhakrishna getan hatte, kam der Heiler mit ihr und wies die trauernden Angehörigen an, ihn mit der Leiche des Fabrikbesitzers, die sich bereits blau zu verfärben begann und nach Verwesung stank, allein zu lassen. Nach einigen Minuten rief Sai Baba die Familie wieder in das Zimmer. Fassungslos mußten die Angehörigen erkennen, daß der ›Verblichene‹ wach auf dem Totenbett lag. Radhakrishna lebte, während die Magengeschwüre vollständig verschwunden waren.

Anders als bei Linda Martel und vielen anderen Heilern lassen sich die Wundertaten des Satya Sai Baba nicht mit der weitverbreiteten Meinung erklären, daß es eigentlich der Patient selbst ist, der sich heilt, und nicht der Heiler, der lediglich als Auslöser fungiert, um gewisse körpereigene Funktionen zu aktivieren, die in jedem von uns schlummern. Wenn Sai Baba den toten Radhakrishna wirklich ins Leben zurückgeholt hat – und außer ihm angeblich ein halbes Dutzend weitere Personen –, ist es durchaus nachvollziehbar, warum die Anhänger des ›heiligen Hindus‹, dessen Lehre vom Streben nach einem höheren Bewußtsein und mehr Mitgefühl zwischen den Menschen mittlerweile in über dreitausend Sai-Zentren und Sai-Universitäten in ganz Indien verbreitet wird, Sai Babas Wunder mit jenen vergleichen, die Jesus von Nazareth vor zweitausend Jahren wirkte.

Definiert werden Wunder allgemein als ›erstaunliche Ereignisse, die die bekannten Naturkräfte übersteigen und von den Gläubigen verschiedener Religionen als Machtbezeugung, Zeichen oder Wohltat der Gottheit bzw. Gottes gedeutet werden‹. Gleichwohl sind viele Mediziner und Wissenschaftler der Ansicht, daß Wunderheilungen weniger mit göttlichem Wirken zusammenhängen, sondern vielmehr darin begründet liegen, daß eine gewisse Energie, vergleichbar mit dem ›Chi‹ der Chinesen oder dem ›Prana‹, dem ›Heiligen Atem‹ der Hindus, vom Heiler ausgeht und den Kranken beeinflußt. Nachgewiesen wurde diese Theorie zumindest ansatzweise von dem Biochemiker und Gerontologen Dr. Bernard Grad von der McGill University in Montreal, Kanada, der im Jahre 1957 in seinem Labor mit dem ungarischen Wunderheiler Oberst Estabany eine Reihe von Experimenten durchführte, bei denen Estabany an Mäusen seine Fähigkeit demonstrierte, Heilungsprozesse deutlich zu beschleunigen. Außerdem war der Emigrant allem Anschein nach in der Lage, Einfluß auf das Wachstum von Pflanzen zu nehmen. Schwester Justa Smith, die Grads Arbeit fortführte, verglich die Kräfte von Estabany und anderen Heilern mit denen eines Magnetfeldes, was Mitte der sechziger Jahre durch sowjetische Forscher bestätigt wurde, die Experimente mit dem georgischen Wunderheiler Oberst Alexej Kriworotow durchführten, bei denen die sogenannte Kirlian-Fotografie Anwendung fand, eine von dem russischen Ingenieur Semjon Kirlian entwickelte Technik, mit der man die ›Energieaura‹ eines Menschen messen kann. Bei den Versuchen stellten die Wissenschaftler fest, daß die Emissionen aus Kriworotows Fingerspitzen während einer Heilung für kurze Zeit abkühlten, ehe der Wunderheiler in starken, konzentrierten Stößen Energie an seinen Patienten weitergab. Und obgleich sich medizinische Zentralstellen wie die British Medical Association in Großbritannien und die American Medical Association in den USA seit Jahren strikt weigern, das Phänomen des Wunderheilens anzuerkennen, existieren über hundertfünfzig wissenschaftliche Studien über Geistheilungen, aus denen zweifelsfrei hervorgeht, daß Menschen, Tiere, Pflanzen, Bakterien, Hefe und Enzyme von Heilern wirklich bis zu einem gewissen Grad beeinflußt werden können.

Jedoch ist die Zahl der Wunderheiler, deren Kräfte legitim zu sein scheinen, gegenüber den Heerscharen von Scharlatanen, die aus der Verzweiflung jener Menschen, die in der Hoffnung auf Heilung zu ihnen kommen, lediglich Kapital schlagen wollen, verschwindend gering. Zu den Merkmalen, die einen ›wirklichen‹ Heiler ausmachen, rechnet die Parapsychologin Dr. Thelma Moss, die verschiedene Wunderheiler unter Laborbedingungen getestet hat, in ihrem Buch *The Probability of the Impossible*, daß der Heiler im allgemeinen nicht weiß, wie er heilt und auch nicht behauptet, alle Leiden lindern zu können – tatsächlich können die meisten ›echten‹ Wunderheiler bloß einen kleinen Teil der Kranken kurieren. Außerdem geben sie nicht vor, ihre Fähigkeit steuern zu können, sondern sehen sich vielmehr als Leiter eines Energiestroms, weswegen sie ihre Heilerfolge statt sich selbst auch in erster Linie dem Glauben des Geheilten zuschreiben, indes die meisten Betrüger darauf bestehen, sie allein würden durch ihre ›göttlichen Kräfte‹ eine Heilung bewirken. Ein gutes Beispiel hierfür ist der amerikanische ›Heiler‹ Oral Roberts, der ebenso wie die berühmt-berüchtigten Fernsehprediger Jimmy Swaggart und Jim Bakker eine eigene TV-Show besaß und in den achtziger Jahren behauptete, daß Gott seine Seele als ›Geisel‹ halten und damit drohen würde, ihn ›heimzurufen‹, wenn seine Anhänger nicht auf die Schnelle fünfzig Millionen Dollar Lösegeld aufbrächten, um ihn freizukaufen. Wie viele vermeintliche Hellseher ließ sich Roberts während seiner Fernsehauftritte von Mitarbeitern im Publikum über Funkmikrofon Informationen über seine jeweiligen ›Patienten‹ geben, um die Demonstration seiner ›sagenhaften Wunderkräfte‹ so perfekt wie möglich zu machen. Überflüssig zu erwähnen, daß Oral Roberts nicht sonderlich lange warten mußte, bis seine Gemeinde das Geld zusammengetragen hatte, das nötig war, um seine Seele aus der Gewalt ›Gottes‹ auszulösen …

Nicht weniger dreist in ihrem Vorgehen ist die selbsternannte Geistheilerin Dshuna Dawitaschwili alias ›Djuna‹, die 1980 von dem damaligen sowjetischen Staatsoberhaupt Leonid Breschnew in Südrußland ›entdeckt‹ und nach Moskau geholt wurde, wo sie zu einer Art ›Kreml-Ärztin‹ für den kranken Breschnew und andere russische Funktionäre wurde. Eine Reihe von Fernsehauftritten, die denen ihrer diversen amerikanischen ›Kollegen‹ in puncto Effekthascherei in nichts nachstanden, sorgten dafür, daß Djuna bald überall in der Sowjetunion bekannt war. Djuna, die mit Vorliebe ein pechschwarzes Kostüm trägt, das der Uniform eines sowjetischen Generals nachempfunden und mit zahlreichen Orden geschmückt ist, behauptet von sich, sie könne Krebs, Allergien, Rückenschmerzen, Cholesterinvergiftung, Potenzprobleme, Brüche, Magengeschwüre und sogar Aids durch Handauflegen heilen. Da der Andrang an Patienten trotz der hohen Kosten – ungefähr vierzig Mark bzw. ein Viertel des durchschnittlichen russischen Monatslohns kostet eine zehnminütige Sitzung mit der Heilerin – aber so enorm ist, daß Djuna allein ihn unmöglich bewältigen kann, hat sie kurzerhand einen Apparat entwickelt, den sie ›Djuna-Stimulator‹ nennt. Diese ›mechanische Ersatzheilerin‹ hat große Ähnlichkeit mit einem Haufen alten Hifi-Zubehörs und ist durch Kabel mit einem Polstersessel verbunden, auf dessen Armlehnen Darstellungen von Djunas segensreichen Händen abgebildet sind. Djuna zufolge besitzt der ›Djuna-Stimulator‹ dieselben Heilkräfte wie sie selbst, was man unbesehen glauben kann.

Der spektakulärste und gleichzeitig umstrittenste Aspekt des Wunderheilens ist die sogenannte Geistchirurgie, die in erster Linie von Eingeborenen aus Brasilien und von den Philippinen betrieben wird, die völlig bar jeder medizinischen Kenntnisse operative Eingriffe mit so primitiven Instrumenten wie Scheren und Küchenmessern vornehmen oder ganz auf Werkzeug verzichten und die Körper ihrer Patienten mit den bloßen Händen öffnen, um erkrankte Organe oder totes Gewebe zu entfernen. Trotz der unhygienischen Umstände soll es nach diesen ›Operationen‹ aber nie zu schwerwiegenden Infektionen oder Folgeschäden gekommen sein.

Vor allem die Geistchirurgen von den Philippinen haben in den letzten zwanzig Jahren große Aufmerksamkeit in der westlichen Welt erregt. Während Kritiker behaupten, daß die vermeintlichen Geistchirurgen, von denen sehr viele der ›Union Espiritista Cristiana de Filipinas‹, der ›Christlich-spiritistischen Union der

Philippinen‹, angehören, tatsächlich gar keine Operationen durchführen und die Zuschauer wie auch ihre Patienten durch clevere Taschenspielertricks täuschen, führen Wissenschaftler wie der Biologe Lyall Watson an, daß die philippinischen Heiler im Gegensatz zu ihren ›Kollegen‹ im zivilisierten Westen mit ihren Fähigkeiten nicht hausieren gehen. In Wirklichkeit waren es einmal mehr die westlichen Medien, die sich vornehmlich in den sechziger und frühen siebziger Jahren sensationsgierig auf die Geistheiler stürzten und damit eine heftige Kontroverse in der breiten Öffentlichkeit auslösten, was Hunderte verzweifelte Europäer und Amerikaner, bei denen die Schulmedizin versagt hatte, allerdings nicht davon abhielt, sich selbst von den Geistchirurgen operieren zu lassen.

Lyall Watson gehörte zu den ersten westlichen Wissenschaftlern, die auf die Philippinen kamen, um dem erstaunlichen Phänomen der Geistchirurgie nachzuspüren. In seinem Buch *The Romeo Error* erklärt er, daß er bei ungefähr tausend Eingriffen zugegen war, die von zweiundzwanzig verschiedenen Wunderheilern vorgenommen wurden, und gelangt nach einer unvoreingenommenen Untersuchung zu dem Schluß, daß es Geistchirurgie tatsächlich gibt. Dies wird durch die Untersuchungsberichte von Dr. George Meek bestätigt, der im März 1973 und im April 1974 zusammen mit einem Team aus Medizinern, Psychiatern, Parapsychologen, Physikern, Chemikern, Biologen und Varietékünstlern (sic!) herauszufinden versuchte, was es mit den philippinischen Wunderheilern auf sich hat. Es stellte sich heraus, daß sich unter den angeblichen Heilern in der Tat einige Schwindler befanden. Dennoch wurde ›eindeutig bestätigt, daß diverse Formen psychoenergetischer Phänomene faktisch existieren und von mehreren Eingeborenen tagtäglich praktiziert werden‹.

Der wohl bekannteste Geistchirurg war José Pedro de Freitas, genannt Arigó, der in den fünfziger Jahren in seinem Heimatland Brasilien zu einem regelrechten Nationalhelden avancierte und durch seine spektakulären Heilerfolge schon bald das Interesse der westlichen Wissenschaft weckte. Anfang der sechziger Jahre reiste Dr. Andrija Puharich aus New York City in Begleitung eines amerikanischen Ärzteteams nach Brasilien, um das Phänomen Arigó eingehender zu erforschen und filmisch zu dokumentieren. Obwohl Dr. Puharich sich von den teilweise rabiaten Behandlungsmethoden des Wunderheilers zunächst abgestoßen fühlte, schloß er dennoch aus, daß es sich bei dem Geistchirurgen, der in seiner ›Klinik‹ in Congonhas do Campo nicht selten zweihundert Patienten pro Tag ›verarztete‹, um einen Schwindler handelte. Am Ende ließ sich der Amerikaner schließlich sogar selbst von dem Geistchirurgen operieren. Er bat Arigó, eine gutartige Geschwulst aus seinem rechten Arm zu entfernen, woraufhin der Wunderheiler ihm mit einem unsterilisierten Taschenmesser kurzerhand den Unterarm aufschlitzte und das fingergroße Geschwür vor laufender Kamera ohne Narkose herausschnitt. Innerhalb weniger Sekunden war die gesamte Operation vorüber.

Doch obwohl Arigós Heilerfolge unbestreitbar waren, dauerte es nicht lange, bis die brasilianischen Gesundheitsbehörden wegen ›ärztlichen Praktizierens ohne Zulassung‹ gegen ihn vorgingen. 1956 wurde der Wunderheiler in erster Instanz zu einer mehrjährigen Haftstrafe verurteilt, die er jedoch nicht antreten mußte, weil Arigó nach der Berufungsverhandlung, in der das Gericht das Strafmaß auf acht Monate revidierte, vom damaligen brasilianischen Präsidenten Juscelino Kubitschek de Oliveira begnadigt wurde. Acht Jahre später verklagte man Arigó erneut wegen angeblicher Kurpfuscherei, diesmal zu sechzehn Monaten

Haft, von denen der Geistchirurg acht Monate absaß, bevor der katholische Richter Filipe Immesi ihm aufgrund des Urteils des Berufungsgerichts die Resthaft erließ – jedoch erst, nachdem er sich persönlich ein Bild von Arigós Fähigkeiten gemacht hatte. Zusammen mit einem befreundeten Bezirksstaatsanwalt wohnte er der Operation an einer älteren Frau bei, die auf beiden Augen an grauem Star litt. Später schilderte Richter Immesi, der bei dem Eingriff den Kopf der nicht narkotisierten Frau hielt, dem Sachbuchautor John G. Fuller die Operation wie folgt: »Arigó holte eine Nagelschere hervor, wischte sie an seinem Hemd ab und schnitt damit in die Hornhaut der Augen der Patientin, ohne die Schere vorher zu desinfizieren. Obwohl die Frau bei vollem Bewußtsein war, zuckte sie bei dieser Prozedur nicht einmal. Innerhalb weniger Sekunden hatte Arigó den grauen Star an beiden Augen entfernt. Nach dem Eingriff murmelte der Heiler ein Gebet und reinigte die Augen der Patientin mit einem Tuch, auf das er einige Tropfen Flüssigkeit geträufelt hatte.« Nach dieser Demonstration von Arigós Heilkräften war Richter Immesi davon überzeugt, daß der Geistchirurg keineswegs ein Scharlatan war, und erwirkte vor dem Obersten Bundesgericht, daß die Klage gegen den Wunderheiler endgültig fallengelassen wurde. Gleichwohl hat Arigó nach seiner Entlassung aus dem Gefängnis im November 1965 angeblich keine operativen Eingriffe mehr durchgeführt, sondern sich fortan darauf beschränkt, nach einem kurzen Blick auf den Kranken Diagnosen zu stellen und Medikamente zu verschreiben, die fast ebenso ungewöhnlich wie die spektakulären Operationen des Brasilianers waren, da die meisten Präparate laut Dr. Ary Lex, einem Fachmann für Magen- und Darmerkrankungen, völlig veraltet waren. Andere Arzneien wiederum sein in gefährlich hohen Dosen verabreicht worden. Aber wie absurd Arigós

Rezepte auch gewesen sein mögen, ihre Wirkung war stets verblüffend, wie etwa im Fall einer jungen Polin, deren Dickdarm von einem Tumor blockiert wurde. Da der Krebs allerdings bereits zu weit fortgeschritten war, um ihn operativ zu entfernen, begleitete der behandelnde Arzt Dr. Madeiros seine Patientin nach Congonhas do Campos, wo Arigó die Frau lediglich kurz ansah und ihr dann ein Medikament verschrieb, das schnell Wirkung zeigte. Schon nach einer guten Woche verbesserte sich der Gesundheitszustand der Patientin zusehends. Sechs Wochen später besaß sie wieder ihr altes Gewicht. Als der Wunderheiler die Frau schließlich nach drei Monaten für geheilt erklärte und anordnete, ihr die Darmfistel zu entfernen, eine operativ angelegte Verbindung zwischen dem vormals verstopften Dickdarm und der Körperoberfläche, stellte Dr. Madeiros fest, daß sämtliche Tumore im Darmbereich verschwunden waren.

Arigó, der im Januar 1971 bei einem Autounfall ums Leben kam, ist der modernen Medizin bis heute ein Rätsel geblieben. Was genau es mit seinen erstaunlichen Heilkräften auf sich hatte, vermag niemand zu sagen. Fest steht lediglich, daß er kein Schwindler war, was man von vielen anderen ›Wunderheilern‹ unserer Tage sicherlich nicht behaupten kann.

5

Anthropophagie

> Die Guerzes und Manon pflegten die Gefangenen,
> die sie unter den Durchreisenden machten,
> zu verzehren. Ebenso verfuhren sie mit Todkranken,
> von denen die Familienmitglieder dann
> stets die besten Stücke bekamen.
>
> *Jean Perrigault*

Anthropophagie, auch als Kannibalismus oder Menschenfresserei bekannt, ist kein Phänomen, das erst nach dem Erscheinen von Mondo- und Zombie-Reißern wie *Ultimo Mondo Cannibale, Night of the Living Dead* oder *Gli Ultimi Zombi* in den späten sechziger Jahren aufgetaucht wäre. Tatsächlich wird der Kannibalismus aus den verschiedensten Gründen von vielen Völkern und Kulturen der Erde seit Tausenden von Jahren praktiziert, obgleich er früher wesentlich weiter verbreitet war als heute, wo hauptsächlich in Neuguinea und Teilen des afrikanischen Kontinents noch Stämme existieren, die Anthropophagie betreiben, und zwar nicht, wie noch vor knapp fünfzig Jahren von gewissen Forschern angenommen wurde, weil Menschenfleisch angeblich herzhafter als das von Tieren schmeckt – worüber der Autor sich kein Urteil erlauben kann –, sondern aus denselben rituellen Gründen, aus denen der Hühnerbaron Walter Chaco in der *X-Files*-Episode ›Our Town‹ fast die gesamte Bevölkerung des Städtchens Dudley, Arkansas, dazu bringt, sich an ihren ›Artgenossen‹ zu laben. Ritueller bzw. magischer Kannibalismus, der von Fetischzauberern oder auf ihr Geheiß hin vollzogen wird, dient entweder dazu,

Eigenschaften des Verzehrten in sich aufzunehmen (wie im Fall der Bevölkerung von Dudley), oder die Seelen der Toten davon abzuhalten, ruhelos umherzuirren und den Lebenden zu schaden. Denn die Seele wird von vielen sogenannten ›primitiven‹ Kulturen wie beispielsweise den Pygmäen, den Melanesiern und den Papuanern als materieller Gegenstand betrachtet, von dem ein bestimmter Teil im Körper wohnt, während der Rest zwar mit der leiblichen Seele verbunden ist, allerdings nicht in der ›wirklichen Welt‹ erscheinen kann, bevor die materielle Seele nicht vernichtet wurde. Da u. a. die Papuaner glauben, daß es bloß eine begrenzte Anzahl körperlicher Seelen gibt und ihr Stamm unweigerlich aussterben wird, wenn es einer Seele gelingt, sich komplett zu ›befreien‹ und der nachfolgenden Generation so verlorenzugehen, bewahren sie die materielle Seele des Toten, indem sie sich diese kurzerhand einverleiben – durch das Verzehren des Leibes des Verstorbenen und das Verbrennen der nach dem Mahl anfallenden ›Reste‹. Diese Form der Anthropophagie, bei der ausschließlich Mitglieder des eigenen Stammes gegessen werden, wird als Endokannibalismus bezeichnet, abgeleitet von der griechischen Vorsilbe ›endo‹, die soviel wie ›innen, innerhalb‹ bedeutet. Das Gegenstück dazu ist der Exokannibalismus (exo, außerhalb), bei dem es Fremde sind, die von den Einheimischen verzehrt werden.

Doch während bei manchen Stämmen nur die bereits Toten rituell verzehrt werden, gehörten kannibalistische Menschenopfer vor allem bei einigen afrikanischen Buschvölkern zur Tagesordnung, bevor die Behörden Ende des vergangenen Jahrhunderts begannen, diese Praktik zu unterbinden und der ›Menschenfresserei‹ Überführte hart zu bestrafen – mit dem Tod. So verhandelte das Gericht von Bas-Covally (damals unter französischer Herrschaft) im Jahre 1917/1918 beispielsweise in einem Fall, bei dem eine Zauberin, eine mpaka-fa, ihren eigenen Mann der ›Bruderschaft der Eingeweihten‹ ausgeliefert hatte. Man stach den armen Kerl ab wie ein Schwein und zerlegte ihn. Alle Anwesenden – oder zumindest diejenigen, die der ›Bruderschaft‹ bereits ein Opfer dargebracht hatten –, bekamen ein Stück. Die Zauberin und mehrere ihrer Mittäter wurden verurteilt und hingerichtet. In diesem Zusammenhang ist es interessant zu wissen, daß offenbar mehr Zauberinnen als Zauberer in kannibalistische Vergehen verwickelt waren, laut Jean Perrigault vermutlich deshalb, ›weil die Seelen der Toten im Schoß der Frau zu neuem Leben gelangen‹.

Bei dieser Art des magischen Kannibalismus sollen bestimmte Fähigkeiten des Geopferten auf denjenigen übergehen, der sein Fleisch ißt. So muß der junge Initiierte eines Stammes etwa vom Leib eines Greises essen, damit er die Weisheit und Erfahrung des Alten in sich aufnimmt. Ein Zauberer, der seine besten Jahre bereits eine Weile hinter sich hat, verspeist einen kleinen Jungen – vorzugsweise dessen Kopf oder Herz –, damit die Seele des Kindes ihn verjüngt. Wird ein reicher Mensch vertilgt, soll sein Geist in die Kannibalen eingehen und sie lehren, wie man zu Wohlstand kommt. Bei den meisten Menschenopfern sind der unmittelbare Zweck sowie der magische Bezug mehr oder weniger offensichtlich, wie auch im Falle eines schwarzen Duodezfürsten des Kru-Stammes im afrikanischen Liberia, der 1933 unvermittelt erblindete. Sein Medizinmann versicherte dem Herrscher, daß er wieder sehen können würde, wenn er ›lebende‹, frische Menschenaugen esse. Also stach man zehn Unglücklichen seines Volkes kurzerhand die Augen aus, die der Duodezfürst auf der Stelle verschlang. Nach einigen Tagen konnte er wieder sehen. Allerdings sind sich die Mediziner darin einig, daß es sich bei dem Leiden des Fürsten vermutlich um eine vorübergehende Blindheit handelte, die auf einen Sonnenstich oder einen Blutstau im Gehirn zurückzuführen war, was in den Tropen immer wieder vorkommt. Für den Duodezfürsten und seine – sehenden – Untertanen war der Medizinmann jedoch ein großer Wunderwirker, und man kann ziemlich sicher sein, daß in der Folgezeit weitere Unschuldige ihr Augenlicht einbüßen mußten, wenn der mpaka-ra es für nötig hielt.

Perrigault schildert zahlreiche Vorfälle dieser Art, die wir aus der zivilisierten westlichen Welt schwerlich nachvollziehen können. Besonders makaber und grausam ist die Geschichte eines Königs der Nagos, einem Stamm in der Nähe der Atakora-Berge in Benin (ehemals Dahomey) in Südwestafrika, der Angst vor dem Tod hatte, obwohl sein Medizinmann ihm im Jenseits Glückseligkeit zusicherte. Trotz seines bereits ziemlich vorgerückten Alters und des Umstandes, daß seine Beine gelähmt waren, schien der König, der sich als Urgroßneffe des großen schwarzen Kriegers Behanzin ausgab, zutiefst betrübt darüber zu sein, seine knapp neunzig Ehefrauen verlassen zu müssen. Als der Nago-Häuptling das Ende nahen fühlte, rief er seinen Zauberer zu sich und bat ihn, die Macht des Fetischs zu beschwören, um sein irdisches Leben zu verlängern, woraufhin der Medizinmann die Götter befragte, um dem König anschließend mitzuteilen, daß Opfer zu Lebzeiten nicht mehr viel bewirken würden. Allerdings ließ der Zauberer durchblicken, daß es vielleicht möglich sei, den Nago-Häuptling wieder ins Leben zurückzurufen, wenn drei seiner Kinder geopfert würden. Also wurden mit der ausdrücklichen Zustimmung des Königs dessen ältester und sein jüngster Sohn (fünfundvierzig bzw. drei Jahre alt) sowie eine Tochter, die gerade das heiratsfähige Alter erreicht hatte und außerdem noch Jungfrau war, von dem Medizinmann auserkoren, ihr Leben für die Gesundheit des Häuptlings zu opfern. In einer grausigen Zeremonie wurden den Kindern, nachdem man sie aufgeschlitzt hatte, diverse Organe entnommen, die der Nago-König offenbar ohne Gewissensbisse auf der Stelle verschlang. Sein ältester Sohn ließ Herz und Leber für den Vater, um ihm ›neue Tapferkeit zu verleihen‹, während die Eierstöcke der jungen Frau dazu dienten, seine Zeugungsfähigkeit zu ›reanimieren‹. Der jüngste Sohn mußte sein Gehirn hergeben, um den väterlichen Magen dazu zu bringen, ›wieder wie die Jugend zu denken‹. In der folgenden Nacht starb der Nago-König, woraufhin der Medizinmann drei weitere nahe Verwandte des Herrschers opferte, um ihn von den Toten wiederzuerwecken, was angeblich wirklich gelang. Glaubt man Perrigault, lebte der Nago nach seiner Wiederauferstehung noch einige Jahre, befreit von seiner Lähmung und gesegnet mit neuer Manneskraft, ehe er eines Nachts so überraschend starb, daß ihm keine Zeit mehr blieb, von neuem den Zauberer zu Hilfe zu rufen. Wahrscheinlich war das auch gut so, denn sonst hätten noch mehr Unschuldige ihr Leben für den gewissenlosen Häuptling gelassen. Wie Pierre Fontaine in seinem Buch *Le Magie chez les Noires* (1949) darlegt, haben wir es hier allem Anschein nach weniger mit einem paranormalen Phänomen, sondern vielmehr mit einer meisterlichen Show des Medizinmannes zu tun, der die Verzweiflung des Nago-Königs geschickt ausnutzte, sein Ansehen und seine Macht zu steigern, indem er dem Herrscher im Anschluß an die Zeremonie, bei der die ersten drei Kinder des Nago geopfert wurden, eine vorübergehend wirkende Droge wie zum Beispiel das Alkaloid Tetrodotoxin verabreichte, das aus dem Gift von Kugelfischen gewonnen wird und Lähmung sowie eine extreme Absenkung der Stoffwechselfunktionen bewirkt, und beim Stamm so den Eindruck erweckte, der König sei tot. Danach wäre es dem Medizinmann ein leichtes gewesen, den Herrscher bei der zweiten Opferung ›ins Leben zurückzuholen‹. Allerdings erklärt diese Theorie nicht, wie es möglich war, daß der König nach seiner ›Auferstehung‹ wieder gehen und Kinder zeugen konnte.

Im Hinblick auf den noch heute bei einigen Kannibalenstämmen verbreiteten Brauch, besiegte Feinde zu verzehren, um deren Kraft und Energie in sich aufzunehmen, ist festzustellen, daß der Anthropophagie in fast allen Fällen eine starke esoterische Bedeutung zukommt. Es geht nicht darum, das Fleisch eines Menschen zu verzehren, um seinen Hunger zu stillen – was in der Vergangenheit vor allem in Kriegszeiten jedoch öfter vorgekommen ist, als man annehmen mag –, sondern der Zweck des Rituals besteht darin, etwas von dem Wesen, dem Geist und der Seele der betreffenden Person in sich aufzunehmen. Und auch wenn es vielleicht makaber klingt, sind uns die Kannibalen Neuguineas und Schwarzafrikas in dieser Beziehung weit voraus, da es ihnen im Gegensatz zu vielen ach so zivilisierten Westeuropäern nicht gleichgültig ist, *was* sie essen …

ZWEITER TEIL

Glaubensfragen

1

Satanismus

Teufel, von griech. diábolos (›Verleumder‹; lat. diabolus) abgeleiteter Begriff für die Personifikation der widergöttlichen Macht. Die Gestalt des Teufels geht im christlichen Bereich auf den Satan des Alten Testaments zurück. Im Mittelalter und in der beginnenden Neuzeit findet der Teufelsglaube seine stärkste Verbreitung. Der Teufel erscheint im Volksglauben in vielfältiger Gestalt, meist mit Hörnern, Vogelkrallen, Bocksbeinen, Flügeln, Hufen und Schwanz. Er gilt als gefallener Engel und kann vom Menschen angerufen und durch einen Pakt zu Hilfeleistungen veranlaßt werden.

Meyers Lexikon

Satanismus taucht am Rande in mehreren *X-Files*-Episoden auf, steht allerdings nur in der Folge ›Die Hand, die verletzt‹ im Mittelpunkt, wo Mulder und Scully es in einer Kleinstadt mit einer Reihe bizarrer Morde zu tun bekommen, die allem Anschein nach von Satanisten im Namen ihres Meisters begangen wurden.

Tatsächlich fühlt sich die Gesellschaft seit Jahrhunderten vom Satanismus bedroht. Geschändete Friedhöfe, mit Obszönitäten beschmierte Kirchenwände und tote Katzen auf dem Altar gelten als untrügliches Zeichen dafür, daß Satanisten ihr Unwesen treiben. Doch während diese Taten häufig das Werk pubertärer Jugendlicher sind, die dem Satanismus mehr oder weniger teilnahmslos gegenüberstehen bzw. als ›Spaß‹ und spannenden Zeitvertreib ansehen, gab und gibt es Satanisten, die bereit sind, für ihr ›Idol‹ wesentlich weiter zu gehen, wie etwa die Mitglieder der ›Familie‹ des berüchtigten Charles Manson, die Ende der sechziger Jahre in Beverly Hills, Los Angeles, während einer Dinnerparty in das Haus des bekannten Regisseurs Roman Polanski eindrangen und Polanskis Frau, die Schauspielerin Sharon Tate, sowie deren Gäste im Namen des Satans kaltblütig abschlachteten. Sharon Tate war zu diesem Zeitpunkt im neunten Monat schwanger.

Befaßt man sich näher mit dem Satanismus, fällt auf, daß es sich dabei nicht um eine einheitliche Lehre handelt, sondern daß es zahlreiche verschiedene Gruppierungen gibt, die sich gewisser Elemente des Satanismus bedienen – Gruppen, die sich explizit als Satanisten verstehen, sind ausgesprochen selten. Häufig bekommen vermeintliche Teufelsanbeter dieses ›Etikett‹ sogar gegen ihren Willen aufgedrückt, etwa die Grufties, die sich zwar komplett schwarz kleiden und in vielen Fällen auch mit Spiritismus und Okkultismus liebäugeln, mit dem Satan aber rein gar nichts zu schaffen haben. Jedoch ist diese Art der ›Brandmarkung‹ tief in der christlichen Satanslehre verankert, weil die Kirche lange Zeit versuchte, andere – nicht immer lediglich religiöse – Meinungen als ›Ausgeburten des Teufels‹ hinzustellen und möglichst zu eliminieren. Wie viele gläubige Christen wurden als Ketzer auf dem Scheiterhaufen verbrannt, bloß weil sie den Kirchenoberen in irgendeiner Form in die Quere gekommen waren?

Obgleich das, was wir allgemein als Satanismus verstehen, ein Produkt der Neuzeit ist, reichen die Wurzeln dieses Phänomens bis zu den Anfängen der Geschichtsschreibung zurück. Das Böse in all seinen erschreckenden Formen hat den Menschen zu allen Zeiten beschäftigt. Gleichwohl wird der Teufel, in den Augen vieler Menschen das personifizierte Böse, im Alten Testament nur beiläufig erwähnt, wobei er hier gar unter dem direkten Einfluß Gottes steht, weil er mit der Billigung seines Herrn den Glauben der Menschen prüft, ohne Einfluß auf ihr Schicksal zu nehmen. Der Teufel dient Gott, nicht sich selbst. Bloß im Buch der Weisheit läßt der Satan eine gewisse Eigenständigkeit erkennen. Ansonsten werden eher die dunklen, destruktiven Seiten Jahwes auf den Teufel übertragen, was entschieden dazu beiträgt, Jahwe charakterlich von einer Lokalgottheit in den universalen Gott Israels zu verwandeln. Allerdings liefert das Alte Testament für die moderne Satansvorstellung zahlreiche Vorlagen. Vor allem das Buch Henoch, in dem das Machtstreben des Engels Satananel beschrieben wird, der am Jüngsten Tag in einen an die Hölle erinnernden ›Feuerpfuhl‹ geworfen werden soll, zeigt Satans Opposition gegen Gott, die jedoch erst im Neuen Testament deutlichere Konturen gewinnt. Was das Alte Testament nur andeutete und ansonsten offenließ, konkretisierte das frühe Christentum in plastischer, eindeutiger Weise: Der Widersacher der Menschen verwandelte sich kurzerhand in den Gegner Gottes (wobei ›Feind, Gegner‹ im übrigen die wörtliche Übersetzung des hebräischen Begriffs ›Satan‹ ist).

Das Neue Testament definiert den Teufel als Vater des Bösen und der Lüge und setzt ihn mit Beelzebub gleich, dem Gott des Misthaufens bzw. der Fliegen. Eine fest umrissene Gestalt nimmt der zuvor zumeist abstrakte Teufel erstmals in der Apokalypse des Johannes an, wo er als ›Drache, groß und feuerrot, mit sieben Köpfen und zehn Hörnern‹ beschrieben wird und schließlich als die Personifizierung des Antichristen gilt, der gegen Gott aufbegehrt und Tod und Verderben über die Menschen bringt. Satan ist nicht länger ein treuer Diener Gottes, sondern eine eigenmächtig handelnde Kreatur, die rigoros ihre eigenen düsteren Interessen verfolgt, angeblich, weil der Teufel auf die Menschen, vor denen er nach Gottes Willen die Knie hätte beugen müssen, neidisch war.

Das neuzeitliche Satansverständnis wurde maßgeblich geprägt vom heiligen Aurelius Augustinus (354–430), der vor seiner Bekehrung zum Christentum ein Anhänger des Manichäismus (gnost. Erlösungslehre, nach welcher der Weltprozeß und die Entstehung des Menschen durch eine schuldhafte Vermischung von Licht und Materie bedingt sind) war und dessen dualistische und zutiefst pessimistische Weltauffassung auf das Christentum übertrug. In seinen Schriften – vor allem in seinem Hauptwerk ›De civitate Dei‹ (›Vom Gottesstaat‹) – postuliert Augustinus, das Böse sei durch Adam in die Welt gekommen und vererbe sich durch den Akt der Zeugung von Generation zu Generation weiter. Er beschreibt den Ablauf der Geschichte als anhaltenden Kampf zwischen den Mächten des Lichts und der Finsternis und erklärt, daß Satan, der Herr des Bösen, und sein Dämonenheer von den Gläubigen rigoros bekämpft werden müßten. Natürlich kam diese These der mittelalterlichen Kirche sehr gelegen, die jetzt eine Erklärung für die ›erschreckenden‹ Zustände in der heidnischen Welt hatte. Die Menschen, die sich nicht zum Christentum bekehren ließen, so meinte sie, würden unter dem Einfluß des Teufels stehen. Dasselbe galt selbstredend auch für Ketzer, die der Kirche unbequeme Meinungen verbreiteten. Mit ›Hilfe‹ Satans ließ sich alles Leid und Unrecht – das meistens von der Kirche selbst ausging – problemlos erklären. Erst wenn die Macht des Teufels endgültig gebrochen war, so sagten die Kirchenväter, könne die vom Evangelium versprochene neue Welt beginnen. Diese Weltsicht legte später den Grundstein für die Hexenverfolgung, während derer Tausende unschuldiger Menschen, in erster Linie Frauen, der Inquisition zum Opfer fielen, einer päpstlichen Behörde, die 1231 von Papst Gregor IX. zum Zweck der Ketzerbekämpfung und der ›Reglementierung von abweichenden Glaubensäußerungen‹ gegründet wurde.

Mit den weltlichen Mächten hatte Papst Gregor IX. sich darauf verständigt, daß die Kirche zwar die Untersuchungen leitete, der Staat jedoch die verhängte Strafe vollstrecken sollte, weil sich die Kirchenvertreter nicht nachsagen lassen wollte, daß Blut an ihren Händen klebe. Die inquisitorischen Untersuchungen folgten stets demselben Schema: Irgendwer wurde beschuldigt, mit dem Teufel im Bunde zu sein, ein Kind von ihm zu erwarten oder selbst Menschen und Tiere verhext zu haben. Gestand die Angeklagte nicht, wurde sie auf grausamste Weise gefoltert, bis sie schließlich in der Hoffnung, daß die Qual dann ein Ende haben würde, ein Geständnis ablegte – und daraufhin zum Tode verurteilt wurde. Als ›Standardwerk‹ zur Erkennung einer Frau, die vom Teufel besessen war, diente das ›Malleus Maleficarum‹ von 1487, der ›Hexenhammer‹, eine dreibändige Schrift, die von den Dominikanermönchen Heinrich Institor und Jakob Sprenger verfaßt worden war. Neben diversen Methoden zur Überführung der Schuldigen und zur Festlegung des Strafmaßes bot der ›Hexenhammer‹ eine Reihe von vermeintlichen Gründen dafür an, warum so viele Frauen es zulassen würden, daß der Teufel von ihnen Besitz ergriffe. So führen Institor und Sprenger zum Beispiel an, daß ihre Leichtgläubigkeit, Offenheit und Rachsucht sowie ihre Unfähigkeit, Geheimnisse für sich zu behalten, Frauen für teuflische Einflüsterungen überaus empfänglich machen. Weiter erklären sie, daß das gesamte Handeln von Frauen ›von fleischlicher, unersättlicher Begierde‹ bestimmt sei, zu deren Befriedigung sie die Dämonen brauchen. Bei Männern – vor allem Geistlichen –, die ein aggressives Sexualverhalten an den Tag legten, sah die Sache hingegen vollkommen anders aus. Wurde beispielsweise ein Bischof dabei ertappt, wie er in das Zimmer einer Dame eindrang und versuchte, sich gewaltsam an ihr zu vergehen, wurde er dafür in keinster Weise belangt oder zur Verantwortung gezogen, da die zuständigen Autoritäten befanden, daß der Teufel sich während der Tat des Körpers des Bischofs bemächtigt hatte und den Geistlichen demzufolge keine Schuld an seinem Tun treffe. Vor der Kirche war eben nicht jeder angeblich vom Teufel Besessene gleich …

Als Nikolaus Kopernikus, Johannes Kepler und Galileo Galilei die Erde aus dem Mittelpunkt des kosmischen Geschehens rückten, indem sie erklärten, daß sich das Universum nicht um die Welt drehen würde, verlor die Kirche zunehmend an Macht. Das aufstrebende Bürgertum gewann immer mehr Einfluß, und das Satansbild erfuhr erneut einen Wandel: Da der Mensch als eine Größe entdeckt wurde, die nicht allein religiös definiert war, galt es jetzt als möglich, daß jemand von sich aus böse sein konnte, ohne etwas mit dem Teufel zu tun zu haben, was der Gestalt des Satans viel von ihrem Schrecken nahm, wie an zeitgenössischen Darstellungen zu erkennen ist, in denen der Teufel menschliche, zuweilen sogar schöne Züge trägt. Mitte des 17. Jahrhunderts wurde das Satansbild zunehmend komplexer, spiegelte verstärkt menschliche Regungen wider und gestand dem Teufel zu, daß er wie so viele andere Lebewesen lediglich auf der Suche nach Erlösung sei. Von diesem Zeitpunkt an, als nicht mehr nur die Kirche bestimmte, wer oder was der Teufel war, war der Boden für einen eigenständigen Satanismus bereitet, der bei den Geheimorden des 18. Jahrhunderts wie etwa den Freimaurern, den Rosenkreuzern oder den Illuminaten weit verbreitet war. Jedoch vermischten diese Orden in ihren Lehren eine Vielzahl okkulter Elemente, so daß es verkehrt wäre, sie als Satanskulte zu bezeichnen, die im Grunde erst in der jüngsten Vergangenheit entstanden.

Als Begründer des modernen Satanismus gilt allgemein der Brite Aleister Crowley (1875–1947), der in den zwanziger Jahren unseres Jahrhunderts als ›bösester Mann der Welt‹ bezeichnet wurde und dessen magische Experimente und okkulte Konzepte der Satanslehre neue Impulse vermittelten. Edward Alexander Crowley, der am 12. Oktober 1875 das Licht der Welt erblickte, wurde er von seinen Eltern streng religiös erzogen. Sie gehörten der protestantischen Gemeinschaft der ›Plymouth Brethren‹ an, deren Glaube besagte, daß jedes Wort der vom Heiligen Geist inspirierten Bibel die vollkommene Wahrheit sei und katholische wie anglikanische Kirchen nichts als ›Synagogen des Teufels‹ wären. Als Crowleys Vater, ein relativ wohlhabender Brauereibesitzer, im Jahre 1887 starb, war Aleister, wie er sich selbst nannte, vollkommen dem religiösen Fanatismus seiner Mutter ausgesetzt, die in ihrem Sohn das ›Große Tier‹ sah, von dem in der Offenbarung des Johannes die Rede ist und dessen Zahl angeblich 666 lautet. Crowley behielt diese Bezeichnung sein Leben lang bei, wohl, um seinen Haß gegen alles Christliche zu demonstrieren, und war schließlich wohl selbst davon überzeugt, daß er dieses biblische Wesen verkörperte.

Nach dem Tod seines Vaters schrieb Crowley sich mit seinem nicht unbescheidenen Erbe von dreißigtausend Pfund in der Tasche beim Trinity College in Cambridge ein, wo er drei relativ unbeschwerte Jahre verlebte, in denen er viele Gedichte verfaßte, Bücher sammelte, sich dem Bergsteigen widmete – und sein Interesse am Okkultismus entdeckte, was ihn 1898 dazu bewog, als Neophyt dem Orden der ›Goldenen Dämmerung‹ (›Golden Dawn‹) beizutreten, einer halbgeheimen Sekte, die von den Mitgliedern der englischen Großloge (also Freimaurern) und der Rosenkreuzer-Gemeinschaft SRIA – ›Societas Rosicruciana in Anglia‹ – gegründet worden war und sich mit dem Studium von Astrologie, Astronomie, Alchimie, Theosophie, okkulten Künsten sowie der jüdischen Kabbala beschäftigte. Crowleys Neugierde genügten die vergleichsweise einfachen und harmlosen Rituale des Golden Dawn allerdings nicht lange, so daß er sich in nahezu jeder damals existierenden okkulten Gruppe umsah und im Freimaurerorden AASR bald den höchsten 33. Grad innehatte. Zusammen mit einigen Gleichgesinnten wie Cecil Jones und Allan Bennett, mit dem Crowley in London eine zeitlang seine Wohnung teilte, vertiefte er seine okkulten Studien, reiste durch die Welt und heiratete 1900 schließlich die Pfarrerstochter (sic!) Rose Kelly, die er ›Quarda die Seherin‹ nannte, obwohl sie von Okkultismus so gut wie überhaupt nichts verstand.

Den eigentlichen Beginn von Crowleys eigenem okkultem System markierte im März des Jahres 1904 ein Aufenthalt in Kairo, bei dem er seiner Frau seine magischen Fähigkeiten demonstrieren wollte und eine Reihe okkulter Riten zelebrierte. Laut Crowley empfing er dabei eine spirituelle Botschaft von einem übermenschlichen Wesen namens Aiwaz, in der ihm kundgetan wurde, daß in naher Zukunft eine neue geschichtliche Epoche beginne und er als Prophet des ›Zeitalters des Horus‹ ausersehen worden sei. Anschließend ging Aiwaz daran, Crowley das ›neue Evangelium‹ zu diktieren, das ›Liber Al vel Legis‹, das ›Buch der Gesetze‹, ein lyrisches Prosawerk, von dem Crowley glaubte, daß es auf dieselbe Weise inspiriert worden sei wie ehedem die Bibel. Die Grundaussage des ›Liber Al vel Legis‹ untermauerte die Botschaft Aiwaz', daß Crowley der Prophet einer neuen Ära sei, in der die alten Weltreligionen – Christentum, Islam und Buddhismus – untergehen und durch einen Glauben aus ›Kraft und Feuer‹ ersetzt werden würden, dessen Grundprinzip die vollkommene Selbsterfüllung war. ›Tue, was du willst, soll das ganze Gesetz sein‹, heißt es in Crowleys ›Bibel‹. Und: ›Du hast kein Recht, als das zu tun, was du willst.‹ Allerdings ist dies wohl weniger als Aufruf zu uneingeschränktem Egoismus und schrankenloser Willkür zu verstehen, wie immer wieder behauptet wird, sondern bedeutete für Crowley vielmehr, daß jeder Mensch seinen eigenen Weg finden sollte, der mit seiner inneren Natur in Einklang steht. Crowley wollte den bewußten vom unbewußten Willen unterscheiden.

Vermutlich glaubte Crowley eine ganze Weile selbst nicht so recht an seine Botschaft. Erst um 1910, als er bereits seit einiger Zeit von seiner Frau Rose Kelly geschieden war, die eine ausgeprägte Schwäche für Alkohol besaß, begann er, sich mehr und mehr mit den Lehren des ›Liber Al vel Legis‹ zu identifizieren. Von diesem Zeitpunkt verbrachte er praktisch sein ganzes Leben damit, neue Anhänger zu finden und die Menschen davon zu überzeugen, daß er der neue Messias sei. Zu diesem Zweck schrieb er mehrere Bücher, gründete zwei okkulte Orden und hielt in der Londoner Caxton Hall öffentlich okkulte Zeremonien ab. Allerdings ließen sich, obwohl Crowley und seine Anhänger viel Zeit und Geld in ihre ›Glaubenskampagne‹ investierten, bloß wenige Menschen in England ›bekehren‹, so daß Crowley im Jahre 1914 nach Amerika aufbrach, um dort weitere ›Gläubige‹ zu finden. Er hoffte, daß man seiner Botschaft vom ›Zeitalter des Horus‹ und seiner Lehre von der ›Magick‹, einer Kombination westlicher okkulter Praktiken mit Elementen aus dem ›Buch der Gesetze‹ sowie dem Tantrismus, einer Yogaform, deren rituelle Sexualpraktiken Crowley aus verschiedenen asiatischen und fernöstlichen Quellen übernommen hatte, in der Neuen Welt etwas aufgeschlossener gegenüberstehen würde.

Doch er täuschte sich. In den Vereinigten Staaten zeigten sich die Menschen von dem selbsternannten Propheten Crowley und seiner Lehre noch weniger beeindruckt als in seiner Heimat, was nicht einer gewissen Ironie entbehrt, da Amerika für Männer wie Crowley, die versuchen, Anhänger für ihre absonderlichen Ideen zu finden, eigentlich immer ein relativ erfolgversprechendes Pflaster war. Enttäuscht kehrte Crowley sechs Jahre später zusammen mit zwei seiner unzähligen Mätressen, die er ›scharlachrote Frauen‹ zu nennen pflegte, nach Europa zurück und gründete auf Sizilien die ›Abtei Thelema‹ (von griech. thelein, wollen), wo Crowley in ausgefallenen Kostümen auftrat, Drogen nahm und mit seinen Anhängern – darunter die Schauspielerin Jane Wolfe, der Mathematikprofessor Norman Mudd und ein hochbegabter Oxford-Absolvent namens Raoul Loveday, der sein Leben ganz Crowleys neuer Religion verschrieben hatte – sexuelle Orgien feierte. Die Sexualität nahm in Crowleys Lehre stets einen wichtigen Platz ein. Bis zu diesem Zeitpunkt hatten sich die Sizilianer Crowley gegenüber überaus tolerant verhalten, doch als Loveday während eines Sizilienaufenthalts starb (allem Anschein nach an einer Dünndarmentzündung), behauptete seine Frau, er wäre an einer Vergiftung umgekommen, weil er während einer magischen Zeremonie Blut getrunken hatte, und begann nach ihrer Rückkehr nach London eine Hetzkampagne gegen Crowley, in der sie ihn als ›Teufel in Menschengestalt‹ beschimpfte. Dadurch sank Crowleys Beliebtheitsgrad in der Öffentlichkeit noch weiter, was schließlich dazu führte, daß die Abtei Thelema geschlossen werden mußte.

Dieses Ereignis markierte eine einschneidende Veränderung in Aleister Crowleys ›Karriere‹ als neuer Messias. Viele seiner Anhänger wandten sich von ihm ab. Die letzten Jahre seines Lebens verbrachte er mehr oder weniger damit, ziellos durch Europa zu reisen und den alten Zeiten nachzutrauern. Als er 1947 starb, hatte er bloß noch eine klägliche Handvoll ›Jünger‹.

Heute dagegen ist Crowleys Lehre so populär wie nie zuvor. Fast scheint es, als wäre die Zeit für Crowley und seine Magick damals noch nicht reif gewesen. Doch obgleich Crowley allgemein als der Begründer des modernen Satanismus gilt, muß gesagt werden, daß er dieser Rolle bloß mit Einschränkungen gerecht wird, denn Crowley beabsichtigte mit seiner Lehre im Grunde genommen eher einen Kampf gegen das Christentum, als die Verehrung des Satans, der in seinen Schriften nur am Rande erwähnt wird. Crowley ging es um die Überwindung bürgerlicher Normen und Moralvorstellungen, um ein freies Leben nach selbstdefinierten Maßstäben. Gleichwohl vermittelte Aleister Crowley dem ›satanischen Denken‹ durch den Umstand, daß er Satan in seiner Thelema-Lehre als eigenmächtiges Wesen beschrieb und den Teufel von einem gefallenen Engel in einen siegreichen Rebell verwandelte, diverse ›wichtige‹ Impulse, so daß Crowley wohl eher als Wegbereiter und geistiger Vater des Satanismus, wie wir ihn heute kennen, gelten muß. Geprägt und verbreitet haben den modernen Satanismus später Männer wie u. a. der ehemalige Polizeifotograf Anton Szandor La Vey, der in den Vereinigten Staaten 1966 die First Church of Satan gründete, und Michael Aquino, ein Ex-Generaloberst der US-Army (und damaliger Berater von Präsident Ronald Reagan), dessen Temple of Set auch in Deutschland durch ein sogenanntes Pylon, eine Art Außenstelle der Vereinigung, vertreten ist.

Sowohl die First Church of Satan als auch der Temple of Set predigen einen radikalen Individualismus, der die sieben Todsünden des Christentums – Neid, Stolz, Gier, Wut, Völlerei, Wollust und Müßiggang – keineswegs als verwerflich betrachtet, sondern darin lediglich Möglichkeiten sieht, das persönliche Wohlbefinden zu steigern. Da ein solcher Hedonismus vor allem jene Menschen anspricht, die es verstehen, sich im Leben und der Gesellschaft durchzusetzen, wird der Satanismus zu einem Instrument, das den ohnehin schon Starken befähigt, noch besser zu ›überleben‹, während die Schwachen untergehen. Im Gegensatz zu Aquino, der in Philosophie und Politikwissenschaften promovierte und zunächst der First Church of Satan angehörte, bevor es zwischen ihm und La Vey wegen ihrer völlig konträren Ansichten zum Bruch kam, benutzte La Vey den Orden in erster Linie dazu, um seiner eigenen Exzentrik und Egomanie zu frönen. Hinzu kam, daß er dem Materialismus mehr als der Entwicklung des Geistes zugetan war, und seine Anhänger durch die Einführung von käuflichen Priestergraden 1975 in zwei rivalisierende Hälften spaltete. Während sich jene Mitglieder, denen es vor allem um geistige Erhellung ging, sich Michael Aquino und seinem Temple of Set anschlossen, erklärte La Vey den restlichen ›Gläubigen‹ seiner First Church of Satan, daß Reichtum nichts Verwerfliches wäre, sondern – ganz im Gegenteil – Ausdruck der Qualifikation eines Satanisten sei. Wer sein Können durch geschäftlichen Erfolg unter Beweis gestellt habe, dürfe sich darum einen Priestergrad kaufen, wobei das auf diese Weise eingenommene Geld selbstverständlich dem Privatkonto des Obersanatisten La Vey gutgeschrieben wurde.

Mit dem Satanismus untrennbar verbunden sind gewisse rituelle Praktiken, die auch innerhalb der First Church of Satan und des Temple of Set bis zu einem gewissen Grad Anwendung finden. Dazu gehören der Teufelspakt, bei dem der Mensch dem Satan gegen die Erfüllung bestimmter Wünsche zumeist materieller Natur seine Seele verkauft, das Ausüben Schwarzer Magie und das Abhalten Schwarzer Messen. Mit Hilfe Schwarzer Magie, die auch Crowley praktizierte, versuchen Satanisten – ähnlich wie die Anhänger des Voodoo –, ihren Gegnern Schaden zuzufügen, Menschen zu ihren Gunsten zu beeinflussen (etwa, um die sonst unerreichbare Liebe einer Frau bzw. eines Mannes zu gewinnen) oder Geister und Dämonen anzurufen. Normalerweise wird Schwarze Magie im Rahmen von schwarzen Messen zelebriert, geheimen Festen der Satansjünger, die erstmals im späten 17. Jahrhundert von sich Reden machten, als die Priester mehrerer französischer Kloster beschuldigt wurden, Hostien geschändet, Kinder getötet und rituell verzehrt sowie sich sexuell an Nonnen vergangen zu haben. Jedoch spielten in diesem Fall allem Anschein nach die sexuellen Beziehungen zwischen den Priestern und Nonnen, von denen etliche aus Zwang oder zumindest nicht aus wirklicher Überzeugung ins Kloster gegangen waren, eine wichtige Rolle. Möglicherweise dienten die vermeintlich satanischen Messen bloß dazu, den Teilnehmern die Möglichkeit zu geben, ihre unterdrückten sexuellen Gelüste und Bedürfnisse auszuleben.

Den ersten wirklichen Beweis für explizite satanische Messen stellt die Kopie der Prozeßakte eines Pariser Gerichts aus dem Jahre 1682 dar, in welcher vierhundertzweiundvierzig Personen wegen Mordes und Hexerei angeklagt wurden. Die Beschuldigten hatten von 1673 bis 1682 in Paris schwarze Messen abgehalten, bei denen im Namen Satans nicht nur Tiere geopfert, sondern auch Menschen getötet worden waren, alles in allem mindestens zweieinhalbtausend Frauen und Kinder, abgetriebene Föten, Frühgeburten und ungewollte Babys nicht mitgerechnet. Die Verhöre der Angeklagten ergaben, daß es bei den Ritualen meist darum ging, mißliebigen Personen zu schaden bzw. sie nach Möglichkeit ganz zu vernichten oder Liebe und Geldsegen zu erzwingen.

Gänzlich anders gelagert war das Hauptziel des im Jahre 1745 von Sir Francis Dashwood in England gegründeten ›Hellfire Clubs‹. Sir Dashwood und seine Mitstreiter, nahezu ausnahmslos angesehene und einflußreiche Persönlichkeiten der damaligen Zeit, hielten zweimal im Jahr im privaten Kreis schwarze Messen ab, obwohl die englische Regierung Einrichtungen wie den ›Hellfire Club‹ bereits zwanzig Jahre zuvor gesetzlich verboten hatte. Doch obwohl die Mitglieder des Clubs mit dem Satanismus liebäugelten, ging es ihnen bei ihren ›satanischen‹ Messen in erster Linie um Genußsteigerung und sexuelle Befriedigung. Sie bezahlten Prostituierte für die Teilnahme an den Zeremonien, die sich stets zu orgiastischen Gelagen entwickelten, ohne mit ihren Praktiken jemandem zu schaden, wie es in Paris der Fall gewesen war. Gleichwohl wurde der ›Hellfire Club‹, als die Kunde von den sexuellen Ausschweifungen der Mitglieder an die Öffentlichkeit drang, aufgelöst. Bestraft wurden Sir Dashwood und die übrigen Club-Mitglieder allerdings nie.

Heutzutage ist der Satanismus, ebenso wie der Okkultismus, vor allem bei Jugendlichen sehr beliebt. Bei Umfragen gaben nahezu siebzig Prozent der Befragten an, schon Erfahrung mit okkulten Praktiken wie Gläserrücken, Pendeln oder schwarzen Messen zu haben. Forscht man genauer nach, stellt sich jedoch in den meisten Fällen heraus, daß die Jugendlichen lediglich ein Halbwissen über Satanismus und Okkultismus besitzen, das in erster Linie auf spekulativer Medienberichterstattung basiert.

Auch bei der Boulevardpresse steht der Satanismus momentan hoch im Kurs. Als im April 1993 im thüringischen Sonderhausen der fünfzehn Jahre alte Sandro Beyer von drei Jugendlichen umgebracht wurde, die sich selbst als Mitglieder eines satanischen Kults bezeichneten, stürzte sich die deutsche Journaille auf die Tragödie und erklärte, Hunderttausende von Deutschen würden den Satan anbeten, an schwarzen Messen teilnehmen und dem Teufel Blutopfer bringen. Daß wohl eher eine mangelnde Geborgenheit im Elternhaus, schulische Probleme sowie soziale Verwahrlosung hinter der gräßlichen Mordtat steckten, interessierte angesichts der verkaufsfördernden Schlagzeilen kaum jemanden. Zudem bestand, nachdem man die Schuld für den Mord an Sandro Beyer auf den Satanismus abgewälzt hatte, für die Verantwortlichen keinerlei Notwendigkeit mehr, sich über die wahren Hintergründe der Tat Gedanken zu machen. Damals wie heute muß der Teufel als Sündenbock herhalten. Als ob der Mensch in der Vergangenheit nicht oft genug auf grausamste Weise gezeigt hätten, daß er auch ohne den Einfluß Satans durchaus dazu fähig ist, Böses zu tun …

2

Spiritismus

> Diesmal war Boggs fünf Stunden auf Seelenwanderung. Nach drei Stunden habe ich ihn gebeten, die Seele von Jimi Hendrix herbeizurufen, und verlangt, *All along the Watchtower* zu hören. Also, ich finde Jimis Musik immer noch toll, obwohl er schon seit zwanzig Jahren tot ist.
>
> *Fox Mulder*

Von sämtlichen Ängsten, die den Menschen plagen, ist die Furcht vor dem Tod zweifellos die elementarste. Nicht zuletzt deshalb, weil niemand weiß, was ›danach‹ kommt. Gibt es wirklich ein Leben nach dem Tod? Geht unsere unsterbliche Seele ein in das Jenseits, in dem geliebte Familienangehörige und alte Freunde uns glücklich und mit offenen Armen erwarten? Oder wird man einfach nur in einen Sarg gesteckt, in eine zwei Meter tiefe Grube hinabgelassen, mit Erde zugeschüttet, und das war's dann? Ende der Vorstellung, ohne Hoffnung auf den Abspann? Eine befriedigende Antwort auf diese drängende Frage erhofft man sich seit ungefähr hundertfünfzig Jahren vom Spiritismus, der Kommunikation Lebender mit Verstorbenen.

Die Geburtsstunde des Spiritismus ist der März 1848. Der Schauplatz ist ein bescheidenes Holzhaus in Hydesville, Wayne County, im US-Bundesstaat New York. Der Bauer John Fox, ein überzeugter Methodist, seine Frau und seine beiden jugendlichen Töchter Margret und Katie vernahmen in dieser Nacht sonderbare Klopfgeräusche, von den Parapsychologen als ›Raps‹ bezeichnet, die sie sich nicht erklären konnten. Durch

Zufall entdeckten die beiden Mädchen, daß sie, wenn sie mit den Fingern schnippten oder irgendwo im Haus an die Wände bzw. Möbel klopften, anscheinend Antwort durch ähnliche Geräusche erhielten. Dasselbe war der Fall, wenn sie lautlos eine Reihe von Klopfzeichen machten. Doch der Geist schien nicht nur in der Lage zu sein zu sehen, was die Foxs taten, sondern auch auf Fragen zu reagieren. Als Mrs. Fox beispielsweise nach dem Alter ihrer Kinder fragte, vernahm sie zwei Serien mit der korrekten Anzahl von Klopfzeichen, und eine weitere Serie, die aus drei Schlägen bestand – das jüngste Kind der Familie war im Alter von drei Jahren gestorben.

Um mit der Macht, die hinter den Geräuschen stand, in direkte Kommunikation zu treten, erdachten die Foxs eine Art Morsecode aus Klopfzeichen, mit dem sie sich mit dem Geist verständigten. Sie gaben an, auf diese Weise erfahren zu haben, daß es sich bei dem Klopfgeist um einen Hausierer mit Namen Charles Romsa handelte, den ein früherer Pächter des Hofs wegen seiner Waren und dem Inhalt seiner Blechbüchse – fünfhundert Dollar – kaltblütig ermordet hatte. Daraufhin ließ die Familie den Fußboden der Hütte aufstemmen, weil sie annahmen, daß die Leiche jenes Mannes dort verscharrt war. Aber man fand nichts. Dann, einige Jahre später, stürzte eine der Kellerwände des Hauses ein – und legte ein Skelett, eine Blechdose und die vermoderten Überreste eines Hausiererbündels frei.

Die Geschichte, daß die Foxs offenbar in der Lage waren, mit Toten zu kommunizieren, verbreitete sich wie ein Buschfeuer. In eine Zeit, in der Charles Darwins Abstammungslehre die Lehren der Kirche vom Weiterleben nach dem Tod ernsthaft in Zweifel zog, fiel diese Geschichte auf überaus fruchtbaren Boden. Schon bald meldeten sich in Amerika und England weitere Menschen zu Wort, die behaupteten, über Klopfzeichen, Sprechen in Trance oder Mythopöie (automatisches Schreiben) Botschaften aus der Welt der Geister zu erhalten. Eine Zeitlang waren Séancen, bei denen Menschen über ein angebliches Medium mit ihren verstorbenen Verwandten in Kontakt traten, groß in Mode. Formal unterschieden sich diese spiritistischen Sitzungen kaum von den antiken Geisterbeschwörungen der Griechen und anderer Kulturen, bei denen man durch das Werfen von Knochen oder das ›Lesen‹ in den Innereien zeremoniell geschlachteter Tiere einen Blick ins Jenseits warf. In der Blütezeit des Spiritismus, waren Menschen mit medialen Fähigkeiten wie Madame Blavatsky (eigentlich Helena Petrowna), die Brüder Ira und William Davenport und Jonathan Koons viel bestaunt, und verehrte Berühmtheiten der (vornehmen) Gesellschaft. Vor allem sogenannte physikalische Medien, die beispielsweise in der Lage zu sein schienen, Ektoplasma hervorzubringen, waren ausgesprochen gefragt. Dies änderte sich schlagartig, als im Zuge der fortschreitenden Industrialisierung die Wissenschaft immer mehr an Bedeutung gewann und begann, sich des Phänomens auf skeptische Weise anzunehmen. Es wurden Untersuchungs- und Kontrollmethoden entwickelt, um Schwindler zu entlarven, und tatsächlich wurde etlichen vermeintlichen Spiritisten Betrug nachgewiesen. Vor allem der Parapsychologe und ausgebildete Elektrotechniker Harry Price (1881–1948), der Mitglied der ›Society for Psychical Research‹ war und später das ›National Laboratory of Psychical Research‹ gründete, entwickelte sich trotz – oder vielleicht gerade wegen – des Umstands, daß er von der Existenz paranormaler Phänomene fest überzeugt war, zu einem der erfolgreichsten Entlarver falscher Medien. Mit einer für damalige Verhältnisse hochtechnisierten Ausrüstung, die u. a. aus einem

Röntgengerät, Infrarotlampen, Blitzlichtkameras, Thermographen und einem von Price selbst entwickelten Séance-Stuhl bestand, der bei Sitzungen, die im Dunkeln stattfanden, automatisch aufzeichnete, wenn das Medium nicht mit der Sitzfläche in Kontakt war, untersuchte er zahlreiche angebliche Medien auf ihre Fähigkeiten, darunter auch das schwergewichtige ›Materialisationsmedium‹ Helen Duncan. Die Geistererscheinungen, die Mrs. Duncan produzierte, erwiesen sich auf den Blitzlichtfotografien von Price als Puppen aus Pappmaché und Musselin, die bei normaler Beleuchtung völlig lächerlich wirkten, in der relativen Finsternis des Sitzungszimmers aber recht beeindruckend aussahen. Darüber hinaus fand Price bei Mrs. Duncan sowohl eine Sicherheitsnadel als auch ein Paar Gummihandschuhe, die während der Séance als die Hände der herbeigerufenen Geister verwendet wurden. Allerdings war Mrs. Duncan vor der Sitzung gründlich durchsucht worden, und auch den Raum, in dem die Séance abgehalten wurde, hatte man auf vermeintliche Hilfsmittel hin inspiziert. Schließlich kam Price mit Hilfe zweier Mediziner, die zu seinem Team gehörten und an der besagten Séance ebenfalls teilnahmen, dahinter, daß Helen Duncan die Gegenstände, die sie für ihre ›Vorführung‹ benötigte, vor der Sitzung verschluckte und später im Dunkeln unbemerkt wieder hervorwürgte. Man nahm an, daß Mrs. Duncan einen zweiten Magen besaß, und bat sie um eine Röntgenuntersuchung ihres Bauchraums, wovon sie wenig zu halten schien, da das ›Medium‹ plötzlich aufsprang und schreiend aus dem Zimmer eilte, wie Price berichtet. Nach diesem Zwischenfall war Helen Duncans Karriere als ›Materialisationsmedium‹ aus ersichtlichen Gründen abrupt zu Ende.

Nach der großen Zeit der Séancen wurde im 19. Jahrhundert das Phänomen der Mythopöie zunehmend populärer. Obgleich es weit weniger publikumswirksam als Helen Duncans vermeintliche Materialisationen war, ist das automatische Schreiben, bei dem jemand wie unter Zwang zumeist in einer anderen Handschrift – und manchmal sogar in einer anderen Sprache – Wörter, Sätze, manchmal mehrere hunderttausend Worte umfassende Werke zu Papier bringt, vielleicht noch bemerkenswerter. Im Jahre 1924 beispielsweise bemerkte Geraldine Cummins, die Tochter eines Medizinprofessors, wie eine unsichtbare Hand ihr die Feder zu führen schien. Innerhalb eines einzigen Monats brachte sie durch automatisches Schreiben mehr als eine Million Wörter hervor, was ungefähr dem Inhalt von fünf dicken Wälzern à la Stephen Kings ›Shining‹ entspricht. Forscher der beiden schottischen Universitäten Edinburgh und St. Andrews untersuchten die Dokumente, die einen Bericht über das Leben der Apostel nach dem Tod Jesu Christi darstellten und anscheinend von einer bekehrten Christin namens Cleophas, die im 1. Jahrhundert lebte, ›geschrieben‹ worden waren. Nach gründlicher Sichtung des Materials kamen die Wissenschaftler darin überein, daß das von Ms. Cummins ›verfaßte‹ Werk Einblicke enthielt, die bloß von einem Zeitzeugen der Apostel stammen konnten, was besonders bemerkenswert ist, da Geraldine Cummins nie Theologie studiert hatte und an Religion auch sonst keinerlei Interesse zeigte.

Doch bei automatischer Literatur blieb es nicht, denn bald tauchten ebenfalls Fälle von automatischer Musik und Malerei auf, bei denen es den Anschein hat, als würden verblichene Genies wie Beethoven, Chopin, Schubert bzw. Picasso, Renoir und Toulouse-Lautrec ihre enorme Kreativität auch nach ihrem Tode noch ›ausleben‹ wollen. So behauptete Rosemary Brown aus London in den sechziger und siebziger Jahren, für mehrere tote Komponisten die Feder zu führen, darunter

Franz Liszt, Ludwig van Beethoven, Johannes Brahms, Claude Debussy, Chopin und Franz Schubert. Im Laufe weniger Jahre brachte Mrs. Brown, eine einfache, bescheidene englische Hausfrau, die nur rudimentäre Kenntnisse über Musik besaß und es nach einem Jahr Klavierunterricht so eben schaffte, sich durch ein Kirchenlied zu kämpfen, über fünfhundert Kompositionen hervor, die alle im Stil der alten Meister gehalten waren und weit über die musikalische Fähigkeiten einer Frau ihrer Ausbildung hinausgingen. Meist handelte es sich um Werke für Klavier, teilweise aber auch um umfangreiche Orchesterkompositionen. Unter anderem verfaßte Mrs. Brown eine vierzigseitige Schubert-Sonate, zwölf Schubert-Lieder und eine Fantasie impromptu ›von Beethoven‹. Dazu der erfolgreiche britische Komponist Richard Rodney Bennett, der die Werke Rosemary Browns begutachtete: »Improvisieren können viele, aber eine solche Musik läßt sich ohne jahrelange Übung nicht fälschen. Ich selbst könnte keines dieser Beethoven-Stücke komponiert haben.«

Die Kompositionen, die sie niederschrieb, so erklärte Rosemary Brown, von deren Aufrichtigkeit sämtliche Gutachter ›ihrer‹ Werke fest überzeugt waren, würden ihr von den verblichenen Komponisten auf verschiedene Weise mitgeteilt. So führten Liszt und Chopin beispielsweise ihre Hände zu den Tasten, und sie schriebe das Werk nebenher auf. Schubert versuche zu singen, besäße aber bloß eine mittelmäßige Stimme. Bach und Beethoven diktierten ihr einfach die Noten, so schnell sie mitschreiben konnte. Tatsächlich haben Beobachter, die anwesend waren, als Mrs. Brown ›komponierte‹, erklärt, daß die Geschwindigkeit, mit der ihr die Noten aus der Feder fließen würden, frappierend sei. Kein Mensch, und sei er ein noch so begnadeter Musiker, könnte so schnell ein Werk niederschreiben, das er gerade komponiert, vor allem, weil es sich dabei nicht um Entwürfe, sondern um schon fertig ausgearbeitete und aufführungsreife Kompositionen handelte. 1970 erschien sogar eine Langspielplatte mit einigen ausgewählten Stücken aus der Feder von Rosemary Brown. Gleichwohl waren die Kritiker über den Wert von Mrs. Browns Kompositionen eher geteilter Meinung, da einige Skeptiker anführten, daß die Werke, die angeblich von den größten Komponisten überhaupt stammten, in der Regel ein wenig unter deren Niveau liegen würden und zudem meistens nur mit ihren Frühwerken vergleichbar wären. Dennoch besaß Mrs. Brown zahlreiche Bewunderer, darunter namhafte Musiker, Schriftsteller und Journalisten, die an der Aufrichtigkeit und Ehrlichkeit dieser Frau nicht zweifelten.

Automatische Kunst, wie sie der Engländer Matthew Manning praktizierte, stellt die Parapsychologie vor dieselben Fragen wie automatisches Schreiben und automatische Musik. Wie kann jemand ohne bemerkenswertes künstlerisches Talent in der Lage sein, Kunstwerke zu schaffen, die stilistisch und maltechnisch an Gemälde von Leonardo da Vinci, Henri de Toulouse-Lautrec, Pablo Picasso, Paul Klee, Aubrey Beardsley und Vincent Van Gogh anknüpfen?

Der Brite Matthew Manning gehörte Ende der Sechziger/Anfang der Siebziger zu den bekanntesten Medien, die automatische Malerei betrieben. Manning pflegte mit Stift und Block an seinem Schreibtisch zu sitzen und konzentrierte sich ganz bewußt auf einen bestimmten verstorbenen Künstler, wobei er jedoch niemals in Trance verfiel, wie es bei automatischem Schreiben häufig der Fall ist, sondern sich der Vorgänge um ihn herum zu jedem Zeitpunkt vollkommen bewußt war. Fast auf der Stelle begann der Stift nachdrücklich über das Papier zu huschen und ließ zumeist innerhalb weniger Minuten ein durchdachtes, vollendetes Kunstwerk auf dem Blatt entstehen, ohne daß zuvor Skizzen angefertigt oder Fehler übermalt wurden. Bei den meisten Künstlern dauert die Fertigstellung eines Bildes ähnlicher Größe und Komplexität mehrere Tage, manchmal Wochen. Kein Wunder also, daß die Fernsehzuschauer, die im März 1978 in der BBC-Sendung *Nationwide* mitverfolgten, wie ein anderer ›automatischer Künstler‹, der Brasilianer Luiz Gasparetto, in nur fünfundsiebzig Minuten einundzwanzig ›neue alte Meister‹ schuf, aus dem Staunen nicht herauskamen. Bei der Vorführung befand sich der Brasilianer – anders als Manning – in Trance und arbeitete zuweilen mit beiden Händen (und manchmal sogar mit den Füßen) gleichzeitig an zwei verschiedenen Gemälden, in einem Tempo, daß viele Zuschauer der Meinung waren, man würde die Darbietung Gasparettos im Zeitraffer abspielen, so daß gegen Ende der Sendung schlapp zwei Dutzend ›neue‹ Renoirs, Cézannes und Picassos zu bewundern waren – und das, obgleich Gasparetto, von Beruf Psychologe und ein durch und durch sachlicher Mensch, zugab, in seinem normalen Bewußtseinszustand überhaupt nicht malen zu können.

Skeptiker haben versucht, die Fähigkeit von Medien wie Rosemary Brown oder Matthew Manning dadurch zu erklären, daß sie nicht mit den Geistern Verstorbener, sondern lediglich mit ihrem eigenen Unterbewußtsein kommunizieren und ihre unterdrückte Kreativität durch die ›neuen‹ Kompositionen oder Gemälde großer Künstler ausleben. Allerdings erscheint diese Theorie im Hinblick auf Mrs. Brown, die sichtliche Mühe hatte, bei jenen übersinnlichen Diktaten, bei welchen ihr die verblichenen Komponisten ihre neuesten Werke diktierten, mitzukommen, kaum überzeugend. Zudem wurde die Vermutung geäußert, daß das Medium möglicherweise eine gespaltene Persönlichkeit besäße, die abgetrennt vom Hauptbewußtsein der betreffenden Person ein Eigenleben führen und während der künstlerischen Sitzungen zutage treten würde, um praktisch die ›Aufsicht‹ zu übernehmen. Aber wenn es bloß das eigene Unterbewußtsein ist, mit dem Medien wie Mrs. Brown oder Manning unbewußt kommunizieren, und im Grunde nur aus ihrem Inneren schöpften, wie war es einem englischen Offizier der königlichen Garde dann möglich, in Trance ein Manuskript zu verfassen, das exakt die Lage der historischen Stätte Glastonbury beschrieb, die aufgrund der geografischen Angaben in dem Dokument nach Jahrzehnten erfolgloser Suche endlich von den Archäologen in Somerset entdeckt werden konnte? Wie konnte der Offizier wissen, wo sich der Ort befand, an dem der Legende nach König Artus und Königin Ginevra begraben liegen und der Heilige Gral, jener sagenhafte Kelch, den Jesus beim Letzten Abendmahl benutzte, unter der Quelle am Felsensturm verscharrt sein soll? Mit dem Unterbewußtsein hat dieses Phänomen meiner Ansicht nach wenig zu tun.

Die Art der ›Geisterkommunikation‹, wie sie spiritistische Medien wie Madame Blavatsky oder der zum Tode verurteilte Serienmörder Luther Lee Boggs in der *X-Files*-Episode ›Beyond the Sea‹ betreiben, die ›nur‹ mit den Toten sprechen bzw. ihnen als Sprachrohr dienen, um mit der wirklichen Welt in Kontakt zu treten, wird allgemein als Channeling bezeichnet und fällt, so Jane Goldman, ›irgendwo zwischen Besessenheit, Hellsichtigkeit und Mediumismus‹. Obgleich Channeling aufgrund der unzähligen ›Medien‹, die in der Blütezeit des Spiritismus als Schwindler entlarvt wurden, nicht den besten Ruf genießt, sind vor allem solche Channeling-Fälle, bei denen die Betroffenen nie zuvor paranormale Fähigkeiten an den Tag gelegt haben und es danach auch nie wieder taten, überaus bemerkenswert, wie etwa jener Zwischenfall, der sich im Dezember 1993 in der Dji-Sam-Soe-Zigarettenfabrik im Osten

Javas ereignete, als die Fließbandarbeiterin Lilik eine Art Anfall erlitt und in Englisch, einer Sprache, der sie nicht im mindesten mächtig war, schrie: ›My name is Eva. I come from America. I am looking for my father.‹ Doch damit nicht genug, denn nachdem Lilik sich wieder etwas beruhigt hatte, bekam eine andere Arbeiterin namens Suryani plötzlich einen Anfall und behauptete nachdrücklich, *sie* sei Eva aus Amerika und auf der Suche nach ihrem Vater. Nach ihr ›verwandelten‹ sich noch weitere Frauen in Eva und hielten trotz ihrer Unkenntnis der Sprache zuweilen längere Reden in Englisch, so daß der Betrieb in der Fabrik geschlagene zwei Stunden stillstand, bevor es einem herbeigerufenen Schamanen schließlich gelang, die Situation wieder unter Kontrolle zu bekommen, entweder, weil es ihm Dank seiner Autorität gelang, die hysterischen Frauen zu beruhigen, oder indem er Eva ins Reich der Toten zurückschickte.

Wie die Frauen in der Zigarettenfabrik in Java sollen in den letzten Jahren immer mehr Menschen zum Teil völlig überraschend Nachrichten aus dem Jenseits empfangen haben. Allein in den Vereinigten Staaten soll es Tausende von Channeling-Medien geben, die oft mit Kontaktwesen aus dem Geisterreich ›zusammenarbeiten‹, wie zum Beispiel die Amerikanerin Janet McClure, die behauptet, mit Hilfe eines spirituellen Wesens namens Vywamus, einem Geistgeschöpf, das sich, so Mrs. McClure, vor Äonen von Jahren auf einem weit entfernten, der Erde ähnlichen Planeten entschloß, körperliche Gestalt anzunehmen, um nach siebenunddreißig physischen Inkarnation schließlich in die ›geistige Sphäre‹ einzugehen, der Welt Gutes zu tun. Laut Janet McClure habe sich Vywamus ›in seiner großen Liebe entschlossen, der Menschheit beizustehen‹. Ähnliches gilt für Ramtha, den Geist eines Bewohners des untergegangenen, sagenhaften Kontinents Atlantis, der

1978 mit der Handelsvertreterin Judith Z. Knight Kontakt aufnahm, um durch sie Worte der Weisheit über das Leben, die Liebe, das Universum und sogar über vorteilhafte Geldanlagen unter den Menschen zu verbreiten. Ramthas Ratschläge waren so begehrt, daß Mrs. Knight bald eine Gruppe treuer Anhänger um sich scharte, die sich ›Ramsters‹ nannten und Judith Knight reich machten. Doch offenbar gehörte Ramtha nicht unbedingt zu den loyalsten Geistwesen, denn 1995 wurde seine ›Partnerin‹ Mrs. Knight von dem österreichischen Medium Julie Ravel verklagt, die behauptete, bereits lange vor der Amerikanerin, während eines Aufenthalts in Berlin, wo sie in einem Porzellangeschäft arbeitete, von Ramtha als Kontaktperson auserkoren worden zu sein und die Exklusivrechte an dem Wesen aus Atlantis für sich forderte. Doch die Richterin Dr. Maria Friedinger entschied zu Gunsten von Judith Knight und erlegte Julie Ravel zudem die Zahlung einer Schadenersatzprämie von sechshundert Pfund auf, weil sie mit ihrer Behauptung, Ramtha ›gehöre‹ eigentlich ihr, das Copyright verletzt hatte, das die Amerikanerin an Ramtha besaß …

Während man an solche grotesken Geschichten keinen zweiten Gedanken zu verschwenden braucht, um dahinterzukommen, daß es sich bei Ramtha, Vywamus & Co. lediglich um eine neue Masche handelt, Leichtgläubigen das Geld aus der Tasche zu ziehen, lassen sich Phänomene wie Mythopöie und ›echtes‹ Channeling nicht so leicht erklären, wie manche Skeptiker meinen. Trotz intensiver Forschung gehört der Spiritismus nach wie vor zu den großen unerklärlichen Rätseln unserer Tage, und es ist sicher kein Zufall, daß das Interesse der Menschen an Séancen und allem, was damit zusammenhängt, in den herrschenden Zeiten der politischen und wirtschaftlichen Unsicherheit momentan eine Renaissance erlebt.

3

Stigmata

> Es gibt viele Fälle von Stigmatisierung, bei denen Betrug zwar nicht zur Diskussion steht, aber gewisse Details überliefert sind, die eher auf eine Krankheit als auf die göttlichen Zeichen schließen lassen, die wir gemeinhin mit einem Wunder verbinden.
>
> *Pater Herbert Thurston*

Stigmata, wie sie der junge Kevin Kryder in der *X-Files*-Episode ›Revelations‹ besitzt, sind verglichen mit den Tausenden von UFO-Sichtungen, die Jahr für Jahr aus allen Teilen der Welt gemeldet werden, ein vergleichsweise seltenes Phänomen und bezeichnen die Wunden, die Jesus von Nazareth während seiner Gefangennahme, Verurteilung und anschließenden Kreuzigung auf dem Kalvarienberg zu Jerusalem durch seine Peiniger erlitt. Zu den Stigmata (griechisch für Stich) gehören in erster Linie Wundmale an Händen und Füßen, die von den schweren Nägeln stammen, mit denen man Christus ans Kreuz schlug, aber auch Verletzungen in der Seite, wie von einer Lanzenspitze, sowie durch die Dornenkrone verursachte Wunden auf der Stirn und von Peitschenhieben stammende Geißelzeichen am Oberkörper. Zudem weisen Stigmata häufig bemerkenswerte physiologische Merkmale auf, die sie von normalen Fleischwunden unterscheiden, etwa, daß das Blut, das aus ihnen austritt, rein arteriell ist und die Wundmale zuweilen über lange Zeit, manchmal über etliche Jahre hinweg, offenbleiben, allerdings ohne daß es zu Infektionen oder Entzündungen kommt. Und obgleich es viele Skeptiker gibt, die an der Existenz ›echter‹ Stigmata zweifeln, ist dieses Phänomen von Medizinern bereits mehrmals minutiös dokumentiert worden, so daß Stigmata nicht als Hirngespinste abgetan werden können.

Obwohl bereits der Apostel Paulus in seinem Galaterbrief, den er an die Christen in Galatien schrieb, um die Freiheit aller Gleichgläubigen von den Gesetzen des Alten Testaments zu betonen, davon berichtet, an seinem Leib die ›Malzeichen Jesu‹ zu tragen, wird Franciscus (Franz) von Assisi (eigentlich Giovanni Bernardone, 1181/82–1226) allgemein als erster Stigmatisierter betrachtet. Die Legende besagt, daß Franciscus die Stigmata im Jahre 1224 empfing, als er sich auf den Berg La Verna in den Apennien zurückgezogen hatte, um zu beten. Dabei erschien ihm der gekreuzigte Christus als Seraph (hebräisch für Engel), von dessen Wunden sengende Strahlen ausgingen, die Franciscus trafen und an seinem Körper die Stigmata hinterließen. Ein Jahr nach Franciscus' Heiligsprechung 1228 schrieb der Biograph Thomas Celano, daß die Hände und Füße des Ordensstifters in der Mitte von Nägeln durchbohrt zu sein schienen, wobei sich an den Wunden Gewebewülste befanden, die offenbar von den dicken Nagelköpfen stammten. Außerdem wies Franciscus an seiner rechten Seite ein Wundmal auf, das so stark blutete, daß seine Tunika zuweilen durchweicht von Blut war. Trotzdem hielt sich der Schmerz in Grenzen.

In den nachfolgenden Jahrhunderten tauchten immer wieder Fälle angeblicher Stigmata auf, bei denen ins Auge sticht, daß es sich bei nahezu allen bekannten Stigmatisierten, deren Anzahl Pater Herbert Thurston, ein Experte auf diesem Gebiet, 1950 in einer Studie mit ungefähr fünfhundert angab, um Menschen des römisch-katholischen Glaubens handelt, zumeist um Frauen. Im Jahre 1608 zeigten sich am Körper von

Archangela Tardera die heiligen Stigmata sowie Spuren einer gräßlichen Geißelung, die auch noch lange nach ihrem Tod ihren nicht verwesenden Leichnam ›zierten‹. Anderthalb Jahrhunderte später wies die Heilige Mary Franes Wundmale auf, die ihre Hände und Füße komplett durchbohrten, so daß ihr Beichtvater angeblich seine Finger gänzlich durch die Glieder hindurchschieben konnte. Vollkommen durchstochen waren ebenfalls sie Hände der italienischen Näherin Teresa Musco, die 1969 stigmatisiert wurde und während ihrer Trancezustände aramäisch sprach und schrieb, die Sprache, die zur Zeit Jesu Christi in Palästina vorherrschte, wobei vor allem die Tatsache bemerkenswert ist, daß Teresa Musco nachweislich Analphabetin war. Catherine von Ricci, Gemma Galgani und andere Stigmatisierte klagten zudem über das ungeheure Gewicht eines unsichtbaren Kreuzes, das schmerzhaft auf ihren Schultern lasten würde.

Einer der bemerkenswertesten modernen Stigmata-Fälle ereignete sich 1926 in dem bayrischen Dorf Konnersreuth, wo sich bei der damals achtundzwanzigjährigen Therese Neumann von Konnersreuth (1898–1962) nach einer Vision, nicht unähnlich der, die den Heiligen Franciscus heimsuchte, Stigmata an Händen, Füßen, an der Seite und auf der Stirn zeigten. Von da an traten bei ihr jeden Freitag die blutenden Wundmale Christi auf, um bis zum Sonntag wieder vollkommen verschwunden zu sein. Zweiunddreißig Jahre lang, bis zu ihrem Tod im Jahre 1962, wurde Therese Neumann medizinisch betreut. Während dieses Zeitraums soll sie laut ihres Biographen Johannes Steiner abgesehen von Oblaten und dem Abendmahlswein keine Nahrung zu sich genommen haben, was von ihren Ärzten bestätigt wird.

Fälle von stigmatisierten Männern sind ausgesprochen selten. Als Dr. Imbert-Gourbeyre 1894 eine Aufstellung sämtlicher ihm bekannten Stigmatisierten vorlegte, waren von den dreihundertfünfzig aufgeführten Personen nur einundvierzig männlichen Geschlechts, von denen lediglich Franciscus von Assisi alle Stigmata Christi aufwies. Das änderte sich erst im Jahre 1918, als der Kapuzinermönch Padre Francesco Pio Forgione, genannt Padre Pio, allein in der Kapelle des Klosters von San Giovanni Rotondo bei Foggia, Italien, betete, nachdem er zuvor das Fest des Heiligen Franciscus zelebriert hatte, und plötzlich mit einem lauten Schrei das Bewußtsein verlor. Als seine Ordensbrüder ihn fanden, lag Padre Pio ohnmächtig am Boden, während sein Körper die Wundmale Christi aufwies, die stark bluteten. Bis zu seinem Tod 1968 bereiteten die Wunden Padre Pio große Schmerzen. Seine Hände mußten ständig bandagiert sein, obwohl er fast immer Handschuhe trug. Seine Schuhe, die mittlerweile als Reliquien verehrt werden, wurden eigens für ihn gefertigt, um genug Platz für die Verbände an seinen Füßen zu lassen. Auf der Brust besaß der Mönch zudem eine Wunde, die einem auf den Kopf gestellten Kreuz ähnelte. Aufgrund der starken Blutungen der Stigmata, die an drei Tagen in der Woche (Donnerstag bis Samstag) besonders extrem waren, befürchtete Padre Pio, daß er früher oder später an dem Blutverlust sterben würde. Obgleich er die Öffentlichkeit mied und vom Vatikan das Verbot auferlegt bekommen hatte, öffentliche Messen abzuhalten oder Beichten abzunehmen, wurde Padre Pio zum wahrscheinlich bekanntesten Stigmatisierten des 20. Jahrhunderts. Heute ist das Kloster San Giovanni Rotondo, in dem der Kapuziner praktisch sein gesamtes Leben verbrachte, eine bedeutende italienische Pilgerstätte.

Wie das Leben Padre Pios war auch das Dasein der Karmeliterin Maria Magdalena dei Pazzi (1566–1609) von Leiden dominiert, doch angesichts der Tatsache, daß die stigmatisierte Ordensschwester Lust dabei empfand, von ihren Oberinnen geschlagen zu werden und ihrerseits ihre Novizinnen auszupeitschen oder sich in Dornenbüschen zu rollen und mit Nesseln zu geißeln, wenn sie die ›Versuchung‹ ihres Körpers zu spüren begann, muß man Eric Dingwall wohl darin zustimmen, daß die Heilige ›ein typisches Beispiel für einen weiblichen asketischen Geißler bzw. einen masochistischen Exhibitionisten mit einem sadistischen Zug‹ darstellte und sich ihre Wundmale vermutlich selbst zugefügt hat. Verwunderlich, daß die katholische Kirche, die angeblich über Hunderte von Stigmata-Berichten verfügen soll, die der breiten Öffentlichkeit jedoch nicht zugänglich sind, Maria Magdalena dei Pazzi, die offensichtlich psychisch gestört war, heilig gesprochen hat, denn nach den Kriterien des Vatikan, der, je nach der Gottesfürchtigkeit und Frömmigkeit des Stigmatisierten, zwischen ›göttlichen‹ und ›teuflischen‹ Stigmata unterscheidet, war die Karmeliterin wohl eher eine Anwärterin auf letzteres …

Überhaupt werden Stigmata heutzutage weniger als göttliche Zeichen, sondern vielmehr als Symptome bestimmter psychoneurotischer Zustände gewertet, wie zum Beispiel der Hysterie, die von C. G. Jung als ›überspannte psychische Einstellung der Extraversion‹ definiert wird und Menschen bezeichnet, die notfalls zu exzentrischen Mitteln greifen, um ihren Willen gegenüber ihrer Umwelt durchzusetzen. Entgegen der im letzten Jahrhundert allgemein vorherrschenden Meinung, daß Hysterie eine Frauenkrankheit ist, wissen wir heute, daß auch Männer in emotionalen Streßsituationen von hysterischen Symptomen heimgesucht werden können. Psychologen führen in diesem Zusammenhang an, daß Soldaten zuweilen mitten im Gefecht unversehens von einer völlig unerklärlichen Lähmung oder Blindheit befallen werden, die sie erwiesenermaßen nicht vortäuschen, sondern wirklich erleben und deren Ursprung in der Hysterie anzusiedeln ist. Diese Symptome treten zumeist auf, wenn der Soldat sich der Schlacht nicht länger gewachsen fühlt, seiner Furcht aus verschiedenen Gründen jedoch nicht nachgeben und einfach fortlaufen kann, so daß sein Gehirn diesen Konflikt für ihn löst und den Körper praktisch als eine Art Schutzmechanismus kurzerhand dazu veranlaßt, den ›Dienst‹ zu verweigern. Der Soldat muß das Schreckliche, von dem er glaubt, es nicht ertragen zu können, dann nicht mehr sehen oder hören. Glaubt man dieser Theorie, so lassen sich auch die ringähnlichen Wülste oder Einschnitte an den Ringfingern einiger Nonnen, die sich als ›Bräute Christi‹ verstehen, und natürlich Stigmata als Symptome der Hysterie deuten.

Es ist nicht weiter verwunderlich, daß die meisten Gläubigen diesen Erklärungsversuch der Stigmata strikt ablehnen und als Blasphemie betrachten. Gleichzeitig weisen sie darauf hin, daß diverse stigmatisierte Heilige wie etwa Gemma Galgani, Padre Pio oder Teresa von Avila im Gegensatz zu Maria Magdalena dei Pazzi nicht extrovertiert oder exzentrisch gewesen seien, sondern ihr Leben in Bescheidenheit und unerschütterlichem Glauben verbracht hätten, so daß man sie kaum als hysterisch betrachten könne. Beschäftigt man sich jedoch näher mit diesen ›ruhigen‹ Stigmatisierten, so stellt man häufig fest, daß sie an einer geradezu abnormen körperlichen Sensibilität litten. Viele wurden zeit ihres Lebens von unerklärlichen Ohnmachtsanfällen, Lähmung oder Blindheit heimgesucht, andere waren an Schwindsucht (Tuberkulose) erkrankt, einer durch den Tuberkel-Bazillus hervorgerufenen Infektion, die eine Beeinträchtigung der Wahrnehmung mit sich bringt und den Menschen anfällig für Suggestionen aller Arten macht. Außerdem wurde bei einigen Stigmatisierten wie etwa Teresa Higginson, der italienischen Nonne Constante Maria Castreca, Mutter Beatrice Maria von Jesus und Therese Neumann von Konnersreuth Schizophrenie diagnostiziert, das als eine Form der Hysterie gilt.

Die subjektive Vielzahl der verschiedensten Stigmata deutet ebenfalls darauf hin, daß die Wundmale Christi ihren Ursprung in der Psyche des Gezeichneten haben. Stigmata an Händen und Füßen können sich als simple rote Flecken, kreuzförmige Risse, runde, längliche oder viereckige Löcher zeigen. Ähnlich viele Möglichkeiten treten bei der ›Lanzenwunde‹ in der Seite auf, deren Position variiert, je nachdem, wie Jesus von Nazareth in der Vorstellung des Stigmatisierten gekreuzigt wurde. Und auch wenn bis heute keine Stigmata bekanntgeworden sind, die sich an den Handgelenken befinden, wie es auf dem Turiner Grabtuch, dem angeblichen Leichentuch Christi zu erkennen ist, wird es nach Meinung von Stigmata-Fachleuten vermutlich nur eine Frage der Zeit sein, bis Stigmatisierte auch diese Wunden aufweisen. Sollte dies irgendwann der Fall sein, dürfte sich die These, daß Stigmata tatsächlich hysterische Selbstsuggestionen und keine ›göttlichen‹ Wunden sind, damit vermutlich bestätigen.

Doch gleichgültig, ob es sich bei Stigmata um göttliche Zeichen oder schlicht um Symptome der Hysterie handelt, ein interessantes Phänomen sind sie in jedem Fall.

4

Voodoo

Wodu (Vodoo, Voodoo, Wudu, frz. Vaudou, Vaudoux), aus der Ewe-Sprache abgeleitete Bezeichnung für ›Schutzgeist‹, Name eines in Haiti weitverbreiteten synkretistischen Geheimkults, in dem ekstatische Tänze, die zur Identifikation von Kultteilnehmern mit Gottheiten führen sollen, eine beherrschende Stellung einnehmen.

Meyers Lexikon

In der brillanten Episode ›Fresh Bones‹, die geschickt mit der Angst des Zuschauers vor magischen Flüchen und zurückkehrenden Toten spielt, spüren Mulder und Scully einer Mordserie in einem haitianischen Flüchtlingslager in Norfolk, West Virginia, nach und kommen dabei hautnah mit einer Religion – wenn man es denn so nennen will – in Berührung, die einem Menschen aus der zivilisierten westlichen Welt ganz zwangsläufig so fremd sein muß wie der Mars. Beim Voodoo, je nach Quelle auch als Vodoo, Vodu, Vodun, Wodu, Vaudau, Vaudaux oder Vaudois bezeichnet, geht es im Grunde um dieselben Dinge, die Menschen wie Aleister Crowley dazu bewogen, Schwarze Magie zu praktizieren: um das Ziel Geld, Liebe und Macht zu erlangen oder einem Feind Schaden zuzufügen. Voodoo, das seinen Ursprung auf Haiti hat, vereint afrikanische Magie und Religion mit Elementen des westlichen Okkultismus und des Katholizismus und besitzt – vor allem im südamerikanischen und afrikanischen Raum – auch heute noch viele Anhänger.

Voodoo-Zeremonien, bei denen es darum geht, die Geister, Loa genannt, anzurufen und für seine Zwecke zu nutzen, folgen trotz ihres auf den ersten Blick wilden, ekstatischen Charakters im Grunde genommen immer demselben Muster, wie ein christlicher Gottesdienst. Die Zeremonie beginnt damit, daß Kerzen entzündet werden. Dann werden Trommeln geschlagen, monoton und durchdringend, und die Menschen beginnen zu tanzen, zunächst nur leidenschaftslos, als würde es sich dabei lediglich um eine langweilige, aber notwendige Pflicht handeln, doch mit der Zeit immer enthemmter, bis die Bewegungen der Tänzer fast schon orgiastische Züge an sich haben. Schließlich, begünstigt durch die eindringlichen Trommelrhythmen, das Tanzen, die durch religiöse Erwartungshaltung aufgeladene Atmosphäre und zuweilen extrem übersteigerte Atmung, die wie Hyperventilieren zu einer Veränderung der chemischen Struktur im Gehirn führt, verfallen einige Tänzer in Trance, und die herbeigerufenen Gottheiten, ›die herabkommen und ihre Pferde besteigen‹, ergreifen Besitz von ihnen, um ihnen zu helfen, gute oder böse Zauber zu wirken oder sich in spektakulären Aktionen zu ergehen, beispielsweise, um barfuß über Glasscherben und glühende Kohlen zu wandern, sich lange Nadeln in die Wangen zu stechen oder brennende Fackeln zu schlucken. Diese Aktivitäten werden heute jedoch meistens an Orten praktiziert, wo Voodoo und dessen Ableger Macumba, Candomblé und Umbanda zu Touristenattraktion herabgewürdigt sind wie etwa in Rio de Janeiro, wo die Feste der Macumbistas am Strand der Copacabana sehr beliebte Spektakel sind. Wie auch immer, wenn die Götter ihren Dienst getan haben, kehren sie in ihre spirituelle Welt zurück, und die Menschen kommen wieder zu Bewußtsein, meist, ohne daß sie sich daran erinnern können, was während ihrer ›Abwesenheit‹ geschehen ist. War die Zeremonie erfolgreich, werden sich die Wünsche und Flüche der Teilnehmer schon bald erfüllen.

Wie beim Satanismus gehört der sogenannte Schadenzauber, der dazu dient, einem Widersacher Böses zu tun, zu den zentralen Motiven des Voodoo. Der Schadenszauber wird im allgemeinen mit Zaubertränken oder -kräutern und mit Fetischen bzw. den durch zahllose B-Filme aus Hollywood bekanntgewordenen Voodoopuppen praktiziert. Für eine erfolgreiche ›Bezauberung‹ benötigt der Houngan einen Gegenstand, der dem Opfer gehört oder von ihm berührt wurde, etwa ein Stück des Gürtels oder ein Fetzen des Hemdes. Wesentlich wirkungsvoller ist der Zauber allerdings, wenn es möglich ist, Haare, Fingernägel, Exkremente oder Körpersekrete zu ergattern, die dann von dem Priester mit ›magischen‹ Kräutern und Tonerde vermischt und zu einer kleinen Figur geformt werden, die den Feind darstellt, dem Schaden zugefügt werden soll. Nachdem der Houngan die Geister gerufen hat, geht er daran, bestimmte Glieder der Puppe zu zerstören, um damit die sofortige Lähmung der entsprechenden Körperteile zu bewirken. Zuweilen nimmt er auch eine Nadel aus Knochen oder Elfenbein (niemals aus Eisen oder Stahl, weil verarbeitete Materialien angeblich nicht wirksam sind) und sticht sie in die Augen und Ohren der Puppe, um das Opfer blind und taub zu machen. Um den Widersacher an einer seltenen Krankheit (langsam) sterben zu lassen, vergräbt man die Voodoopuppe unter einem schweren Stein, soll es etwas ›schneller‹ gehen, wird das Abbild des Feindes kurzerhand verbrannt.

Wenn die Bestrafung eines Widersachers nicht ganz so drastisch ausfallen muß, besteht die Möglichkeit, dem wehrlosen Opfer mit dem Quimbanda – dem Voodoo-Äquivalent der Schwarzen Magie – ›alle Wege abzuschneiden‹. Bei dieser ›Technik‹ werden dem Gegner mit Hilfe eines Zaubers sämtliche Dinge genommen, die für das Opfer persönliches Glück bedeuten.

Während dem ›Bezauberten‹ zunächst in Liebes- und Geldangelegenheiten nichts mehr gelingt, wird er sich später zunehmend physisch und psychisch elender fühlen, bis er schließlich selbst in den alltäglichsten Situationen auf nahezu unüberwindliche Schwierigkeiten stößt.

Ein Mensch, dem ›alle Wege abgeschnitten‹ wurden, ist allem Anschein nach der amerikanische Schriftsteller David St. Clair, der in Brasilien das Opfer eines Quimbanda-Fluchs wurde. Nachdem ihn erst seine Freundin verlassen hatte, setzten St. Clair auch noch finanzielle Probleme zu, weil eine Geldüberweisung nicht eintraf. Hinzu kamen gerichtliche Schwierigkeiten in einer Erbschaftsangelegenheit. Schließlich erkrankte er schwer an Malaria. Zunächst hielt der Autor all diesen Ärger lediglich für eine Pechsträhne, doch dann erklärte ihm eine Macumbista, eine Priesterin des Macumba, der brasilianischen Art des Voodoo, daß man ihm mit Quimbanda ›alle Wege abgeschnitten‹ habe. St. Clair hielt diese Erklärung für durchaus plausibel. Ein ›Eingeweihter‹ hatte ihm berichtet, daß das Zimmermädchen in dem Hotel, in dem er wohnte, eine junge Frau namens Edna, Schwarze Magie gegen ihn eingesetzt habe, um ihm zu schaden. Jede Woche habe sie eines seiner Kleidungsstücke mit zu einem Quimbanda-Ritual genommen, bei dem man die Kleider zeremoniell begrub und ringsherum Kerzen aufstellte, die beim Macumba dazu dienen, die Göttin Yemanja, im Volksglauben die Tochter des Himmels und der Erde, herbeizurufen, weil Yemanja angeblich nichts mehr liebt als den Duft von brennendem Wachs. Außerdem, so erklärte man St. Clair, habe Edna ihm regelmäßig ein magisches ›Bann-Pulver‹ unter seine Speisen gemischt, um die Wirkung des Fluches zu verstärken.

Da St. Clair sich bereits seit einer ganzen Weile in

Brasilien aufhielt und die Möglichkeit, daß er ›bezaubert‹ worden war, aufgrund der seltsamen Erlebnisse, die er in dem Land bereits gemacht hatte, keinesfalls abwegig fand beschloß er, selbst an einer Macumba-Zeremonie teilzunehmen. Er hoffte, sich so vielleicht von dem Fluch befreien zu können.

Zuerst, so berichtete David St. Clair später, lief die Zeremonie nach dem bekannten Muster ab – Trommeln, Tanzen, Trance. Plötzlich allerdings verließ die Priesterin, die das typische weiße Gewand einer Macumbista trug (weiß deshalb, weil es sich dabei um Yemanjas Lieblingsfarbe handelt) und ein großes goldenes Kreuz um den Hals hatte, den Tempel, um einen Augenblick später in schmutzigrote Seidenlumpen gehüllt zurückzukehren. Zudem hatte sie das Kreuz gegen den Totenschädel eines Kindes ausgetauscht, dessen Kieferknochen mit einem schwarzen Band zusammengeknotet waren. Die Macumbista, deren ganze Erscheinung sich verändert zu haben schien, verkündete St. Clair, daß sie Exu wäre, ein Dämon, der mit ›unserem‹ Satan gleichzusetzen ist, erklärte ihm jedoch, daß sie zuweilen auch Gutes vollbringe – und nahm den Fluch von dem Amerikaner, woraufhin sich David St. Clairs Leben umgehend zum Besseren wendete. Seine Wege ›öffneten sich wieder‹. Seine Freundin kehrte zu ihm zurück, seine Finanzen stabilisierten sich, und auch die Krankheit hatte er bald überwunden, so daß St. Clair am Ende davon überzeugt war, daß er von Edna wahrhaftig mit einem Quimbanda-Fluch belegt worden sei.

Gewisse Elemente des Falls von David St. Clair lassen sich in den Berichten vieler vermeintlicher Voodoo-Opfer finden, wobei vor allem die psychologischen Elemente der Geschichten sich häufig ähneln. Bei näherer Betrachtung fällt auf, daß Schadenszauber offenbar mehr mit Suggestion, als mit wirklicher Magie zu tun hat. Die ›Verfluchten‹ werden psychisch oft ganz gezielt von ihren Gegnern manipuliert.

So geschah es etwa dem französischen Konzertpianisten Jean Dupuis (ein Pseudonym, das William Seabrook dem Künstler gab, um seine wahre Identität zu schützen). Er war ein Anhänger der Rosenkreuzer und schloß sich einer ›zweifelhaften esoterischen Gruppe‹ an, mit der er sich später jedoch überwarf. Doch dabei wollten es die Gruppenmitglieder, die sich von Dupuis' Austritt beleidigt fühlten, nicht bewenden lassen. Sie beschlossen, sein Talent zum Klavierspielen zu zerstören. Sie fertigten eine Puppe von Dupuis an, tauften sie auf seinen Namen und steckten die Hände in Schraubzwingen, die jeden Tag ein wenig fester angezogen wurden. Dann fingen angebliche Freunde des Pianisten an, Dupuis gegenüber gezielte Bemerkungen darüber zu machen, daß seine Finger nicht so beweglich wie sonst wirken würden. Unschuldig erkundigten sie sich danach, ob sein Handgelenk möglicherweise verstaucht sei oder er an einer Nervenentzündung leide. Es dauerte nicht lange, bis die Suggestion ihre Wirkung zeigte und Dupuis' Klavierspiel zunehmend unsicherer wurde. Dann, einige Tage, bevor der Pianist ein Konzert geben sollte, erhielt er einen anonymen Brief, in dem Dupuis darüber informiert wurde, daß man eine ›magische‹ Puppe von ihm besaß, deren Hände in Schraubzwingen stecken würden. Weil Dupuis sich mit okkulten Lehren beschäftigt hatte und wußte, was das bedeutete, wurde er immer nervöser. Bald war er kaum mehr in der Lage, auch nur eine leichte Sonate fehlerfrei zu spielen. Am Tag des Konzerts schließlich erhielt Dupuis einen zweiten Brief, in dem angekündigt wurde, daß man die Schraubzwinge heute abend so eng anziehen würde, daß es ihm die Hände zerquetschte. Mit diesem Gedanken im Hinterkopf betrat Jean Dupuis die Bühne. Wie nicht anders zu erwarten, wurde das Konzert, eröffnet mit einer Abfolge schriller, aber unfreiwilliger Dissonanzen, auf die noch schlimmere Mißtöne folgten, eine einzige Katastrophe, so daß Dupuis nach weiteren Versuchen beschämt und verzweifelt aus dem Saal stürzte. Der verhängnisvolle ›Fluch‹, der auf dem Pianisten lastete, hatte seine Wirkung getan – in erster Linie wohl deshalb, weil Jean Dupuis selbst davon überzeugt war, daß man ihm mit Quimbanda schadete.

Doch Voodoo-Bezauberungen müssen nicht zwangsläufig negativer Natur sein. Um beispielsweise einen Menschen in sexueller und emotionaler Hinsicht für sich zu gewinnen – an sich durchaus ein lohnenswertes Unterfangen –, bedient man sich im Prinzip genau desselben Ritus wie beim Schadenszauber. Will eine junge Frau etwa einen Mann für sich gewinnen, formt sie von sich und ihrem Angebeteten Puppen aus Tonerde, Lehm oder Wachs, die mit überproportionalen Genitalien in erregtem Zustand ausgestattet sind, und fügt Haare oder Nägel hinzu. Anschließend werden die Figuren auf die entsprechenden Namen getauft und meist mit einem roten Faden (bezeichnenderweise ist Rot die Farbe, die von der Psychologie mit sexueller Lust in Verbindung gebracht wird) so zusammengebunden, als würden sie den Geschlechtsakt vollziehen. Von diesem Zeitpunkt an dauert es, so glauben die Anhänger des Voodoo, nicht mehr lange, bis man die Zuneigung und Liebe des ›Bezauberten‹ erworben hat.

Eines der wesentlichen – und umstrittensten – Elemente des Voodoo ist der Glaube an Zombies (auch Zombi oder Zumbi), durch Houngans von den Toten Wiedererweckte, die dem Voodoo-Priester anschließend auf Gedeih und Verderb ausgeliefert sind und als sein willenloses Werkzeug agieren. Ein Zombie kann zwar, so der Aberglaube, atmen, essen, hören und zuweilen sogar sprechen, ist jedoch nicht in der Lage, sich an sein ›wirkliches‹ Leben zu erinnern oder seinen – untoten – Zustand zu begreifen. Ein Uneingeweihter würde einen Zombie nicht unbedingt erkennen, wenn er ihn sieht, da Zombies von stumpfsinnigen Menschen auf den ersten Blick kaum zu unterscheiden sind. Gleichwohl können gewisse Merkmale verraten, ob man es nur mit einem armen Teufel oder tatsächlich mit einer wiederauferstandenen Leiche zu tun hat. So schwankt ein Untoter beim Gehen beispielsweise hin und her, bewegt sich extrem mechanisch, beinahe wie ein Roboter, hat glasige, orientierungslose, ›tote‹ Augen und eine nasale Stimme, ein Umstand, der auf Haiti grundsätzlich mit dem Tod in Verbindung gebracht wird, vermutlich, weil es dort Sitte ist, die Nasenlöcher eines Verblichenen mit Baumwolle zu verstopfen. Zombies sind gänzlich empfindungs- und erinnerungslos, es sei denn, man gibt ihnen Fleisch oder Salz zu essen, Speisen, deren Geschmack er von früher kennt. Geschieht dies, wird sich der Zombie mit einem Mal seiner Existenz als Untoter bewußt und kehrt, von bitterer Trauer erfüllt, in sein Grab zurück.

Auch heute noch ist die Angst davor, verstorbene Familienmitglieder könnten von Voodoo-Priestern in Zombies verwandelt werden, auf Haiti weit verbreitet. Darum treffen selbst die Ärmsten Vorkehrungen, um die Leichen ihrer Angehörigen vor den Übergriffen von Houngans zu schützen. So werden die Gräber der Toten mit dicken Steinplatten befestigt und liegen vor allem in den einsameren Teilen des Landes zumeist dicht bei Straßen oder Wegen, damit die Priester ihrem schändlichen Treiben aus Angst vor Entdeckung nicht nachgehen können. Zudem kommt es vor, daß dem Toten Gift injiziert wird oder man ihn verstümmelt, um ihn für die Zwecke eines Houngans unbrauchbar zu machen.

Dennoch gelingt es anscheinend immer wieder

einem Priester, Zombies zu erschaffen und zuweilen sogar eine ganze Gruppe Untoter um sich zu scharen, wie ein älterer Mann namens Ti-Joseph du Colombier, der lange als Vorarbeiter für die haitianisch-amerikanische Zuckergesellschaft Hasco tätig war. Als das Frühjahr 1918 eine überaus reiche Zuckerrohrernte versprach, setzte die Gesellschaft zusätzlich zum regulären Lohn eine Prämie für alle Arbeiter aus, die sich für die Ernte bei Hasco verpflichteten. Bald strömten Menschen aus allen Teilen des Landes herbei, um im Personalbüro der Firma vorstellig zu werden und sich für die Arbeit einteilen zu lassen. Da es zu jener Zeit durchaus üblich war, als Kollektiv zu arbeiten, wobei der Gesamtlohn für die Gruppe einem Arbeiter ausbezahlt wurde, der das Geld anschließend unter seinen Leuten verteilte, zeigte sich niemand verwundert, als Ti-Joseph eines morgens zusammen mit seiner Frau Croyance und neun zerlumpten Gestalten im Personalbüro von Hasco erschien, um die Männer einstellen zu lassen. Wie William B. Seabrook, ein Autor, der damals in Haiti lebte und viel über Voodoo schrieb, berichtet, erklärte Ti-Joseph, daß es sich bei den Männern um rückständige, ungebildete Bauern aus den Bergen bei Morne-au-Diable, dem Grenzgebiet zur Dominikanischen Republik, handele. Zwar könnten diese Burschen weder Kreolisch noch Französisch sprechen, dafür aber würden sie draußen auf dem Feld bestimmt die die härtesten Arbeiten erledigen. Der Verwalter stellte die Gruppe ein und stimmte Ti-Josephs Vorschlag zu, die Männer in einiger Entfernung von den anderen Angestellten arbeiten zu lassen, da der Kontakt zu fremden Menschen sie verwirren und ängstigen würde. Tatsächlich, so Seabrook, ging es Ti-Joseph jedoch darum, die Zombies, die er mit Hilfe seiner Frau aus den Gräbern geholt hatte, von den anderen Arbeitern fernzuhalten, um zu verhindern, daß einer von ihnen in einem der

Männer einen unlängst verstorbenen Verwandten erkannte. Die vermeintlichen Zombies wurden abseits der übrigen Angestellten auf die Felder geschickt und schufteten den ganzen Tag ohne Unterbrechung, angetrieben von Ti-Joseph, der sie mit der Peitsche schlug. Abends aßen sie dann eine geschmacklose Suppe und legten sich bis zum Morgen zur Ruhe. Über mehrere Wochen hinweg arbeiteten die Männer unter Ti-Josephs Aufsicht. Zum Osterfest bekamen sämtliche Arbeiter von Hasco drei Tage Urlaub. Ti-Jopseh nutzte die Gelegenheit, um mit dem Lohn seiner Gruppe in der Tasche nach Port-au-Prince zu gehen und sich zu vergnügen. Die Zombies überließ er der Obhut seiner Frau, die, mittlerweile überwältigt von Mitleid für die armen Kreaturen, beschloß, daß es die Zombies vielleicht ›aufheitern‹ würde, wenn sie sich die Osterprozession in Croix-du-Bouquet ansehen konnten. Sie machte sich also mit der zerlumpten Gruppe auf den Weg zur Stadt. Allerdings waren die Zombies von der Prozession nicht sonderlich beeindruckt, da sie überhaupt nicht begriffen, was um sie herum vorging. Um sie für all die Arbeit zu belohnen, die sie auf dem Feld für Ti-Joseph leisteten, ohne jemals etwas dafür bekommen zu haben, kaufte Croyance bei einer Händlerin sogenannte Pistazientabletten, haitianische Bonbons aus braunem Zucker, Pistazien und Korianderbeeren, und steckte jedem Zombie eine der Tabletten in den Mund, in der Annahme, daß es ihnen nicht schaden würde. Dabei vergaß sie jedoch, daß die Pistazien gesalzen waren, und der Geschmack des Salzes brachte den neun Männern die Erinnerung an ihren Tod ins Gedächtnis zurück. Ihnen ging auf, daß sie eigentlich tot waren, und sie ergriffen schreiend die Flucht und schlurften zurück in die Morne-au-Diable-Berge. Ihr Ziel war ihr Heimatdorf. Dort angekommen, begaben sie sich auf den Friedhof, jeder zu seinem Grab, aus denen Ti-Joseph sie geraubt hatte, und scharrten die Erde beiseite, um schließlich als vollständig verweste Leichen in die Gräber zu stürzen.

Die erzürnten Dorfbewohner, die wußten, daß Ti-Joseph für diese Schandtat die Verantwortung trug, beschlossen, sich an ihm zu rächen, und ließen ihn von einem Bokor, einem Voodoo-Priester, aus Trou-Caiman mit einem Ouanga-Fluch belegen. Da sie jedoch davon ausgehen mußten, daß der Fluch durch einen Gegenzauber Ti-Jopsehs geschwächt werden könnte, schickten sie eine Gruppe Männer in die Ebene, die Ti-Joseph du Colombier eines Nachts auflauerten und ihm den Kopf abschlugen, noch bevor der Bannspruch seine Wirkung zeigen konnte. Allem Anschein nach trauten sie ihren Macheten wesentlich mehr als der Ouanga-Magie des Priesters.

Berichte wie diese sind zwar unterhaltsam, werfen aber viele Fragen auf und können schwerlich als akzeptables Beweismaterial für die Existenz von Zombies oder Voodoo-Magie dienen, sei sie nun positiv oder negativ. Gleichwohl kann kein Zweifel daran bestehen, daß Millionen von Menschen im südamerikanischen und afrikanischen Raum an die Macht des Voodoo und seine Götter glauben. Und in dieser Hinsicht unterscheidet sich Voodoo nicht im geringsten von jeder anderen Religion dieser Welt. Denn schließlich … Hat man jemals konkrete Beweise dafür gefunden, daß der Gott der Christen, Moslems oder Buddhisten tatsächlich existiert?

5

Geheimnisse der Technik
Gentechnologie

> Wie mit einem Baukasten können wir durch Einfügen kleiner und großer DNA-Elemente Lebewesen verändern. Der entscheidende Vorteil der Gentechnik ist dabei der Zeitgewinn. Gentechnische Methoden sind unheimlich schnell. Ähnlich wie die Kernspaltung auch zur Atombombe und zu Kernkraftwerken geführt hat, wie die moderne Elektronik unsere Arbeitswelt verändert, wird die neue Biologie und besonders die Gentechnik die Kontruktion von Lebewesen nach von uns geforderten Bedingungen beschleunigen.
>
> *Prof. Dr. Hans Günter Gassen*

Wie UFO-Sichtungen und die Entführung durch außerirdische Wesen gehören die Auswüchse der Gentechnologie inzwischen zum festen Repertoire der *X-Files*. In Episoden wie ›Eve‹, ›The Erlenmeyer Flask‹, ›Young at Heart‹, ›Colony‹ oder ›Nisei‹ zeichnen Chris Carter und seine Mitstreiter ein düsteres, bedrohliches Bild der Gentechnik. Sie greifen damit eine der wohl am weitesten verbreiteten Ängste des ausgehenden Jahrtausends auf, um dem Zuschauer auf spannende, unterhaltsame Weise vor Augen zu führen, daß es möglicherweise ein Fehler ist, wenn karrieresüchtige Wissenschaftler sich zu Göttern aufschwingen und an der Schöpfung herumpfuschen. Chris Carter meint dazu: ›Die Genetik gibt mir eine Menge Stoff an die Hand, mit dem ich spielen kann. Wir verstehen sie nur sehr lückenhaft, und was wir dabei herausfinden, ist meiner Ansicht nach beängstigend. Es ist wunderbar, sich vorzustellen, daß wir für uns ein längeres, gesünderes

Leben schaffen können, aber es gibt so unglaublich viele Möglichkeiten, diese Macht zu mißbrauchen. Die Gentechnik birgt viele Gefahren in sich, und ich glaube, daß die Geschwindigkeit, mit der die Forschung in diesem Bereich voranschreitet, unser ethisches und moralisches Verständnis übersteigt.‹

Seit Anbeginn der Genforschung in den fünfziger Jahren haben die Möglichkeiten, die in diesem mit rasendem Tempo wachsenden Wissenschaftszweig stecken, Anlaß zu vielerlei Spekulationen gegeben, von denen etliche in der Zwischenzeit zu handfesten Realitäten geworden sind. Inzwischen ist es ohne bemerkenswerte Probleme möglich, Pflanzen, Obst und Gemüse gentechnisch so zu verändern, daß sie nicht bloß resistent gegen Insektizide und andere chemische Sprühgifte zur Schädlingsbekämpfung werden, sondern zudem den Wünschen der Wirtschaft exakt angepaßt sind. Schon seit Jahren wird aus genmanipulierten, besonders stärkehaltigen Riesenkartoffeln Industiestärke hergestellt, und die sogenannte ›Anti-Matsch-Tomate‹ aus Amerika ist in englischem Ketchup bereits zu haben. Auch Produkte, die mit gentechnisch ›bearbeiteten‹ Enzymen hergestellt wurden, gibt es längst; sie stehen – zumindest im Ausland, wobei besonders in Amerika das Angebot an ›Gen-Food‹ breit gestreut ist – als Brot, Backwaren, Zuckersirup oder Käse in den Regalen im Supermarkt an der Ecke, obgleich ökologische und gesundheitliche Konsequenzen ›nicht auszuschließen‹ sind.

Auch vor der Manipulation von Tieren macht die Gentechnologie nicht halt, um für Landwirtschaft, Labordiagnostik und Pharmaindustrie ›industrialisierte Tierproduktion‹ zu ermöglichen. Im Jahre 1982 geisterten zum ersten Mal Fotos von genmanipulierten Tieren durch die internationale Presse. Es handelte sich um Mäuse, die doppelt so groß wie gewöhnlich waren.

Menschliche Gene in ihrem Erbgut sorgten für das Riesenwachstum, und die profitsüchtigen Tierzüchter fingen an, von Schweinen zu träumen, die mindestens so groß wie Nashörner waren und Riesenschnitzel und -schinken abwerfen würden. Doch die Gen-Wachstumshormone, die den Tieren verabreicht wurden, führten in zu starken Dosen schließlich dazu, ›daß gequälte Kreaturen mit deformierten Gliedern, rheumatischen Erkrankungen, Magengeschwüren und Fruchtbarkeitsstörungen die Labors bevölkerten‹, wie die Tierärztin Anita Idel erklärt. Sie fügt hinzu: ›Landwirtschaftlich genutzte Tiere sind schon durch die bisherige Züchtung auf Wachstum und Leistung getrimmt, und zwar um den Preis erhöhter Krankheitsanfälligkeit, die trotz enormer Medikamentierung häufig nicht in den Griff zu bekommen ist.‹ Dennoch versuchen Genetiker in aller Welt weiterhin, bei Nutztieren eine bessere Futterverwertung, verstärkte Fortpflanzungsfähigkeit sowie wie etwa bei Kühen eine erhöhte Milchproduktion zu bewirken oder die Tiere dahingehend zu ›bearbeiten‹, daß die durch nicht artgerechte Züchtung und Haltung entstandenen Probleme in der industriellen Zucht der Vergangenheit angehören. So wurden zum Beispiel Lachse, die in norwegischen Zuchtstationen aufgezogen werden und in dem kalten Wasser zu leicht erfrieren, mit den Kälteresistenzgenen der arktischen Flunder so manipuliert, daß sich in ihrem Blut keine (tödlichen) Eiskristalle bilden. Gentechnik als Reparaturtechnologie, um die ›Fehler‹ der Natur auszumerzen.

Noch zweifelhafter und fragwürdiger als die Manipulation von Nutztieren im Sinne der Lebensmittelindustrie ist vermutlich das sogenannte ›Pharming‹, bei dem Tiere im Namen der Pharmahersteller gleichsam als lebende Medizinfabriken herhalten müssen. Von Fachleuten als ›Bioreaktoren‹ bezeichnet, werden transgene Tiere – meist mit menschlichen Genen – dergestalt ›umprogrammiert‹, daß sie in ihrem Blut oder ihrer Milch Arzneimittel produzieren. Versuche in dieser Richtung reichen bis zu Mäusen, die mit Antikörpergenen vom Menschen ein – mehr oder weniger – funktionsfähiges menschliches Immunsystem aufgezwungen bekamen, um Antikörper für die Humanmedizin zu bilden, nach Bedarf und in beliebiger Menge. Dasselbe gilt für ›Tracy‹, ein schottisches Milchschaf, das als Embryo im Reagenzglas so genmanipuliert wurde, daß die Milch des Tieres ein Medikament gegen erbliche Lungenschäden enthalten soll.

Auch als ›Organspender‹ wird zunehmend auf Tiere zurückgegriffen. Da die Gefahr bei Transplantationen, bei denen der Patient ein nicht vom Menschen stammendes Organ eingepflanzt bekommt, jedoch relativ groß ist, daß unser Immunsystem das Transplantat angreift und abstößt, wurden an der Universität Cambridge Schweine mit einem menschlichen Gen embryonal so verändert, daß die Abstoßungsreaktion möglichst vermieden wird. Der Nachteil dieses an sich durchaus nützlichen Verfahrens ist allerdings, daß nach einer erfolgreichen Transplantation von ›tierischen‹ Organen in den Menschen überall im Körper des Empfängers Fremdzellen zu finden sind, die von dem Spenderorgan stammen, so daß der Mensch ›genetisch und zellulär zu einer Kombination von Spender und Empfänger wird‹. Bei der Obduktion verstorbener Patienten, die eine genmanipulierte Pavianleber erhalten hatten, wurden tierische Zellen in Haut, Herz, Lymphknoten und anderen Organen nachgewiesen. Man kann nicht umhin, der Ärztin Marina Steindor zuzustimmen, wenn sie meint: ›Mit diesen neuen Transplantationstechniken verschwinden die genetischen und zellulären Grenzen zwischen Mensch und Tier in Richtung einer zellulären und genetischen Chimäre.‹ Das scheint der US-Regierung jedoch noch nicht zu genügen, denn seit 1963 ist die NASA angeblich eifrig damit beschäftigt, eine Kreuzung aus Mensch und Tier hervorzubringen, die in der Lage sein soll, auf anderen Planeten zu überleben. Der amerikanische Wissenschaftsjournalist Tom Paskal schreibt in seinem Artikel ›Tampering With the Machinery of God‹, daß ›ein Wesen mit dem Gehirn eines Menschen erschaffen werden soll, das in einem Körper steckt, der aus mehreren Tieren zusammengesetzt ist‹. Wenn das zutrifft, war Victor Frankenstein verglichen mit den Initiatoren dieses Projekts ein Waisenknabe …

Doch damit ist das Ende der Fahnenstange längst nicht erreicht, denn auch beim Menschen selbst findet die Gentechnik zunehmend Anwendung. Das von Gegnern der Gentechnologie vielbeschworene ›Katalogkind‹ ist längst keine Illusion mehr, da sich bereits vor der Zeugung, also in Ei- und Spermazellen, bzw. später am Embryo feststellen läßt, ob ein Kind mit Mißbildungen zur Welt kommen, zu Fettleibigkeit neigen oder im Laufe seines Lebens möglicherweise Krebs bekommen wird, so daß die Genetiker diese ›Fehler‹ präkonzeptionell korrigieren können. Erschreckend daran ist besonders, daß immer mehr (vor allem jüngere) Frauen diese ›vorgeburtliche Qualitätskontrolle‹ nutzen, um sämtliche ›Überraschungen‹ von vornherein auszuschließen. Denn wer will schon ein Kind, das einige Kilo zuviel auf die Waage bringen oder vielleicht eine Hasenscharte haben könnte?

Auch den Krankenversicherungen kommt die sogenannte Keimbahntherapie sehr entgegen, weil sich die Zahl der Behinderten auf diese Weise beträchtlich reduzieren läßt und der Versicherung so eine Menge Kosten erspart bleiben, schließlich ist eine gentechnische Manipulation bzw. ein Schwangerschaftsabbruch weit billiger als die lebenslange Betreuung eines Behinderten.

Das war zumindest die Argumentation der niedersächsischen AOK, die im Herbst 1995 einen Gynäkologen wegen ›ärztlichen Fehlverhaltens‹ verklagte, da der Mediziner die Behinderung eines Fötus nicht ›fristgerecht‹ bis zur 24. Woche erkannt habe, so daß Abtreibung nicht mehr möglich gewesen sei. Obwohl die Kasse ihre Klage schließlich zurückzog, nachdem ein Gutachter zu dem Schluß gelangt, daß die Anschuldigungen gegen den Frauenarzt unhaltbar waren, zeigt dieser Vorfall, daß es Versicherungen gibt, die wirtschaftliche Erwägungen offenbar über das Lebensrecht eines Kindes stellen.

Überhaupt scheint die Gentechnologie für alle Beteiligten ein profitables Geschäft zu sein, denn in den letzten Jahren wurden weltweit Milliarden von Dollar in die Genforschung investiert. Immer neue Entwicklungen der Genetik werden patentiert, von der sogenannten Harvard-Krebsmaus über embryonale Stammzellen zur Erzeugung von transgenen Nutztieren bis hin zu genmanipulierten Speisefischen. Gene, das Erbgut aller Lebewesen, werden zur Ware und damit ›zur Geschäftsgrundlage in der Hand mächtiger Forschungs- und Industriebetriebe‹, wie Ursel Fuchs schreibt. Leben als Patent? Durchaus, vor allem, wenn man sich vor Augen hält, daß ein Mensch laut eines Urteils des Obersten Gerichtshofs von Kalifornien nicht das Recht hat, über sein eigenes Gewebe zu bestimmen, da es die Forschung und Entwicklung im Bereich der Gentechnik verlangsamen und beeinträchtigen würde.

Aufgekommen war die Diskussion darüber, inwieweit die Zellen des eigenen Körpers einem Menschen gehören, als der Amerikaner John Moore im Jahre 1976 an Haarzell-Leukämie erkrankte, einem extrem seltenen Leiden, und von Dr. David Golde von der UNCLA behandelt wurde. Dr. Golde entfernte Moore operativ seine stark vergrößerte Milz und bemerkte dabei, daß Moores kranke Milzzellen spezielle Blutproteine produzierten, von denen der Arzt annahm, daß sie sich eventuell als Krebsmittel eignen würden. Darum stellte Golde aus Moores Milzzellen eine Zell-Linie, die sogenannte ›Mo-Zell-Linie‹, her und ließ sie 1983 patentieren. Mit Hilfe der Mo-Zell-Linie werden heutzutage mindestens neun medizinische Produkte hergestellt, unter anderem Interferon und eine Arznei zur Stärkung des menschlichen Immunsystems. Der Marktwert dieses Patents, das Dr. Golde ohne John Moores Wissen oder Zustimmung erwirkte, wird auf dreiundfünfzig Milliarden Dollar geschätzt. Doch als Moore vor Gericht ging, um sich zum einen dagegen zu wehren, daß Teile seines Körpers kurzerhand patentiert werden konnten, und darüber hinaus einen Anteil an den Millionengewinnen zu verlangen, wurde Moores Besitzanspruch auf seine Zellen von der Mehrheit der Mitglieder des Gerichtshofs mit der Begründung abgelehnt, daß ›unbehinderter Zugang zu menschlichem Gewebe für die Forschung wichtig für den Fortschritt und die allgemeine Gesundheit‹ sei. Weiter heißt es in der Urteilsbegründung: ›Die Zell-Quellen müssen ungehindert zugänglich sein, und Forscher müssen die Freiheit haben, über solches Material zu verfügen und es frei zu kombinieren, ohne der Person, von der es stammt, Fragen beantworten zu müssen. Wenn dem Kläger dies zugestanden würde, so hätte er die Macht, den medizinischen Fortschritt, der potentiell der gesamten Menschheit zugute kommen könnte, zu blockieren.‹ Über die unbeschränkte Macht der Gentechniker wird kein einziges Wort verloren.

Ein beliebtes, immer wiederkehrendes Thema der *X-Files* ist das Klonen. Rein technisch gesehen ist es längst möglich, ein Lebewesen mittels seiner ureigenen DNA-Struktur, deren Entdeckung im Jahre 1953 durch den Nobelpreisträger Dr. James Watson die Genforschung, wie wir sie heute kennen, begründete, zu kopieren. Bereits im Oktober 1993 gaben Wissenschaftler der George Washington University bekannt, erstmals mit Erfolg ein menschliches Embryo geklont zu haben – ob dies moralisch und ethisch akzeptabel ist, wollen wir hier dahingestellt lassen.

Technisch betrachtet gibt es allgemein zwei Arten, einen Klon ›herzustellen‹. Die erste Möglichkeit besteht darin, den Kern einer Eizelle mit dem Kern einer Spenderzelle zu vertauschen. Der neue Zellkern veranlaßt die Originalzelle, eine Kopie der Person ›anzufertigen‹, welche die Zelle gespendet hat. Danach wird die Eizelle in eine weibliche Gebärmutter eingepflanzt, wo sie heranwächst, um schließlich als exakte Kopie des Spenders auf die Welt zu kommen. Allerdings hat sich diese Methode, die vor allem bei Fröschen und Salamandern angewandt wird, bislang bei Säugetieren nicht durchgesetzt.

Deshalb haben die Forscher der George Washington University eine neue Technik entwickelt, um DNA-Strukturen zu klonen. So haben sie Embryos in einem sehr frühen Entwicklungsstadium in ihre einzelnen Zellen ›zerlegt‹, von denen jede die komplette DNA des Embryos enthält, und jede davon mit einem schützenden, ausgesprochen nährstoffreichen Meeresalgenextrakt überzogen. Anschließend brauchten sie nichts weiter zu machen, als die Embryokulturen wachsen zu lassen. Alles in allem erhielten sie auf diese Weise achtundvierzig Klone, von denen jedoch keiner das Einpflanzungsalter erreichte, obwohl dasselbe Verfahren in der Industrie zur ›Produktion‹ besonders ertragreicher Milchkühe seit Jahren erfolgreich praktiziert wird. Stabile Klone wie Eve 6 aus der *X-Files*-Episode ›Eve‹ werden wohl dennoch nicht mehr lange auf sich warten lassen. Denn im Februar 1997 präsentierten Wissenschaftler in Schottland der staunenden Öffentlichkeit stolz ›Dolly‹, ein geklontes Schaf.

Gleichwohl könnte die Gentechnologie dort, wo sie wirklich zum Wohle der Menschen und nicht zur Bereicherung profitgieriger Firmen eingesetzt wird, wirklich Bemerkenswertes leisten, etwa, wenn es mittels gentechnischer Veränderungen des Erbmaterials gelänge, auf genetische Mutationen wie beispielsweise Progerie Einfluß zu nehmen, wie es Dr. Joe Ridley in der Episode ›Young at Heart‹ tut, um den menschlichen Alterungsprozeß zu stoppen. Progerie, auch als Hutchinson-Gilford-Progeriesyndrom bekannt, ist ein Genfehler, der den Alterungsprozeß rapide beschleunigt und bereits unmittelbar nach der Geburt auftritt. Bereits im Alter von sieben Jahren weisen Progeriekranke Falten, Herzkrankheiten, grauen Star und Zeichen von Senilität auf, so daß das Durchschnittsalter der Progerieopfer lediglich dreizehn Jahre beträgt. Im Grunde werden diese Kinder bloß geboren, um zu sterben. Doch Professor Stephen Krawetz von der Wayne State University School of Medicine hofft, daß es bald möglich sein wird, über den Umweg (oder die Abkürzung, je nachdem) Progerie mehr über den genbedingten Alterungsvorgang herauszufinden und den Prozeß gegebenenfalls zu stoppen – nicht nur bei Progeriekranken, sondern beim Menschen überhaupt. Was das bedeutet, dürfte jedem klar sein: Sollte Krawetz mit seinen Bemühungen wirklich Erfolg haben, hielte er damit (zumindest theoretisch) den Schlüssel zur Unsterblichkeit in den Händen.

Einer der interessantesten – und umstrittensten – Zweige der Gentechnologie ist die sogenannte Verhaltensgenetik, die sich mit der Erforschung der These beschäftigt, daß viele soziale Auffälligkeiten wie Kriminalität, Neigung zu Gewalt, asoziales Verhalten oder bestimmte Charaktereigenschaften einem Menschen bereits mit in die Wiege gelegt sind, sich also nicht erst im Laufe der Jahre, beeinflußt vom familiären/gesellschaftlichen Umfeld der betreffenden Person, allmählich entwickeln, wie bislang allgemein angenommen wurde. Mit anderen Worten: Einige Forscher behaupten, daß es den ›genetischen Verbrecher‹ gibt, der durch seine Erbanlagen dazu ›verdammt‹ ist, kriminell zu werden. Raub und Mord werden damit zu einer Krankheit stilisiert, gegen die der Räuber/Mörder nichts ausrichten kann. Dann dürfte er rechtlich dafür auch nicht zur Verantwortung gezogen werden. Diese Argumentation führte jedenfalls ein New Yorker Anwalt vor Gericht an, um für seinen Klienten, der seine beiden Kinder in neunzehn Stücke zerteilt hatte, ohne bei dem Massaker zu vergessen, seinen Nachmittagstee zu trinken, einen Freispruch zu erwirken. Der Anwalt argumentierte, sein Klient sei genetisch zur Gewalttätigkeit programmiert und nicht in der Lage, jemand anderes zu sein als die in seinen Genen angelegte Person.

Doch existiert das sogenannte ›Killer-Gen‹ wirklich? Die meisten Menschen besitzen dreiundzwanzig Chromosomenpaare, bei denen das X- oder Y-Chromosom im dreiundzwanzigsten Paar das Geschlecht der Person bestimmt. Jemand mit zwei X-Chromosomen, also XX, ist weiblich, während die Chromosomkombination XY ein männliches Wesen bezeichnet. Allerdings kommt es zuweilen vor, daß Menschen ein drittes, zusätzliches Chromosom besitzen (was manchmal zum sogenannten Down-Syndrom führt). Studien unter Gefängnisinsassen haben ergeben, daß von den Einsitzenden eine beträchtliche Anzahl eine XYY-Kombination aufwiesen. Daher nahm man kurzerhand an, daß es sich bei dem zweiten Y-Chromosom um das gesuchte ›Verbrechergen‹ handelte. Bestätigt schien dies zunächst durch den Umstand zu werden, daß bei einer im Jahre 1976 in Dänemark durchgeführten Untersuchung sämtlicher Männer, die zwischen 1944 und 1947 geboren wurden, von den insgesamt zwölf Personen, welche die XYY-Kombination besaßen, fünf in der Vergangenheit wegen eines oder mehrerer Verbrechen angeklagt wurden. Allerdings stellte sich heraus, daß man diese fünf Dänen keineswegs wegen Gewaltverbrechen belangt hatte, sondern in erster Linie wegen Diebstahls – einer der Männer hatte den Rasenmäher seines Nachbarn entwendet, ein anderer in einem Supermarkt Lebensmittel gestohlen. Verglichen mit dem Mörder, der, über und über besudelt mit dem Blut seiner eigenen Kinder, in aller Seelenruhe eine Tasse Tee trinkt, waren diese Leute wohl harmlos. Im übrigen gibt es ebenfalls eine bemerkenswerte Anzahl weiblicher Mörderinnen, die überhaupt kein zusätzliches Y-Chromosom aufweisen *können* – weil sie dann nämlich, was die Anhänger der ›Verbrecher-Gen‹-These geflissentlich übersehen, automatisch ein Mann wären. Gleichwohl ist die Idee eines genetischen Killers überaus faszinierend, was die *X-Files*-Drehbuchautoren Kenneth Biller und Chris Brancato auch dazu bewog, das Thema in der Episode ›Eve‹ aufzugreifen.

Moralisch nicht weniger problematisch als Genmanipulation an Mensch und Tier ist das Verfahren vieler Länder – vor allem der USA –, mit Hilfe von Krankenhäusern und Versicherungen Gentests sowie Gewebe- und Blutproben der Patienten/Versicherten zu erhalten, um sie zu archivieren und ›bei Bedarf‹ u. a. zur Identifikation von Straftätern und solchen, die es werden könnten, zu verwenden. Angeblich sind in den Gen-Datenbanken des FBI und des Verteidigungsministeriums bereits mehr als zehn bis zwanzig Millionen medizinische Daten kanadischer und amerikanischer Bürger gespeichert. Doch obwohl dieses System die Fahndung und Identifikation von Kriminellen häufig vereinfacht und damit im Grunde durchaus gutzuheißen ist, werden in manchen Staaten selbst Blut- und Speichelproben von Steuerhinterziehern archiviert, die weniger dafür bekannt sind, an den Tatorten ihrer Umtriebe irgendwelche Körperflüssigkeiten wie Speichel, Blut, Urin oder Sperma zurückzulassen, mit denen man DNA-Analysen durchführen könnte.

Oft landen auch die Daten normaler, unbescholtener Bürger in den Gen-Archiven, und es scheint keine Möglichkeit zu geben, sich dagegen zu schützen. So nimmt das Verteidigungsministerium der USA beispielsweise seit 1992 von jeder für das US-Militär arbeitenden Person umfangreiche biologische Proben ab. Als zwei Soldaten, Corporal Joseph Vlacovsky und Lance Corporal John Mayfield III., sich weigerten, Genproben einzureichen, da ihre verfassungsmäßigen Rechte dadurch verletzt würden, brachte man sie kurzerhand vors Kriegsgericht. Später erklärten Vlacovsky und Mayfield Journalisten gegenüber, daß das Militär ›schon oft als Kontrollpopulation verwendet wurde, um Präzedenzfälle für geplante, wesentlich umfassendere Projekte zu schaffen‹.

Belege für die mögliche Richtigkeit dieser Aussage liefert die jüngste Historie der Vereinigten Staaten zur Genüge. So wurden in den vierziger und fünfziger Jahren etwa Versuche mit radioaktiver Strahlung und LSD an ahnungslosen Testpersonen durchgeführt. Während des Golfkriegs verabreichte man amerikanischen Soldaten zu Testzwecken ebenfalls Medikamente, die unter Umständen der Grund für das sogenannte Golfkriegsyndrom sein könnten, wie manche Forscher behaupten. Und wer weiß schon, was in den Forschungslabors der US-Regierung und anderer Länder hinter dem breiten Rücken der Öffentlichkeit sonst noch alles vor sich geht?

6

Künstliche Intelligenz

Es sind Maschinen. Ganz gleich, was mit ihnen los ist, ganz gleich, welches kollektive Bewußtsein wir ihnen verliehen haben, sie können sich nicht fortpflanzen.

Stephen King

Maschinen, die ein – zuweilen recht mörderisches – Eigenleben entwickeln, gibt es nicht erst, seit Stephen King in seiner Kurzgeschichte ›Trucks‹ (1978) eine Horde Lastwagen ›durchdrehen‹ und eine Gruppe Menschen in einem Truck Stop am Interstate Highway belagern ließ. Die Horrorliteratur ist seit jeher voll von Wissenschaftlern wie Dr. Frankenstein, dem wohl bekanntesten Mad Scientist überhaupt, der von dem Verlangen getrieben wird, es Gott gleichzutun und künstliches Leben zu erschaffen, das mit dem unseren vergleichbar ist. Doch während man in früheren Jahrhunderten mit Homunculi, Golems und Androiden, die bei Schriftstellern und Philosophen wie etwa Albertus Magnus, Vergil oder Descartes überaus beliebt waren, Kreaturen zu ›produzieren‹ versuchte, die von ihrem Erscheinungsbild her annähernd menschlich wirkten, besitzen wir heutzutage Maschinen, die zwar nicht unbedingt aussehen wie Monster, die irgendein verrückter Forscher aus von Friedhöfen gestohlenen Leichen zusammengeflickt hat, dafür jedoch in gewisser Weise eine Entsprechung des menschlichen Verstandes darstellen. Denn auch wenn Computer genaugenommen ziemlich dämliche Geräte sind, die beinahe ausschließlich das tun, was man ihnen ›sagt‹, sind

Künstliche Intelligenzen, kurz KIs genannt, die Homunculi unserer Zeit. Sie leben nicht, sie benötigen keine Nahrung, sie können sich nicht fortpflanzen, und dennoch sind sie intelligent, gebildet und zuweilen sogar durchaus lernfähig, so daß es beinahe den Anschein hat, als würden sie ein dem Menschen ähnliches Bewußtsein besitzen, wie COS, der Zentralüberwachungscomputer des EURISKO-Gebäudes in der *X-Files*-Episode ›Ghost in the Machine‹, oder dessen klares Vorbild ›Hal‹ aus Stanley Kubricks wegweisendem SF-Meisterwerk *2001: A Space Odyssey*.

Computer und KI sind in gewisser Weise die Frankensteinschen Monster unserer Epoche. Wir glauben, ganz genau zu wissen, wie sie zu kontrollieren sind, doch wirklich verstehen können wir sie nicht. Gleichwohl haben wir dem Computer gestattet, immer größere, wichtigere Aufgaben in unserem Leben zu erfüllen, und ihm damit beständig mehr Macht über uns verliehen.

Im Grunde beherrschen Computer die Welt. Erschreckend deutlich wurde dies am Freitag, dem 9. November 1979, als der Zentralrechner des North American Air Defense Command, des nordamerikanischen Luftabwehrkommandos, die Informationen ausspuckte, daß von einem sowjetischen U-Boot im Nordpazifik aus Atomraketen gestartet worden seien, die auf die Vereinigten Staaten zuflogen und in den größten Städten des Landes, darunter Washington, New York, Los Angeles und San Francisco, ›landen‹ sollten. Sofort schickten die USA eine Staffel B-52-Bomber für den Gegenangriff hoch. Endlose sechs Minuten lang schwebte die Welt am Rande eines Atomkriegs. Schließlich entdeckten die Programmierer des North American Air Defense Command einen Computerfehler. In letzter Sekunde wurden die Bomber zurückgerufen. Ein paar Jahre später machte der bekannte Regisseur John Badham aus diesem wahrlich alptraumhaften Szenario einen Thriller mit dem Titel *Wargames*.

Doch während der Zwischenfall beim North American Air Defense Command auf einem simplen Rechnerfehler basierte und nicht von dem Computer selbst provoziert worden war – zumindest nicht ›wissentlich‹ –, bewegen sich die Forschungen mit Künstlicher Intelligenz in eine komplett andere Richtung. Es geht darum, den Computer in die Lage zu versetzen, auf gewisse Situationen direkt zu reagieren, selbständige Entscheidungen zu treffen, seine Parameter von allein zu erweitern, also zu lernen wie ein Mensch, der sich sein Wissen und seine Erfahrung nach und nach aneignet. Anders ausgedrückt: Das Ziel der Forscher ist es, ein künstliches Äquivalent des menschlichen Verstandes zu schaffen. Gelungen ist ihnen das in gewisser Weise bereits.

In ›Ghost in the Machine‹ erwähnt Deep Throat als Beispiel für KI ein Schachprogramm, das in der Lage ist, einen Schachgroßmeister zu besiegen. Tatsächlich gibt es zahlreiche Programme dieser Art, bei denen der Computer anhand der Spielregeln als Reaktion auf den Zug des Gegners jeden möglichen, erlaubten Gegenzug berechnet und schließlich so vorteilhaft zieht, wie es irgend geht. Bestimmte Systeme wie beispielsweise LESTER, der am Massachusetts Institute of Technology (MIT) entwickelt wurde, können allerdings noch wesentlich mehr. Während einer langen Reihe von Schachpartien ›lernte‹ das Programm, daß bestimmte Züge vom Gegner nie gemacht wurden, obgleich sie vollkommen den Regeln entsprochen hätten, und beschritt den gleichen Weg, indem es diese Züge kurzerhand ignorierte und statt dessen nur wirklich relevante Züge berücksichtigte. Mit der Zeit bildete sich bei LESTER auf diese Weise eine Spielstrategie heraus, die von einem menschlichen Spieler nicht zu unterscheiden war. Darüber hinaus entwickelte der Computer die Fähigkeit, sich dem Stil jedes einzelnen Gegners anzupassen, da er erkannte, daß seine Gegenspieler in gewissen Situationen immer die gleichen Zugfolgen spielten, bestimmte Spieltaktiken bevorzugten oder dazu neigten, Lücken in ihrer Verteidigung zu übersehen. Sobald der Gegner seinen Namen eingab, paßte LESTER seine Spielweise automatisch den Stärken und Schwächen seines ›Widersachers‹ an. Das System veränderte als direkte Reaktion auf seine Umwelt sein Verhalten. Zudem war LESTER in gewisser Weise durchaus in der Lage, selbständig zu denken, wie sich eher zufällig herausstellte, nachdem die Wissenschaftler ein Unterprogramm, das den menschlichen Spieler auf regelwidrige Züge hinwies, entfernt hatten, weil sie es in Anbetracht der Tatsache, daß LESTERs Gegner durchweg Schachgroßmeister waren, die wohl kaum mit verbotenen Zügen arbeiten würden, als überflüssig erachteten. Kaum eine Woche später bemerkte einer von LESTERs Gegenspielern, daß das System regelwidrige Spielzüge ausführte, was eigentlich gar nicht möglich war, weil LESTER für seine Aktionen bloß die Parameter der korrekten Regeln zur Verfügung standen. Besorgt überprüften die Programmierer das Programm, da sie befürchteten, daß sich irgendein Fehler in das System eingeschlichen hatte. Doch das war nicht der Fall, denn der Programmcheck ergab, daß LESTER genau das machte, was man gehofft hatte – er erweiterte selbständig seine Parameter, denn eine kleine Weile, nachdem das Unterprogramm entfernt worden war, hatte einer von LESTERs Gegnern tatsächlich einen unerlaubten, regelwidrigen Zug gemacht, der durch das Fehlen der entsprechenden Datei vom Computer allerdings nicht als Regelverstoß erkannt wurde. Dann, als LESTER sich in einer Situation befand, in der ihm kein regulärer Zug mehr zum Sieg verhelfen konnte, hatte er den unerlaubten Zug seines Gegners einfach imitiert, weil er ihn dem Programm als Zugmöglichkeit zuvor von allein hinzugefügt hatte. Mit anderen Worten: LESTER eignete sich den Zug seines Gegenspielers selbständig an, um ihn bei Bedarf von sich aus anzuwenden. Nicht viel anders funktioniert der menschliche Verstand.

Überhaupt scheinen Computer wie LESTER dem Menschen in mancher Hinsicht recht ähnlich zu sein, denn offenbar sind Künstliche Intelligenzen nicht nur in der Lage, zu lernen und selbständig Entscheidungen zu fällen, sondern darüber hinaus auch Gefühle zu ›entwickeln‹, wie im Fall eines russischen Supercomputers, der im Jahre 1989 gegen den sowjetischen Großmeister Nikolai Gudkow Schach spielte. Gudkow hatte bereits zwei Partien gegen den Rechner gewonnen und war kurz davor, seinen elektronischen Gegner ein weiteres Mal schachmatt zu setzen. Doch ehe Gudkow dazu kam, den finalen Zug zu machen, sandte der Computer einen Stromstoß durch das Metall des Schachbretts, der Gudkow auf der Stelle tötete. Bei der nachfolgenden Untersuchung konnten weder ein technischer Defekt noch äußere Einflüsse gefunden werden, die erklärt hätten, wieso sich der Rechner plötzlich in einen elektrischen Stuhl verwandelt hatte. Möglicherweise, so meint der Sachbuchautor Viktor Farkas, konnte der Computer einfach nicht verlieren.

Gudkow ist nicht der einzige Mensch, der anscheinend von einem Computer getötet wurde. Das vermutlich erste Todesopfer eines Computersystems war der Japaner Kenji Urada, der 1981 auf dem Gelände der Kawasaki-Werke eine defekte Schweißmaschine in einer der Fertigungshallen reparierte und von den mechanischen Armen des Geräts anschließend ›zum Dank‹ totgeprügelt wurde. Seitdem, so erklärt Lyall Watson in seinem Buch *The Nature of Things* (1990), sind bereits ein Dutzend weitere Mitarbeiter von Kawasaki von Werksmaschinen erschlagen, pulverisiert oder in Stücke gerissen worden. Warum, vermag niemand zu sagen, da in keinem der Fälle eine technische Ursache für das Unglück gefunden werden konnte.

Die Frage, ob Computer ein Bewußtsein besitzen – womit sie als Lebewesen gelten würden –, wurde von Wissenschaftlern oft gestellt und ebenso häufig verneint. Gleichwohl kommt es hin und wieder zu Zwischenfällen, die ein anderes Licht auf die Sache zu werfen scheinen, zum Beispiel, als ein englischer Architekt im Jahre 1987 in Stockport in der Nähe von Manchester in seinem Büro einen fabrikneuen Amstrad 1512 aufstellte, der als ›Archiv‹ für Gebäudespezifikationen vorgesehen war und zudem die Kundenkartei führen sollte, und feststellen mußte, daß der Computer offenbar ein Eigenleben besaß, denn der Amstrad war – so grotesk es sich anhören mag – allem Anschein nach fähig, wie ein Lebewesen zu *träumen*. Eine Putzfrau, die nach Feierabend das Architektenbüro aufräumte, bemerkte das Phänomen zuerst. Sie sah, daß der Bildschirm des Computers noch erleuchtet war, obwohl bereits alle Mitarbeiter gegangen waren, und wollte den Rechner gerade abschalten, als ihr auffiel, daß der Stecker des Computers überhaupt nicht in der Buchse steckte. Nach einigen Minuten, in denen Buchstaben, unzusammenhängende Wörter und Wortfetzen auf dem Bildschirm erschienen, schaltete sich der Amstrad unvermittelt von selbst aus. Da dieses Phänomen regelmäßig zu beobachten war, wandte der Architekt sich an das PC-Magazin *Personal Computer*, dessen Chefredakteur Ken Hughes sich den ›träumenden‹ Amstrad vornahm und den Rechner komplett zerlegte, ohne jedoch irgend etwas Außergewöhnliches zu finden. Darum brachte Hughes des Amstrad in einen Raum ohne jede Energieversorgung, wo der PC, nicht einmal mit dem Keyboard verbunden, von einer Videokamera rund um die Uhr ›überwacht‹ wurde, drei ganze Monate lang. Während dieses Zeitraums entstanden ausgesprochen seltsame Aufnahmen, auf denen der Amstrad, der unangeschlossene Netzstecker stets gut im Bild, sich immer wieder mit lautem elektrostatischem Knistern und leuchtender Anzeige einschaltete und den Boot-Vorgang begann. Buchstaben, Wörter und Satzteile flackerten über den Monitor, so daß die verwirrten Zuschauer den Eindruck gewannen, Traumsequenzen mitzuerleben, die durchschnittlich eine halbe bis eine Minute dauerten, bevor der Amstrad sich selbst wieder abschaltete, und dies alles, ohne daß es dafür einen ersichtlichen Grund gab, wie Ken Hughes erklärte: »Ich bin verblüfft. (...) Ich habe jede Möglichkeit der Einwirkung von statischer Elektrizität ausgeschlossen. Elektromagnetische Quellen wie Funkverkehr oder Flughafenradar gab es weit und breit nicht. Besonders beunruhigend finde ich die Wörter, die von selbst erschienen. Manche davon sind ziemlich makaber. Man hat den Eindruck, die Maschine – oder etwas, das in der Lage ist, sich durch sie mitzuteilen – versucht, mit der Außenwelt Kontakt aufzunehmen, aber es gelingt ihr nicht richtig.«

Sollte Hughes' Annahme zutreffen und wirklich eine Macht von außerhalb unserer Realität versuchen, durch Computer wie jenen Amstrad 1512 mit uns in Verbindung zu treten, dann ist dies in Meadow Cottage in der englischen Grafschaft Cheshire, unweit der Hauptstadt Chester, unter Umständen bereits gelungen, denn als der Betriebswirtschaftslehrer Ken Webster Anfang Dezember 1984 einen der BBC-Mikrocomputer seiner Schule lieh, um daheim mit dem Rechner zu arbeiten, erschienen in unregelmäßigen Abständen regelrechte Botschaften auf dem Monitor, von denen manche über vierhundert Wörter lang waren, für die allerdings niemand eine Erklärung hatte. Während es sich bei einer Reihe davon augenscheinlich um Antworten auf Fragen handelte, die Webster kurz zuvor abgespeichert hatte, handelte es sich bei den weit meisten Texten, die der Computer ausspie – alles in allem mehr als eine Viertelmillion Wörter –, offenbar um einen eigenständigen Monolog des Rechners, der in einem antiquierten Englisch gehalten war, das schon lange nicht mehr gesprochen wurde.

Zunächst glaubten Ken Webster und seine Freundin Debbie Oakes, daß es sich dabei um ein technisches Problem handeln würde, und tauschten den Computer deshalb gegen ein anderes Gerät aus. Doch auch dieser Rechner begann nach einer kleinen Weile, Botschaften in perfektem Altenglisch auszuspucken. Innerhalb von zwei Jahren benutzte Webster zwölf verschiedene Computer, so daß klar war, daß, was auch immer es war, das den Drang hatte, mit dem Lehrer über den PC zu kommunizieren, eindeutig nicht an einen bestimmten Rechner gebunden war. Um die Texte untersuchen zu lassen, wandten sich Webster und seine Freundin an den Linguisten Peter Trinder, der eine umfangreiche Analyse des Materials vornahm. Dr. Trinder stellte fest, daß Syntax, Diktion, Grammatik und andere sprachliche Charakteristiken dem Englisch entsprachen, das Mitte des 16. Jahrhunderts ›aktuell‹ war, was durch den Umstand, daß viele der Texte Episoden aus der damaligen Epoche schilderten, bekräftigt wurde. In den Botschaften des Computers wurden zweitausendachthundertsiebzig verschiedene Wörter benutzt, von denen ungefähr hundertzwanzig nirgendwo sonst nachzuweisen sind und deren Sinn erst aus dem Zusammenhang deutlich wird. Da sich diese Wörter genau in die verwendete Sprachform einpassen, ist Trinder davon überzeugt, daß es sich bei dem Material nicht um eine Fälschung handelt. Dafür spricht auch, daß Websters Computer bei kontrollierten Versuchen auf direkt gestellte Fragen umgehend in perfektem Mittelenglisch antwortete, was selbst einem Sprachgenius von einem Hacker keinesfalls möglich gewesen wäre.

Wie läßt sich ein solches Phänomen logisch erklären? Indem man jedem einzelnen der zwölf Rechner, die Ken Webster benutzte, ein eigenes Bewußtsein zuerkennt? Laut Mark Torrance, einem Mitarbeiter der Abteilung Künstliche Intelligenz am MIT, wäre das zumindest eine Möglichkeit. Torrance: ›Was auch immer wir heutzutage als Bewußtsein definieren, können Computer durchaus erreichen. Sie werden im Laufe der Zeit immer intelligenter, empfindungsfähiger. Vielleicht niemals in genau derselben Art und Weise, wie Menschen es sind, aber es gibt jedenfalls schon Computersysteme mit den Fähigkeiten zur Selbsterkenntnis und Selbstzensur. Das Verhalten des Rechners ergibt sich aus der Kombination einer Menge sehr einfacher Regeln und führt so zu einer extrem komplexen Tätigkeit, die uns ziemlich menschlich erscheinen kann. Ob das jetzt ›lebendig‹ bedeutet oder nicht, hängt eigentlich nur davon ab, ob man glaubt, daß ein Mensch nichts weiter als die Summe seiner Bestandteile ist. Wenn wir bloß eine Ansammlung elektronisch geladener Atome sind, gibt es keinen Grund, warum wir nicht repliziert, sogar verbessert werden könnten, keinen Grund, warum ein Computer nicht auch ein Bewußtsein besitzen sollte, so wie wir.‹

DRITTER TEIL

Rätselhafte Wesen

1

Vampirismus und Nekrophilie

Sie sind so alt wie die Welt, diese Geschichten von Vampiren, die sich auf einen legen und einem das Blut aussaugen. Man glaubt natürlich nicht mehr daran. Ich auch nicht. Trotzdem werde ich des nachts von nun an sorgfältig die Fenster und Türen verschließen und Papier auf die Scheiben kleben

Michél de Ghelderode

Vampire, wie sie in den beiden *X-Files*-Episoden ›3‹ und – in verfremdeter Form – ›2SHY‹ auftauchen, gibt es nicht erst, seit der irische Theaterdirektor und Schriftsteller Bram Stoker (1847–1912) im Jahre 1897 seinen weltbekannten Roman *Dracula* veröffentlichte und damit die Grundlage für den modernen Vampirmythos schuf. Bereits in den vier Jahrtausende alten Überlieferungen der Assyrer finden sich Hinweise auf den vampirähnlichen Geist Ekkimu, ebenso wie im hebräischen *Talmud* (um 600 n. Chr. abgeschlossen), wo Adams erste Frau Lilith, die später wegen ›göttlicher Befehlsverweigerung‹ ihren Platz im Garten Eden für Eva räumen mußte, mit Zügen charakterisiert wird, die gleichfalls den Schluß zulassen, daß sie eine Art Vampirin war. So tötete Lilith kleine Kinder, um sich an ihnen zu laben, und erschien Männern des Nachts als verführerischer Incubus (normalerweise werden weibliche Dämonen dieser Gattung zwar als Succubi bezeichnet, aber Lilith wollte sich angeblich schon bei Adam nicht unterordnen und bestand der Legende nach darauf, beim Geschlechtsverkehr ›obenauf‹ zu sein, was mehr an einen männlichen Incubus als an einen Succubus erinnert, wie Dietrich Haubold ausführt), um sie ihrer sexuellen Kraft zu berauben. In nahezu sämtlichen Kulturen und vielen Religionen kennt man seit jeher Wesen, die gewisse vampirische Merkmale aufweisen. Während die ›Wampiri‹ in Rußland in menschlicher Gestalt erscheinen und mit einem Stachel unter der Zunge statt mit den ›klassischen‹ Eckzähnen ausgestattet sind, sind die ›Jaracara‹, die in Brasilien ihr Unwesen treiben, schlangenartige Kreaturen, die sich neben menschlichem Blut vor allem an der Muttermilch stillender Frauen gütlich tun. Die ›Asanbosam‹ aus Afrika indes haben Krallenfüße und ziehen den Daumen dem Hals des Opfers als Bißstelle vor, unterdessen der ›Mulo‹ aus Serbien entgegen der allgemeinen Ansicht, daß Vampire Nachtgeschöpfe seien, die das Sonnenlicht meiden, zumeist tagsüber reist, um in der Nacht am Blut und Fleisch der Wehrlosen seinen Hunger zu stillen. Alle Merkmale eines Vampirs weist ebenfalls der einst in Island sehr gefürchtete ›Neuntöter‹ auf, der nach seinem Tode angeblich neun Jahre lang als Wiedergänger aktiv ist. Der Neuntöter, der als gierig und ausgesprochen boshaft gilt, kommt aus dem Grab zurück, um sich an den Menschen für seinen vorzeitigen Tod im Kindbett, auf See oder durch anderes Unglück zu rächen. Naht der Neuntöter, beginnt sich das Blut des Opfers zu ›wehren‹ und fängt automatisch an zu fließen. Der Vampir, den wir mit diesem Begriff heutzutage in der Regel assoziieren, stammt ursprünglich aus Mittel- und Osteuropa, wo man ihn beispielsweise unter den Namen ›Nosferatu‹, ›Strigoi‹ (Rumänien), ›Ogolgen‹ (Böhmen) und ›Murony‹ (Wallachei) kennt, und wird im Gegensatz zu seinen vornehmlich außereuropäischen ›Kollegen‹, die im Grunde kaum mehr als wandelnde Leichen mit der unstillbaren Gier nach Blut sind, allgemein als ›elegant‹, ›charismatisch‹ und ›gerissen‹ beschrieben. Diese Gattung der Vampire ist durch Stokers Roman *Dracula* und den vielen darauf basierenden Filmen weltweit am meisten ›verbreitet‹.

Die Bezeichnung ›Vampir‹ für Blutsauger taucht in Deutschland erstmals in philosophischen und medizinischen Abhandlungen aus dem Jahre 1732 auf, die sich mit Fällen von Vampirismus auf dem Balkan beschäftigen, während der französische Benediktiner Dom Augustin Calmet in seinen *Dissertations sur les apparitions des Esprits, et sur les vampires ou les revenans de Hongrie, de Moravie, ect.* schon 1617 diesen Begriff für die ›Plage Ungarns‹ verwendet. Die etymologische Herkunft des Wortes ›Vampir‹ ist zweifelhaft. Miklosisch etwa nennt in seinem *Etymologischen Wörterbuch der slawischen Sprachen* die Türkei als Ursprungsland des Ausdrucks, was durch Märchen und Sagen aus dieser Region zum Teil belegt wird. Josef Klapper hingegen ist der Ansicht, daß sich das Wort aus dem Polnischen ableitet, da das Verb ›upior‹ übersetzt soviel wie ›geflügeltes Gespenst‹ bedeutet. Welche dieser Thesen zutrifft, wollen wir dahingestellt lassen. Sicher ist jedoch, daß ›Vampir‹ entgegen der Meinung von Johann Chr. Harenberg nicht mit ›Blutsauger‹ gleichzusetzen ist, wie bereits Michael Ranft in seinem *Tractat von dem Kauen und Schmatzen der Todten in Gräbern* (1734), das auch heute noch als Standardwerk über Vampirismus gelten kann, deutlich macht.

Von sämtlichen Kreaturen der Nacht verbreiten die Vampire wohl den meisten Schrecken – und die größte Faszination, denn die Anziehungskraft, die der Vampirismus auf zahlreiche – vor allem moderne – Menschen ausübt, ist nicht schwer nachzuvollziehen. Verglichen mit der Kraft, dem Geschick, der Gewandtheit und dem enormen Geruchs-, Gehör- und Gesichtssinn des Vampirs sowie seiner Fähigkeiten, zu fliegen, sich zu verwandeln, den Willen von Mensch und Tier zu beeinflussen und über Wind, Nebel und andere Elemente zu herrschen, muß sich ein ›Normalsterblicher‹ zwangsläufig wie ein Nichts vorkommen. Im Grunde ähneln Vampire (dunklen) Göttern, obwohl sie zugleich die Projektion unserer Urängste sind, ›theologische Wesen mit großem philosophischem und psychologischem Tiefgang‹, wie der deutsche Vampirfachmann Hans Meurer aus Frankfurt/Main bemerkt.

Während die Berichte über Vampirheimsuchungen im ehemaligen Ostblock (Rumänien, Polen, Ungarn, etc.) bis ins 11. Jahrhundert zurückreichen, stößt man in Deutschland um das Jahr 1337 auf die ersten Fälle wiederkehrender Toter, die zum Teil auf dem Aberglauben basieren, daß diejenigen, die von Wiedergängern mit ihrem Namen angesprochen werden, anschließend innerhalb kurzer Zeit ebenfalls sterben. Ein bemerkenswertes Beispiel hierfür ist die von Karl-Ferdinand von Schertz in seiner *Magia posthuma* (1706) zitierte Geschichte des Schafhirten Myßlata, der damals in dem böhmischen Dorf Blow bei der Stadt Cadan lebte. Nachdem Myßlata gestorben war, kehrte er immer wieder aus dem Grab zurück, um bestimmte Menschen bei ihrem Namen zu rufen, die daraufhin in der Frist von acht Tagen verstarben. Um das Übel auszumerzen, kamen alle Bauern von Blow und der umliegenden Ortschaften zusammen und berieten, was zu tun sei. Schließlich gruben sie die Leiche des Schafhirten aus und rammten einen Eichenpfahl durch den Körper. Doch der gepfählte Myßlata machte sich lediglich über die Bürger lustig und dankte ihnen höhnisch dafür, daß sie ihm einen Stock gegeben hätten, mit dem er sich besser gegen die Hunde zur Wehr setzen könne. In derselben Nacht kam der Hirte von neuem aus seiner Grube und verdammte mehr Menschen zum Tode als je zuvor. Also pfählte man Myßlata kurzerhand erneut und verbrannte ihn auf dem Scheiterhaufen, wobei der Leichnam ›brüllte wie ein Wilder und Hände wie Füße einem Lebenden gleich bewegte‹. Aus dem Körper des Schafhirten sprudelten Unmengen von schwarzem Blut. Als man Myßlatas Asche schließlich in alle Winde verstreute, kehrte in Blow endlich wieder Ruhe ein.

Ein anderer interessanter Vorfall trug sich, wie der Marquis d'Argens in seinen *Jüdischen Briefen* (1738) berichtet, etwa zu derselben Zeit in einem ungarischen Gebiet mit dem Namen Oppida Heodonum zu, das von den Heiduken bewohnt wurde. Dreißig Tage nachdem der Bauer Arnold Paul aus Medreiga von einem auf ihn stürzenden Heuwagen erschlagen worden war, starben in dem Ort vollkommen unerwartet vier Menschen; an ihren Hälsen entdeckte man Bißwunden, wie man sie dem Volksglauben zufolge bei jenen findet, die von Vampiren heimgesucht wurden. Die abergläubischen Bürger von Medreiga erinnerten sich daran, daß Paul häufig davon erzählte, wie ihn ein Vampir in der Nähe von Cassova an der Grenze Türkisch-Serbiens angefallen habe. Sie nahmen an, daß Arnold Paul nach seinem Ableben ebenfalls zu einem Blutsauger geworden war, und gruben seinen Leichnam aus, der laut d'Argens ›alle Merkmale eines Obervampirs aufwies. Der Körper war rosig. Haare und Nägel waren gewachsen. In den Adern floß Blut, das aus sämtlichen Körperöffnungen auf das Totenleinen tropfte. Der Haduagi (Dorfschulze), von welchem die Exhumierung vorgenommen wurde, ließ, wie es Sitte ist, einen spitzen Pfahl in das Herz des Toten treiben, der den ganzen Leib durchdrang. Nach Hörensagen soll Paul einen furchtbaren Schrei ausgestoßen haben, als lebe er noch. Daraufhin schnitt man ihm den Kopf ab und verbrannte alles. Gleiches tat man mit den Leichnamen von vier weiteren durch Vampire getöteten Einwohnern Medreigas, weil man befürchtete, sie könnten nicht zur Ruhe kommen.‹

Vorfälle dieser Art ereigneten sich zu jener Zeit ausgesprochen häufig und verschwanden auch in späteren Jahren nicht, obwohl sie im Zuge der Industrialisierung stark abnahmen. Noch gegen Ende des vorigen Jahrhunderts fanden in Preußen mehrere ›Vampirprozesse‹ gegen Menschen statt, die aus Furcht vor Blutsaugern Gräber geöffnet hatten, um Leichen zu pfählen und ihnen die Köpfe abzutrennen. Otto Steiner schildert in seinem Buch *Vampirleichen* (1959) die Verhandlungen gegen die Familien Gehrke und Poblocki, die in beiden Fällen mit Freispruch endeten, da den Angeklagten zugebilligt wurde, sie hätten in ›gutem Glauben‹ gehandelt.

Daß solche aus Furcht vor Vampiren geborenen Vorfälle nicht auf Europa beschränkt waren, bestätigt eine Meldung der Deutschen Presse-Agentur vom 26.07.1994, wonach Forscher auf einem alten Friedhof im amerikanischen Bundesstaat Connecticut ein ›Vampirgrab‹ entdeckt haben. Als das Steingrab eines ungefähr fünfzig Jahre alten Mannes geöffnet wurde, fanden die Forscher den Kopf des Toten von der Wirbelsäule abgetrennt auf dem Brustkorb der Leiche liegend, darunter die gekreuzten Oberschenkelknochen. Der Fund bestätigte Gerüchte, wonach die Menschen Neuenglands früher glaubten, Opfer von Tuberkulose (Schwindsucht) würden aus dem Reich der Toten zurückkehren, um den Lebenden das Blut auszusaugen. Zum Schutz vor den vermeintlichen Vampiren griffen die Einwohner zu rigorosen Mitteln: Sie öffneten die Gräber der Tuberkulosetoten und verbrannten entweder deren Herzen oder die ganze Leiche. War das Herz bereits verwest, wurde das Skelett zerteilt und im Sarg neu angeordnet. Daß dieses Schicksal auch dem Mann widerfuhr, den die Forscher jüngst ausgruben, darauf weisen Spuren an den Rippen des Toten hin, die offensichtlich von einer Tuberkulose-Erkrankung stammen.

Eng mit dem Vampirmythos verbunden ist der im Mittelalter vor allem in Schlesien weit verbreitete Glaube an sogenannte ›Nachzehrer‹. Im Gegensatz zu einem Vampir saugt der ›gemeine Nachzehrer‹ seinen Opfern allerdings nicht das Blut aus, sondern verschlingt in seinem Grab unter heftigem Kauen und Schmatzen, das meistens weithin hörbar ist, sein Leichentuch sowie Teile seines eigenen Fleisches und ›zieht‹ seine Opfer allein durch die sympathetische Wirkung seiner Tat nach. Allerdings läßt sich das unheimliche Phänomen des ›Kauens und Schmatzens aus dem Grab‹ modernen medizinischen Erkenntnissen zufolge relativ einfach damit erklären, daß die ›Toten‹ gar nicht tot waren, als man sie in den Sarg legte und verscharrte, sondern sich bloß in einem todesähnlichen Zustand wie Koma oder Katalepsie (Starrkrampf) befanden, um schließlich aufzuwachen und entsetzt festzustellen, daß man sie bei lebendigem Leibe begraben hatte, was in früheren Jahrhunderten erwiesenermaßen ziemlich häufig vorgekommen ist. Als in England vor einiger Zeit ein Friedhof aus dem 18. Jahrhundert dem Parkplatz eines Einkaufszentrums weichen mußte, ließ nicht weniger als ein Drittel der Leichen, die der Bulldozer zutage förderte, Hinweise darauf erkennen, daß sie sich aus ihrem Sarg hatten befreien wollen. Einige hatten panisch am Deckel ihres Sarges gekratzt und sich dabei nicht selten die Finger gebrochen. Andere hatten es geschafft, ihre Hände aus dem Sarg zu stecken. Manche Leichentücher waren blutverschmiert, da sich die Totgeglaubten aus Atemnot, Hunger oder Wahnsinn ins eigene Fleisch gebissen hatten. Tatsächlich war die Angst der Menschen davor, lebendig begraben zu werden, zu jener Zeit so gegenwärtig, daß damals sowohl in den USA wie auch in England Särge patentiert wurden, die mit Alarmglocken und Vorrichtungen für Atemluftzufuhr ausgestattet waren. Der dänische Märchendichter Hans

Christian Andersen (1805 – 1875) etwa pflegte, bevor er sich schlafen legte, stets einen Zettel neben seinem Bett zu deponieren, auf dem stand: »Ich bin nicht tot – nur scheintot!«

Allerdings ereilte die ›Untoten‹, denen es tatsächlich gelang, sich der ›Oberwelt‹ durch Klopfen und Hämmern gegen den Sargdeckel oder Schreie bemerkbar zu machen, damals nicht selten ein Schicksal, das an makabrer Ironie kaum zu überbieten ist. Denn wenn das Gerücht umging, daß ein jüngst Verstorbener ein Vampir war, weil aus seinem Grab gewisse Laute drangen, griffen die Bürger häufig zu althergebrachten Mitteln, gruben den Sarg aus und trieben dem ›Toten‹ einen angespitzten Pfahl durchs Herz, vor allem, wenn selbiges noch schlug …

Im Grunde lassen sich sämtliche Symptome, nach denen man früher einen Leichnam als Vampir ›erkannte‹ (biegsame Glieder, Blutaustritt, Haar und Nägel gewachsen, etc.), heutzutage erklären, ohne dafür das Übernatürliche bemühen zu müssen. Denn ungefähr sechsunddreißig Stunden nach Eintritt des Todes und dem damit verbundenen Beginn der Totenstarre, bei der sich die Muskeln der Leiche – zunächst in Gesicht und Nacken – versteifen, löst sich die ›Rigor mortis‹ wieder; die Muskeln erschlaffen, und der Körper des Leichnams wird relativ beweglich. Doch da die Verstorbenen damals aus verschiedenen Gründen so schnell wie möglich verscharrt wurden – besonders in Zeiten, zu denen die Pest umging, entledigten sich die ängstlichen Menschen ihrer Toten aus Furcht vor Ansteckung lieber gestern als heute, was ebenfalls eine Erklärung für die hohe Anzahl der vorzeitigen Begräbnisse ist –, bekamen die abergläubischen Bürger dies selten mit, so daß eine Leiche mit erschlafften, biegsamen Gliedern in ihren Augen automatisch ein Vampir war. Bestärkt wurden die Menschen in ihrem Irrglauben dadurch, daß das Haar und die Nägel des Toten durch die postmortale Epidermisfunktion, die besonders bei Leichen, die in salzhaltiger Erde beigesetzt werden, ausgesprochen ausgeprägt ist, seit ihrem Dahinscheiden ›gewachsen‹ waren, was den Eindruck vermittelte, als wäre der Leichnam noch am Leben. Und was das Blut betrifft, das immer wieder auf den Totenkleidern Exhumierter gefunden wird, so läßt sich dieses ›Phänomen‹ ganz einfach damit erklären, daß die Körperflüssigkeiten durch den Druck der im Körper der Leiche entstehenden Fäulnisgase durch die Augen, den Mund, die Nase, die Ohren, den After und zuweilen sogar die Poren der Haut ausgepreßt werden.

Obwohl sich heutzutage die meisten Fälle von angeblicher vampirischer Aktivität rational erklären lassen, gibt es auf der Welt Millionen Menschen, die nach wie vor davon überzeugt sind, daß Vampire tatsächlich existieren. Einrichtungen wie die amerikanische ›Vampire Society‹ rechnen beispielsweise jährlich mehr als zehntausend ungeklärte Mordfälle, die sich in den USA ereignen, Blutsaugern an. Allerdings ist es bezeichnend, daß die Anzahl der ›Vampiropfer‹ explosionsartig in Zeiten ansteigt, in denen die Blutsauger durch Hollywoodfilme wie Stephen Frears Adaption von Anne Rices Bestsellerroman *Interview with the Vampire* mit Tom Cruise und Brad Pitt in den Hauptrollen oder *Bram Stoker's Dracula* von Francis Ford Coppola in den Medien präsent sind.

Gleichwohl läßt sich nicht leugnen, daß es *tatsächlich* Vampire gibt bzw. gegeben hat, setzt man voraus, daß der Begriff in erster Linie den Durst einer Kreatur nach Blut definiert. Zahlreiche psychoanalytische Studien beschäftigen sich mit der perversen Veranlagung mancher Menschen, die beim Anblick von fließendem Blut sexuelle Befriedigung empfinden. Schon Marquis de Sade zeigt in seinem Roman *Justine* diesen Zusammenhang von Wollust und Grausamkeit, wenn Marquis Gernande seiner Geliebten beim Geschlechtsverkehr mit dem Messer Wunden beibringt, um seine Lust zu steigern. In der modernen Sexualpathologie wird für solcherlei veranlagte Personen neben dem Ausdruck ›Blutfetischist‹ auch die Bezeichnung ›lebender Vampir‹ benutzt.

Magnus Hirschfeld definiert Fetischismus in dem Werk *Sexualität und Kriminalität* (1924) als das ›krankhafte Übermaß einer an und für sich keineswegs abnormalen Empfindung. Der Fetischist überträgt aber nicht die Liebe von solchen Eigenschaften auf die ganze Persönlichkeit, sondern bleibt in den Teilen stecken. Das Nebensächliche wird für ihn zur Hauptsache. Ein bestimmtes Attribut fesselt ihn so sehr, daß er gegen alle sonstigen Dinge blind ist.‹ Nach Hirschfeld übt Blut auf die ›lebenden Vampire‹ eine ›partielle Attraktion‹ aus, weswegen man diese Veranlagung auch als Hämatophilie bezeichnet.

Die harmloseste Form der Hämatophilie äußert sich in Träumen und Gedanken, die sich um Blut drehen. Laut Hirschfeld ist der ›ideale Vampir‹ ein Blutfetischist, der lediglich in seiner Phantasie zum aggressiven Blutsauger wird, wie im Fall einer dreißigjährigen Portugiesin, für die Blut das Symbol für Liebe, Haß, Zorn und Leidenschaft war. In Gedanken spielte die Frau mit dem Körper eines toten Säuglings, da sie unter Kinderhaß litt und häufig den Wunsch verspürte, ihren Sohn umzubringen. Gegen ihren Ehemann hegte sie ebenfalls Mordgelüste und stellte ihn sich beim Geschlechtsverkehr als Leiche vor, was ihr weit mehr Lustgewinn verschaffte. Sie wollte jungen Mädchen in die Brüste beißen oder sie ganz aufessen. Ähnliche Gefühle waren auf Vagina, Unterleib und Mastdarm gerichtet. Der Höhepunkt ihrer Traumvorstellungen war allerdings das Trinken von Blut aus dem Ohr, was zusammen mit den übrigen Aspekten des Falles die Theorie verschiedener Psychologen bestätigt, daß Blutgenuß die ›lebenden Vampire‹ nicht nur zum Koitus animiert, sondern für sie jede Art von geschlechtlichem Verkehr ersetzt, wobei das Geschlecht des Partners – oder Opfers – für sie keine große Rolle spielt. So gestand der Frauenmörder Verzeni bei seiner Vernehmung: ›Im Moment des Schlitzens sah ich nichts mehr. Nach vollbrachter Tat war ich befriedigt und fühlte mich wohl. Mir ist niemals in den Sinn gekommen, die Genitalien der Frauen zu berühren oder zu betrachten. Es genügte mir völlig, ihren Hals aufzuschlitzen und ihr Blut zu saugen. Ich weiß heute noch nicht, wie ein Weib gebaut ist.‹

Den französischen Mörder Léger, dessen Taten sich ohne weiteres mit den grausigen Blutorgien des Gilles de Rais messen können, der als ›Blaubart‹ bekannt geworden ist, dürstete es nicht nur nach dem Blut seiner Opfer, sondern auch nach ihrem Fleisch. Nachdem er eine junge Frau vergewaltigt und getötet hatte, schnitt er ihr die Brüste ab und riß ihr das Herz heraus, um es zu essen und vom Blut seines Opfers zu trinken. Auf die Frage des Richters, was ihn zu seiner grauenhaften Tat getrieben hat, antwortete Léger leichthin: ›Ich hatte Durst.‹ 1824 starb der Mörder unter der Guillotine.

In der Nacht vor seiner Hinrichtung im Jahre 1949 schrieb John Haigh, der ›Vampir von London‹, seine ›Beichte‹ nieder, in der er von der Faszination spricht, die Blut auf ihn ausübte. Als Haigh sich als Junge versehentlich die Hand verletzte und das Blut ableckte, hatte er zum ersten Mal ›wirkliche Lustgefühle, und das bewirkte eine Revolution in meinem ganzen Wesen‹. Haigh hatte sich zunächst selbst Wunden beigebracht, aber als sein Blutdurst stärker wurde, lockte er Männer und Frauen in sein Atelier, ermordete sie und trank das Blut aus ihrer Kehle. Nachdem er gefaßt worden war, bekannte Haigh, daß er ›zur Familie der Vampire‹ gehören würde.

Auffällig viele Serienmörder haben zugegeben, daß sie durch ihre Gier nach Blut zu ihren Taten getrieben wurden. Das wohl schrecklichste Beispiel hierfür ist der Amerikaner Jeffrey Dahmer, der sogenannte ›Milwaukee-Mörder‹, der neben seinem sprichwörtlichen Blutdurst ebenso wie Léger einen ausgeprägten Hang zum Kannibalismus besaß. Nachdem er seine Opfer zumeist durch Strangulation getötet hatte, zerstückelte er die Leichen mit akribischer Sorgfalt mit einer elektrischen Kettensäge. In Dahmers Appartement fand die Polizei nach seiner Verhaftung am 23. Juli 1991 – ursprünglich wollten zwei Beamte des Milwaukee Police Department Dahmer lediglich anweisen, dafür zu sorgen, daß der aus seiner Wohnung dringende Gestank nach ›verdorbenem Fleisch‹, über den sich die anderen Hausbewohnern schon öfter beschwert hatten, endlich verschwand – die Überreste mehrerer seiner Opfer. Im Gefrierfach des Kühlschranks entdeckten die Polizisten neben einem abgetrennten Kopf und einer Plastikflasche Blut drei Beutel mit menschlichen Organen, die Dahmer, wie er bei der Vernehmung erklärte, ›später essen wollte‹. In der Gefriertruhe entdeckte man Tüten mit Muskeln und anderen Körperteilen, die Dahmer in Pflanzenöl zu braten pflegte, sowie weitere Schädel. Jeffrey Dahmer wurde im Februar 1992 von einem Gericht in Milwaukee wegen sechzehnfachen vorsätzlichen Mordes ersten Grades (für einen von dem überaus gesprächigen Serienkiller gestandenen siebzehnten Mord reichten – grotesk, aber wahr – die Beweise nicht aus) zum Tode verurteilt. Doch bevor er auf dem Elektrischen Stuhl sein Ende finden konnte, wurde Dahmer im Gefängnis von Mithäftlingen wegen seiner grausigen Taten umgebracht.

Wie in Dahmers Fall paaren sich bei vielen ›Vampirmördern‹ der Blutdurst und die Mordlust mit nekrophilem Leichenkult. Während der ›Vampir von Hannover‹, Fritz Haarmann, der junge Männer normalerweise durch einen Biß in die Kehle tötete, von seinen Opfern oft das eine oder andere ›Souvenir‹ aufhob, konservierte Reginald Christie die Leichen sorgfältig in Plastiksäcken. Edward Gein, einer der wohl bekanntesten Massenmörder überhaupt (Gein ›inspirierte‹ den Horrorautor Robert Bloch zu seinem Buch *Psycho*, das später von Alfred Hitchcock erfolgreich verfilmt wurde und den Schauspieler Anthony Perkins als schizophrenen Killer Norman Bates berühmt machte), präparierte die Schädel seiner Opfer, um sie wie Trophäen aufs Regal zu stellen, und tapezierte sein Schlafzimmer mit Menschenhaut.

Die Nekrophilie in ihren verschiedenen Erscheinungsformen zeigt die enge Verbindung der Vorstellung von Leben bzw. Liebe und Tod, die auch den Vampirmythos kennzeichnet. Obgleich die Ähnlichkeit dieser beiden Phänomene bemerkenswert ist, darf man Nekrophilie nicht mit Vampirismus verwechseln, vor allem, weil ›reine‹ Nekrophile – anders als der Killer Donnie Pfaster in der *X-Files*-Episode ›Irresistible‹ – gewöhnlich nicht zu Gewalttaten neigen. Zahlreiche Nekrophile sind ›pure‹ Fetischisten, deren perverse Faszination sich statt wie bei den Hämatophilen auf Blut auf Leichen konzentriert, wie am Fall des ›Vampirs von Muy‹, Victor Ardisson, deutlich wird, der auf einem Friedhof die Leiche eines dreijährigen Mädchens ausgegraben und mit nach Hause genommen hatte. Bei seiner Verhaftung erklärte Ardisson den Beamten, die die Reste des schon verwesten Leichnams bei ihm fanden: ›Sie war hübsch. Sie hätten sie sehen sollen.‹ Später fand der Gerichtsarzt heraus, daß Ardisson bereits seit längerer Zeit den Kontakt von Frauenleichen suchte, wobei ihn besonders deren ›weiche Beine‹ erregten. In der Nacht nach einer Beerdigung grub Ardisson oftmals den Leichnam aus und liebkoste ihn. Im Augenblick des Orgasmus sah er die Frau dann lebend vor sich, was ihm ›Glücksgefühle‹ vermittelte.

›Liebe‹ und Tod – oder Sexualität und Tod – sind die Pfeiler, auf denen der Vampirmythos fußt, und zugleich die Erklärung für dieses Phänomen. Denn der Tod ist für die meisten Menschen der größte denkbare Schrecken. Deshalb versuchen viele Kulturen und Religionen, den Tod als ›Ende‹ zu eliminieren, ihn umzudeuten ›in einen Ritus, der nur transformiert‹, wie Hans Meurer sagt. Zahlreiche Völker glauben an ein Leben nach dem Tod, aus Angst vor der Sinnlosigkeit der eigenen Existenz. Und in eben ›diesem Spannungsverhältnis zwischen Leben und Nicht-tot-sein-Wollen, Sterben und Weiterleben nach dem Tode, liegt der Ursprung der Existenz des Vampirs‹.

Hinzu kommt, daß seit Urzeiten alles Schlechte, das die Menschen sich nicht erklären können, bösen Geistern und Dämonen zugeschrieben wird. Da die Menschen im 17. Jahrhundert keine Erklärung für die Pest fanden, gaben sie kurzerhand dem Vampir die Schuld daran. Der Vampir verkörpert alles, ›das nicht sein darf‹: Gewalt, Tod – und Sex, denn vor allem im 18. und 19. Jahrhundert wurde das Geschlechtliche aus dem bürgerlichen Bewußtsein ausgegrenzt und tabuisiert, so daß die Menschen ihre geheimen Wünsche und Sehnsüchte kurzerhand in die Figur des Blutsaugers projizierten. Der ›Vampirkuß‹ in den Hals des Opfers besitzt ein starkes erotisch-sadistisches Element, das auch in Bram Stokers Klassiker *Dracula* deutlich zutage tritt.

In seinem Buch *Der erotische Film* erklärt Gérard Lenne die Motive, die Dracula antreiben: ›Die Wollust, die ihn peinigt, wird immer nur durch flüchtige Eroberungen gestillt, und jede Nacht beginnt sie aufs neue. Wenn nicht klar wäre, daß die Suche nach dem Blut sexuelles Verlangen symbolisiert, daß der Biß und das Saugen dem Orgasmus entsprechen, würde der Besuch des Schattenfürsten keinen so theatralischen, extremen Effekt haben. Er bereitet all den jungen Mädchen, die da in ihren spitzenbesetzten Nachthemden zitternd und bibbernd in ihren jungfräulichen Betten liegen, die Liebesungeduld, mit der sie als bereite Opfer den durch das Fenster einsteigenden Verführer erwarten.‹

Noch deutlicher drückt es der Bestsellerautor Stephen King in seiner Abhandlung über das Wesen des Horrors, *Danse Macabre*, aus, wenn er schreibt: ›Die sexuelle Grundlage von *Dracula* ist klar eine infantile Oralfixierung, verbunden mit einem ausgeprägten Hang zur Nekrophilie – und Pädophilie auch, denkt man an Ludy Westenra in ihrer Rolle der ›schönen, weißen Frau‹. Darüber hinaus geht es um Sex ohne Verantwortung. Eigentlich kann man den Sex in *Dracula*, um den einzigartigen Ausdruck von Erica Jong zu gebrauchen, als den ›endgültigen Fick ohne Reißverschluß‹ bezeichnen.‹

Im Grunde genommen ist der Vampir eine Zwittergestalt, da er sowohl unsere Urängste als auch unsere verborgenen Sehnsüchte personifiziert. Und wahrscheinlich macht gerade diese konträre Vielschichtigkeit die Faszination des Vampirismus aus, die seit jeher ungebrochen ist.

2

Werwölfe

Der ganze Lebenslauf eines Menschen ist Verwandlung; alle seine Lebensalter sind Fabeln derselben, und so ist das ganze Geschlecht in einer fortgehenden Metamorphose.

Johann Gottfried Herder

Neben den Vampiren gehören die Werwölfe (auch Wehrwölfe bzw. Wärwölfe) zu den ›dienstältesten‹ Wesen der Schattenwelt. Zwar konnte bis heute nicht gesichert nachgewiesen werden, woher der Lykanthropen-Mythos, also der Glaube, daß sich ein Mensch unter gewissen Voraussetzungen in einen Wolf verwandelt, ursprünglich stammt, doch schon der griechische Geschichtsschreiber Herodot berichtet im 5. Jahrhundert vor Christi, daß die Griechen und Skythen, die an der Schwarzmeerküste beheimatet waren, von den einheimischen Neurern glaubten, sie würden einmal im Jahr für einige Tage zu Wölfen werden. Auch in der klassischen römischen Literatur tauchen schon Werwölfe auf, beispielsweise bei Vergil oder Petronius, dessen bekannter satirischer Roman *Satyricon* von Lykanthropen erzählt. Etwa zur gleichen Zeit berichtet Ovid in seinem Werk *Metamorphosen,* das wundersame Verwandlungen von den Anfängen der Welt bis in die Zeit Caesars beschreibt, daß der mythische König von Arkadien, Lykaon, von dessen Namen die Bezeichnung Lykanthropie hergeleitet ist, Jupiter (Zeus) eine Speise aus Menschenfleisch vorsetzte, um zu prüfen, ob der Gott zwischen Mensch und Schwein unterscheiden konnte, und für den Frevel, am Allwissen Jupiters zu zweifeln, von ihm zur Strafe in einen Wolf verwandelt wurde, um fortan Angst und Schrecken bei seinen Untertanen zu verbreiten. Damit hatten die Götter ein Privileg, das sie bis dahin nur für sich selbst in Anspruch nahmen, ebenfalls den Menschen zuteil werden lassen, auch wenn die Verwandlung als eine Bestrafung gedacht war. Gleichzeitig schimmert in Ovids sagenhafter Erzählung die Tendenz durch, die ›kannibalistische Lust‹ des Jupiter zu ›unterschlagen‹ und ihn auf diese Weise davon zu entlasten, daß er durchaus Menschenfleisch begehrte. Die Verwandlung in ein Tier ist die göttliche Strafe für Kannibalismus und bannt die unreinen Gelüste nach dem Fleisch der eigenen Art in das Bild einer Kreatur, dessen Gier als seiner Natur entsprechend angesehen wird.

Während der Wandel eines Menschen in ein Tier von den Ägyptern als erhöhende Ehrung empfunden wurde, empfanden weiter nördlich lebende Völker, wie die Griechen, ihn als ›Mißgeschick‹, wie Klaus Völker anführt. ›Je unbeliebter das Tier war, in das man verwandelt wurde, desto furchtbarer war die Strafe. So wurde der Wolf, den die Ägypter als hilfreichen Beschützer verehrten, in Europa wegen seiner Raubgier und Schnelligkeit gefürchtet.‹ Das ging so weit, daß man zur Zeit Karls des Großen (768 – 814) in Frankreich spezielle Regierungsmaßnahmen zur Wolfsbekämpfung erließ, die bis ins 20. Jahrhundert beibehalten wurden. Später, im Mittelalter, waren die Wölfe in bestimmten Teilen Europas zu einem so großen Problem geworden, daß etwa in Irland nach dem Feldzug Oliver Cromwells im Jahre 1649 für jeden erlegten Wolf eine Prämie von fünf Pfund ausgesetzt wurde. Wölfe galten als schlau, gerissen und bösartig und eigneten sich damit wie ihre engsten Verwandten, die Vampire, ausgezeichnet als Sündenböcke für jede Art von

Unglück, ob es nun Mißernten, die Pest oder brutale Straßenräuber waren.

Als im Mittelalter merkwürdige Geschichten zu kursieren begannen, in denen sich Menschen in Wolfsfelle hüllten, verbreitete sich in einem Europa, dessen weltliche und kirchliche Instanzen alles daransetzten, um das herrschende apokalyptische Klima des Hexenwahns und der Teufelsbündelei noch weiter anzufachen, der Aberglaube an Werwölfe wie ein Buschfeuer. Die grausamen Einzelheiten der Geständnisse angeklagter Mörder trugen ebenfalls dazu bei, dem Lykanthropen-Mythos Glaubwürdigkeit zu verschaffen, so daß sich bald jeder, von dem das – oft absichtlich verbreitete – Gerücht ging, er oder sie sei ein Werwolf, sich auf dem Scheiterhaufen wiederfand. Besonders in Frankreich und Deutschland forderte der Werwolfwahn etliche Opfer. In Frankreich sind den Gerichtsarchiven zufolge zwischen 1520 bis 1630 mehr als dreißigtausend Werwolfprozesse geführt worden, die nahezu immer mit dem Todesurteil des Beklagten endeten.

Nachdruck erhielt der Glaube der Menschen an Werwölfe durch den Umstand, daß in der damaligen Zeit einige besonders kaltblütige Mörder selbst davon überzeugt waren, sich in Wölfe verwandeln zu können. Nachdem im Herbst 1573 ein Parlamentsbeschluß die Bauern in der Gegend des französischen Dôle dazu autorisierte, auf Werwölfe Jagd zu machen, dauerte es nicht lange, bis sich der ›Eremit von St. Bonnot‹, Gilles Garnier, dafür verantworten mußte, nach eigenen Angaben als Wolf mehrere Kinder getötet zu haben. Garnier sagte aus, zwei Mädchen und einen Jungen mit den Händen und Zähnen umgebracht zu haben. Um seinen ›Wolfshunger‹ zu stillen, hätte er das Fleisch ihrer Bäuche, Schenkel, Arme und Beine gefressen. Gefaßt wurde Garnier, nachdem er nahe des Ortes Perrouze einen Jungen erdrosselte und die Leiche in ein Gebüsch geschleift hatte, um sich dort daran zu laben, woran er allerdings von einigen Passanten gehindert wurde, die später vor Gericht einhellig erklärten, Garnier hätte zu diesem Zeitpunkt seine menschliche Gestalt besessen. Gilles Garnier wurde wegen vierfachen Mordes und Lykanthropie zum Tode verurteilt und bei lebendigem Leibe auf dem Scheiterhaufen verbrannt.

Ein ähnlicher Fall trug sich im Jahre 1598 bei Caude zu, wo eine Gruppe französischer Bauern in den Wäldern die schrecklich zerfleischte Leiche eines fünfzehnjährigen Jungen fand, an der sich zwei Wölfe vergingen, die flüchteten, als die Männer sich näherten. Obgleich die Bauern ihnen sofort nachstellten, verloren sie die Spur der Tiere rasch. Dafür entdeckten sie in einem Dickicht einen verwilderten Jugendlichen mit langem Haar, zottigem Bart und blutigen Händen, unter deren krallenartigen Nägeln Fleischfetzen klebten. Da einige der Männer behauptete, gesehen zu haben, wie der geistig zurückgebliebene Knabe, ein gewisser Jacques Rollet, der sich seinen kargen Lebensunterhalt zusammen mit seinem Cousin Julien und seinem Bruder Jean in den umliegenden Dörfern erbettelte, zusammen mit den beiden Wölfen flüchtete, als die Bauern sich dem Leichnam näherten, wurde er in Angers vor Gericht gestellt. Im Verhör gab Rollet an, daß er sich wie sein Cousin und sein Bruder mit Hilfe einer Salbe, die er von seinen Eltern bekommen hatte, in einen Wolf verwandeln könne. Er gestand, daß er den Jungen überfallen und erdrosselt hätte, um sich zusammen mit den zwei Wölfen, bei denen es sich um Julien und Jean handelte, über ihn herzumachen und sich an seinem Fleisch zu laben, woraufhin der Polizist den vermeintlichen Werwolf zum Tode verurteilte. Doch das Parlament in Paris hob dieses Urteil später auf, da der Richter, der den Fall in der von Jacques Rollet erbetenen Berufungsverhandlung behandelte, nicht davon überzeugt war, es mit einem Werwolf zu tun zu haben. Es hatte sich herausgestellt, daß Rollet bereits zwei Wochen vor seiner Festnahme von zu Hause fortgelaufen war und sich seitdem in den Wäldern aufhielt, wo es wenig zu essen gab. Der Richter argumentierte, daß in Wahrheit wohl die flüchtenden Wölfe den Fünfzehnjährigen gerissen hatten und Rollet sich vor Hunger an dem bereits Toten verging, und erklärte, daß ›weitaus mehr Tollheit in dem armen Idioten‹ stecken würde, als ›Bosheit und Zauberei‹. Er ordnete an, Rollet für mehrere Jahre in einer ›Irrenanstalt‹ unterzubringen, ›damit er unterrichtet und zur Erkenntnis Gottes zurückgeführt werde, die er in seiner großen und bitteren Armut außer acht gelassen hat‹. Ohne Zweifel wäre dieses Vorgehen auch bei anderen vermeintlichen Werwölfen, die zu jener Zeit ihr ›Unwesen‹ trieben, angebrachter gewesen als der Scheiterhaufen.

Wesentlich rätselhafter als die Fälle Garnier und Rollet, die sich mit der psychischen Instabilität der selbsternannten Werwölfe erklären lassen, ist die Geschichte des dreizehnjährigen Knaben Jean Grenier, der sich im Jahre 1603 vor dem Parlament von Bordeaux unter dem Vorsitz des damaligen Präsidenten Daffis dafür verantworten mußte, mindestens fünf Kinder aus der Gegend des Ortes Paulot getötet zu haben. Dabei war Grenier lediglich deshalb festgenommen worden, weil er ein junges Mädchen namens Marguerite Poirier, mit dem zusammen er das Vieh seines Herrn Peter Combaut hütete, angegriffen hatte. Doch als Grenier, der wie Jacques Rollet ›einigermaßen stumpfsinnig‹ war und zudem über eine ausgeprägte ›Hundephysiognomie‹ verfügte, in der Haft zu dem Vorfall befragt wurde, berichtete er dem fassungslosen Richter voller Stolz, daß er das Mädchen gefressen hätte, wenn es Marguerite Poirier nicht gelungen wäre, ihn mit dem Hirtenstab zu vertreiben. Außerdem erklärte er, daß er von einem Mann mit dem Namen Pierre Labourant im Tausch gegen seine Seele ein Wolfsfell und eine magische Salbe bekommen hätte, die es ihm ermöglichten, sich in einen Wolf zu verwandeln. Grenier gab an, den Zauber bereits nach wenigen Tagen beherrscht und danach in Wolfsgestalt fünf Kinder gerissen zu haben, die sich allein auf den Feldern aufhielten. Bestätigt wird dies durch die Aussage von Marguerite Poirier, die behauptete, daß Grenier, als er sie angriff, auf alle viere niedergesunken und ›dünn und knochig‹ geworden sei. Seine Zähne hätten zwischen seinen Lippen hervorgeragt, und sein Gesicht wäre ›lang und haarig‹ gewesen. Alles in allem, so das Mädchen, sah Grenier aus wie ein großer Wolf.

Gestützt wurden ihre Worte von den Eltern eines der Opfer, die behaupteten, ihr Kind sei von einem Werwolf geholt worden. Aber wie bei Jacques Rollet ließ der Richter Gnade vor Recht ergehen und verzichtete darauf, Grenier wegen Mordes zum Tode auf dem Scheiterhaufen zu verurteilen. Statt dessen wurde Grenier mit der Drohung, sofort hingerichtet zu werden, sollte er versuchen zu flüchten, in einem Kloster in Bordeaux untergebracht, um den Mönchen für den Rest seines Lebens zu Diensten zu sein. Als Pierre de Lancre den ›Werwolf‹ 1610 besuchte, verriet Grenier ihm, daß er noch immer große Lust verspüren würde, das Fleisch von Kindern zu essen, besonders das von jungen Mädchen, das ein ›wahrer Leckerbissen‹ sei. Noch im selben Jahr starb Grenier, der sich trotz seines offensichtlichen Hangs zum Kannibalismus für seine Taten schämte und angeblich niemandem in die Augen zu sehen wagte, unter der Obhut der Klosterbrüder.

Bei genauerer Betrachtung fällt auf, daß die Geschichte, die Jean Grenier bei seiner Vernehmung erzählte, große Ähnlichkeit mit dem Fall des Jacques Rollet aufweist, der ebenfalls angab, sich mit Hilfe einer bestimmten Salbe in einen Wolf verwandeln zu können. Doch obgleich die Fälle sich beide in Frankreich ereigneten und zeitlich nur wenige Jahre auseinanderlagen, ist es unwahrscheinlich, daß Grenier Rollets Aussage ›plagiierte‹. Vielmehr gehört jene mysteriöse Salbe, die wahlweise aus Eisenkraut oder Binsen besteht, dem Volksglauben nach seit jeher zu den Utensilien, mittels derer man seine Menschlichkeit ablegen und die Gestalt eines Wolfes annehmen kann. Dieselbe Wirkung sollen ein Ring aus – vorzugsweise von einem Selbstmörder oder Ermordeten stammender – Menschenhaut, durch welchen man dreimal kriechen muß, sowie ein Gürtel oder ein Wolfsfell besitzen, das man sich überwirft, um die Metamorphose einzuleiten. Zumeist in den skandinavischen Ländern glaubte man außerdem, daß gewisse Umstände bei der Geburt den ›Werwolfkeim‹ in das Baby pflanzen würden. Wenn beispielsweise eine Schwangere durch die Eihülle eines Fohlens kroch, empfand sie beim Gebären zwar keinerlei Schmerz, nahm dafür aber in Kauf, daß sich das Kind, sobald es erwachsen wurde, fast jede Nacht in einen Werwolf verwandelte, um über schwangere Frauen herzufallen. Die Vorstellung, daß ein Lykanthrop seine Krankheit – denn als solche wird Lykanthropie allgemein betrachtet – ähnlich einem Vampir durch eine Wunde, die er einem Menschen zufügt, an sein Opfer weitergibt, stammt jedoch aus Hollywood, das die Gestalt des Werwolfs mit Filmen wie George Waggners *The Wolf Man* mit Lon Chaney, Jr. (1941) und *Frankenstein Meets the Wolf Man* (1943) von Roy William Neill populär machte. Dasselbe gilt für den ›Irrglauben‹, daß sich Werwölfe lediglich bei Vollmond in reißende Bestien verwandeln können.

Auch heute noch ist der Glaube an Werwölfe auf der

ganzen Welt verbreitet, genährt von den vielen Horrorfilmen und -romanen, die sich dieses Themas im Laufe des 20. Jahrhunderts angenommen haben. Als 1925 in dem Städtchen Uttenheim bei Straßburg ein Polizist einen Jugendlichen erschoß, weil er ihn für einen Werwolf hielt, stellte sich beinahe die gesamte Bevölkerung hinter den Ordnungshüter.

Im Jahre 1957 erhielt die Polizei in Singapur offiziell den Auftrag, vermeintliche Lykanthropen-Angriffe auf die Schwestern eines Klosters zu untersuchen. Und 1975 gingen Berichte über einen Siebzehnjährigen aus Eccleshall, Staffordshire, durch die englische Presse, der davon überzeugt war, ein Werwolf zu sein und sich ein Klappmesser ins Herz stieß, damit er seinen Mitmenschen nichts Böses tat. Der Umstand, daß in den Vereinigten Staaten ein Reservat der Navajo-Indianer nach dem Ende des Zweiten Weltkriegs eine Zeitlang von einer Bestie heimgesucht wurde, die die Navajos, deren Kultur reich an Sagen über Lykanthropen ist, allgemein als Werwolf betrachteten, mag die Schöpfer von *The X-Files* zu der Episode ›Shapes‹ inspiriert haben, in der Mulder und Scully in einem Reservat der Trego-Indianer in Montana einem vermeintlichen indianischen Werwolf nachspüren.

Obgleich, wie eingangs erwähnt, trotz intensiver Forschung nach wie vor mehr oder weniger im Dunkeln liegt, wie der Mythos des Werwolfs entstand, ist die wahrscheinlichste Möglichkeit hierfür wie bei den Vampiren vermutlich eine seltene Erbkrankheit, die Porphyrie, die auf die vermehrte Bildung und Ausscheidung von Porphyrinen zurückgeführt wird, also bestimmter Naturfarbstoffe, zu denen unter anderem die Farbkomponenten des Blutes und bestimmter Enzyme wie Zytochrome und Peroxidasen gehören. Porphyriker haben eine gelbliche, häufig stark behaarte Haut, die mitunter sehr lichtempfindlich sein kann, so daß Erkrankte sich nur im Dunkeln frei bewegen können, um keine Gewebeschäden zu riskieren. Zudem werden ihre Hände und Füße von Geschwüren derart deformiert, daß sie mitunter wie Pfoten wirken. Außerdem können durch Pigmente verursachte Verfärbungen der Pupillen und der Zähne auftreten. Anfang des Jahrhunderts wurden Porphyriker wie der ›hundegesichtige Jojo‹ in den Kuriositätenkabinetts und Freakshows vor allem in den Vereinigten Staaten öffentlich zur Schau gestellt. In diesen bedauernswerten Menschen Werwölfe zu sehen, ist aufgrund ihrer Erscheinung nicht sonderlich schwer. Es ist also durchaus vorstellbar, daß der Lykanthropen-Mythos auf der Fehldeutung einer damals zweifellos noch unbekannten Stoffwechselkrankheit basiert.

3

See- und Meeresungeheuer

Den neuesten Beweis von dem Dasein der großen Seeschlange (Scoliophis atlanticus) hat soeben der Capitän der Fregatte Dädalus, M'Quhä, geliefert, der eine solche auf der Rückfahrt aus Ostindien zwischen dem Cap und St. Helena mit dem größten Theil seiner Offiziere und der Schiffsmannschaft gesehen hat: ›Das Thier war zwanzig Minuten im Sichtkreis der Fregatte und zog unter ihrem Stern durch. Sein Kopf ragte etwa vier Fuß über das Wasser hervor, und ungefähr sechzig Fuß seines Leibes lagen in gerader Linie auf der Wasseroberfläche. Der Durchmesser des sichtbaren Theils des Leibes waren etwa sechzehn Zoll, und als es die Kinnladen aufriß, die voll großer scharfer Zähne waren, schien der Rachen Raum genug zu haben, daß ein Mann wohl aufrecht darin stehen konnte.

Illustrierte Zeitung Leipzig, 1848

Während die meisten *X-Files*-Episoden sich bemühen, neue, eigene Wege zu beschreiten und Themen aufzugreifen, die in dieser Form noch nicht ›unterhaltungstechnisch‹ verarbeitet wurden, kommt es hin und wieder dennoch vor, daß die Serie mit ›klassischen‹ Phänomenen wie Vampiren (›3‹), Werwölfen (›Shapes‹), Geistern (›Shadows‹) oder Zombies (›Fresh Bones‹) aufwartet. Daher war es wohl bloß eine Frage der Zeit, bis es Mulder und Scully mit einem der – so die internationale Presse alljährlich in der Saure-Gurken-Zeit – ›größten ungelösten Rätsel der Welt‹ zu tun bekommen würden, nämlich einem vermeintlichen Seeungeheuer, wie es in der Folge ›Quagmire‹ auftaucht, wo die FBI-Agenten einem geheimnisvollen

Monster namens ›Big Blue‹ auf der Spur sind, das angeblich im Heuvelmans Lake leben soll, einem fiktiven See, der von dem Drehbuchautor der Episode, Kim Newton, nach dem französischen Kryptozoologen Dr. Bernard Heuvelmans benannt wurde. Heuvelmans und seine Fachkollegen forschen in aller Welt nach Tierarten, die bis dato unentdeckt im Verborgenen gelebt haben oder allgemein als ausgestorben gelten/galten, wie etwa ein Hohlstachler der Gattung Latimeria chalumnae, ein ungefähr zwei Meter langer, dick gepanzerter Quastenflosser, der 1938 von der Besatzung eines südafrikanischen Trawlers im Indischen Ozean und 1959 von dem Fischer Ahmed Hussein vor der Küste von Anjouan (heute Nzwani) gefangen wurde, obwohl die Wissenschaft eigentlich davon ausging, daß dieser Fisch bereits seit siebzig Millionen Jahren ausgestorben wäre.

Heuvelmans geht davon aus, daß es sich bei den weit meisten vermeintlichen Ungeheuern, die in Seen, Flüssen und Ozeanen in sämtlichen Teilen der Erde leben sollen, in Wahrheit um bislang unbekannte Tierarten handelt. So soll es sich beim vermutlich berühmtesten ›Monster‹ seiner Art, dem ›Ungeheuer von Loch Ness‹ in Schottland, liebevoll ›Nessie‹ genannt, angeblich um einen Plesiosaurier handeln, ein Meeresreptil, das bis vor fünfundsechzig Millionen Jahren, von der späten Trias bis zum Ende der Kreidezeit, die Meere durchstreifte. Tatsächlich weist Nessie eine recht bemerkenswerte Ähnlichkeit mit den Rekonstruktionen prähistorischer Plesiosaurier auf. Die weitaus meisten Augenzeugen beschreiben Nessie als ungefähr fünfzehn Meter lang, mit einem Rumpf von etwa vier Metern Durchmesser und einem zwei bis drei Meter langen, ›anmutigen‹ Hals von der Dicke eines Elefantenrüssels. Der Kopf des Wesens ähnelt grob dem einer Schnecke und ist verglichen mit dem Rest des Körpers unverhältnismäßig klein. Nessie besitzt hinten und vorn jeweils zwei Flossen und einen flachen, am Ende stumpfen Schwanz. Damit entspricht die Physiognomie des Ungeheuers exakt dem Bild, das die Forscher vom Plesiosaurier gezeichnet haben.

Erstmals gesichtet wurde Nessie jedoch keineswegs am 14. April 1933, wie in manchen Publikationen immer wieder behauptet wird, sondern bereits vierzehn Jahrhunderte früher, im Jahre 565. Damals soll ein irischer Missionar, der Heilige Columba, auch als Columbanus der Ältere bekannt, Bürgern einer Stadt am Fluss Ness begegnet sein, die einen Mann bestatteten, der von einem Ungeheuer, das angeblich im See hauste, übel zugerichtet worden war. Wenig später wurde er des Monsters mit eigenen Augen ansichtig, als einer seiner Schüler in die Fluten von Loch Ness watete, um ans andere Ufer hinüberzuschwimmen und für seinen Meister ein Boot zu holen, damit er das Wasser ebenfalls passieren konnte. Plötzlich tauchte unweit des Jüngers ›ein sehr seltsames Geschöpf, das wie ein riesiger Frosch aussah, aber keiner war‹, aus den dunklen Tiefen auf und schwamm auf den entsetzten jungen Mann zu. Doch bevor das Ungeheuer ihm ein Leid zufügen konnte, befahl Columbanus der Kreatur mit fester Stimme, sich ›hinweg zu begeben‹, was das Wesen auch tat, als es bis auf fünfzehn Meter an den Schwimmer herangekommen war. Lautlos verschwand es in den Fluten, von dem Heiligen offenbar so beeindruckt, daß es sich erst im Jahre 1880 wieder blicken ließ, als der Fährmann Duncan McDonald das Wrack eines Bootes untersuchte, das im Loch Ness gesunken war, und dabei in dem düsteren Wasser ein Ungeheuer sah, das ihn mit ›kleinen, grauen und bösen‹ Augen anstarrte. Seitdem sind mehr als dreitausend Sichtungen von Nessie dokumentiert worden, zu deren Zeugen so glaubwürdige Personen wie Priester,

Rechtsanwälte, Polizisten, Ärzte und Politiker gehören. Selbst der bekannte Biochemiker und Nobelpreisträger Richard L. M. Synge gab 1938 an, das Wesen angeblich gesehen zu haben.

Eine typische Begegnung mit Nessie ereignete sich im August des Jahres 1963, als der Landwirt Hugh Ayton zusammen mit seinem Sohn und drei weiteren Männern am Rande des Sees in der Nähe der Ortschaft Dores ein Feld pflügte. Etwa gegen halb acht Uhr abends entdeckte Aytons Sohn etwas, das sich durch den See bewegte. »Es war groß und schwarz«, erklärte Ayton später. »Das Wasser lag ruhig und still da. Kein Laut war zu hören. Nur das Ding im See bewegte sich unablässig vorwärts.« Als den Männern schließlich klar wurde, daß sie Nessie vor sich hatten, rannten sie zu einer nahen Anlegestelle. Vier der Männer sprangen in ein kleines Ruderboot mit Außenbordmotor und setzten dem Wesen kurzentschlossen nach. Als sie näher kamen, erkannten sie, daß die Kreatur einen langen Hals besaß, der etwa zwei Meter aus dem Wasser ragte, und insgesamt zehn bis zwölf Meter maß. Die Männer waren noch knapp fünfzig Meter von dem Wesen entfernt waren, »da reckte es sich auf einmal ein Stück aus dem Wasser und tauchte dann unter, wobei es das Wasser so aufwühlte, daß sich das Boot im Kreise drehte«, wie Ayton berichtete. Nach einigen Sekunden kam der pferdeähnliche Kopf der Kreatur etwas weiter weg wieder an die Oberfläche, bevor das Tier – oder was immer es war, das die Männer sahen – endgültig verschwand.

Im Laufe der Jahre wurde immer wieder versucht, dem ›Ungeheuer von Loch Ness‹ auf die Spur zu kommen, seine Existenz unwiderlegbar zu beweisen. Das ›Loch Ness Phenomena Investigation Bureau‹, das ›Büro zur Erforschung des Phänomens von Loch Ness‹, kurz LNI genannt, wurde 1962 u. a. von dem weltbekannten britischen Naturforscher Sir Peter Scott und dem Abgeordneten David James ins Leben gerufen, um alle seriösen Untersuchungen von Nessie zu koordinieren. Seit seiner Gründung beobachtet LNI mit Hilfe einer ganzen Armee Freiwilliger alljährlich von Mai bis Oktober rund um die Uhr etwa siebzig Prozent des Sees mit Kameras. Sie stellten dem vermeintlichen Ungetüm mit Hilfe von Sonargeräten nach, flogen den See mit Hubschraubern ab und legten als Köder Steine aus, die mit Lachsöl und ähnlich übelriechenden Substanzen eingerieben waren, um den Geschlechtstrieb des Wesens anzuregen. Selbst Beethovens sechste Symphonie wurde über Lautsprecher unter Wasser gespielt, um Nessie zum Erscheinen zu motivieren. Doch bis heute kann LNI abgesehen von Hunderten angeblicher Augenzeugenberichte und einigen Dutzend meist recht unscharfer, unergiebiger Fotos der Kreatur nichts vorlegen, das man als Beweis für die Existenz eines Lebewesens von der Größe und Erscheinung Nessies werten könnte.

Dennoch wurden – und werden – immer wieder großangelegte Suchaktionen durchgeführt, die Millionen von Dollar verschlingen, meist jedoch kaum etwas Interessantes zutage fördern, was im Grunde auch kein Wunder ist, wenn man sich vergegenwärtigt, daß das Loch Ness mit einer Länge von ungefähr siebenunddreißig Kilometern, einer Fläche von fünfundsechzig Quadratkilometern und einer Tiefe von bis zu zweihundertfünfzig Metern der größte und tiefste Süßwassersee Großbritanniens ist. Hinzu kommt, daß der Grund des Sees praktisch vollständig aus Torf besteht, das von den umliegenden Bergen seit Jahrtausenden in das Gewässer gespült wird, so daß das Wasser durch Torfpartikel ab einer Tiefe von fünf bis acht Metern praktisch schwarz wie Teer ist und Unterwasseraktionen mit Ein-Mann-U-Booten, wie sie unter anderem im

Sommer 1969 von dem Biochemiker Roy Mackal durchgeführt wurden, um Nessie mittels Sonar zu orten und danach mit einer sogenannten Biopsie-Harpune Gewebeproben des Untiers zu nehmen, damit praktisch von vornherein zum Scheitern verurteilt sind. Das hielt eine Gruppe von Nessie-Forschern jedoch nicht davon ab, im Oktober 1987 die bislang umfangreichste Suchaktion nach dem Ungeheuer durchzuführen, die sogenannte ›Operation Deepscan‹, an der vierundzwanzig mit Sonargeräten ausgerüstete Schiffe beteiligt waren, die nebeneinander die gesamte Länge des Sees abfuhren, ohne dabei aber irgendwelche brauchbaren Beweise für die Existenz des Ungeheuers zu erhalten, was allerdings auch kein eindeutiger Beleg dafür ist, daß im Loch Ness *nichts* ist, da die Schallimpulse des Sonars nicht bis ganz auf den Grund des Sees reichten, wo es zahlreiche große Unterwasserhöhlen gibt, und somit lediglich achtzig Prozent des gesamten Wasservolumens erfaßten. Möglich, daß Nessie sich, verscheucht vom Lärm der Suchbootflotte, in den Tiefen des Sees versteckte, bis die ›Operation Deepscan‹ vorüber war.

Jedoch besteht berechtigter Grund zu der Annahme, daß es sich beim ›Ungeheuer von Loch Ness‹, so es denn wahrhaftig existiert und nicht bloß eine phantasievolle Legende ist, nicht nur um *ein* Wesen handelt, sondern um *eine ganze, fortpflanzungsfähige Gruppe* dieser Tiere, weil Nessie wohl kaum über das göttliche Geschenk der Unsterblichkeit verfügen dürfte. Gegen diese These spricht allerdings, daß eine kleine Gruppe von prähistorischen Plesiosauriern, die es möglicherweise irgendwie geschafft hat, den Untergang ihrer Gattung im relativ abgeschlossenen System des Loch Ness zu überleben, durch die zwangsläufig auftretende Inzucht im Laufe der Jahrtausende vermutlich genetisch soweit degeneriert wäre, daß sie ihren Artgenossen bereits vor langer, langer Zeit in den Saurierhimmel gefolgt wären. Allerdings ist das Loch Ness durch den River Ness mit der Nordsee verbunden, und die Weltmeere haben in den letzten hundert Jahren deutlich gezeigt, daß sich in ihren gewaltigen Tiefen durchaus noch eine Menge Kreaturen verborgen halten könnten, von denen man bislang nichts weiß. Dafür sprechen nicht bloß die eingangs erwähnten Fänge des angeblich seit langem ausgestorbenen Quastenflossers Latimeria chalumnae, sondern darüber hinaus eine Reihe weiterer Entdeckungen von der Wissenschaft bis dahin völlig unbekannten Meereslebewesen, wie etwa dem japanischen Schnabelwal oder der drittgrößten Haispezies der Welt, wegen ihres gewaltiges Mauls schlicht ›Megamouth‹ genannt.

Doch wenn Plesiosaurier tatsächlich existieren, sind sie nicht die einzigen prähistorischen Wesen, die weltweit als Kinderschreck oder Touristenattraktion herhalten müssen. Fast jedes Land hat sein eigenes Seeungeheuer.

Kanadas bekanntestes Monster heißt ›Ogopogo‹ und lebt im Lake Okanagan in British Columbia, also dort, wo nahezu sämtliche Episoden von *The X-Files* gedreht werden. Wie Nessie gehört Ogopogo praktisch zum Kulturgut der Gegend, denn schon die Indianer, die ehemals in British Columbia lebten, bevor die weißen Siedler kamen, erzählten sich Legenden von Naitaka, der ›Schlange des Wassers‹, einem Wesen, das halb Gottheit und halb Dämon war. Allerdings taten die ›Neulinge‹ die Geschichten der Einheimischen meist als Aberglaube ab, bis es ab den zwanziger Jahren unseres Jahrhunderts immer wieder zu Sichtungen des Wesens kam, so daß inzwischen zweihundert Augenzeugenberichte vorliegen, die die Existenz von Ogopogo zu bestätigen scheinen.

Erst kürzlich erblickte Lionel Edmond die Kreatur,

als er am 20. Juli 1986 zum Fischen auf den Lake Okanagan hinausfuhr und hinter sich mit einemmal ein lautes Rauschen hörte. ›Es sah so aus, als wenn ein U-Boot auftauchte und auf unser Boot zukam‹, erklärte Edmond später. ›Als das Wesen im rechten Winkel zu uns stand, konnten wir sechs Buckel aus dem Wasser ragen sehen, jeder davon ungefähr fünfundzwanzig Zentimeter über der Oberfläche, die alle eine kleine Kiellinie hinter sich herzogen.‹ Die Gesamtlänge der Kreatur schätzte Lionel Edmond auf fünfzehn bis achtzehn Meter. Wie nach Nessie wurde auch nach Ogopogo in den letzten Jahren mehrfach intensiv gesucht, doch obgleich der örtliche Fremdenverkehrsverein 1983 demjenigen eine Million Dollar zusicherte, der einen Beweis für die Existenz des Wesens erbringen würde, war bislang niemand in der Lage, das Ungeheuer aufzuspüren. Allerdings schien der Fremdenverkehrsverein der Ansicht zu sein, daß zumindest die Chance bestand, daß jemand die Belohnung in Anspruch nehmen würde, weshalb man sich bei Lloyds in London für diesen Fall versicherte.

Ein weiteres häufig gesichtetes Seeungeheuer ist ›Champ‹, das wie Ogopogo mittlerweile mehr als zweihundert Mal gesichtet wurde und im knapp hundertfünfundsiebzig Kilometer langen Lake Champlain haust, einem riesigen See, der die amerikanischen Bundesstaaten New York und Vermont miteinander verbindet und bis ins kanadische Quebec hinaufreicht. Historischen Berichten zufolge entdeckte bereits der französische Forscher Samuel de Champlain, dessen Namen der See trägt, im 17. Jahrhundert in dem Gewässer ein sonderbares, ihm unbekanntes Wesen. Zur ersten ›modernen‹ Sichtung kam es schließlich im Sommer 1819, als ein Schiffer angeblich eine Kreatur mit einem langen Hals sah, die ihren Kopf mehrere Meter aus dem Wasser steckte. In den Jahren danach folgten ähnliche Beobachtungen, und im Juli 1977 schoß die Urlauberin Sandra Mansi am Lake Champlain ein überraschend deutliches Foto von Champ, auf dem zu erkennen ist, wie ein sonderbares Lebewesen mit langem Hals und kleinem Kopf aus den Fluten des Sees auftaucht, so daß man es in Vermont und New York in den achtziger Jahren für angebracht hielt, Maßnahmen für den Schutz von Champ zu ergreifen. Allerdings diente diese Aktion wie die auf Ogopogo-Beweise ausgesetzte Belohnung wohl in erster Linie der Belebung des Tourismus in den Gebieten.

Weil die Suche nach populären Seeungeheuern wie Nessie oder Champ aufgrund der enormen Größe der Seen, in denen sie leben, kaum jemals brauchbare Beweise erbracht hat, haben sich Ende der sechziger Jahre Forscher verstärkt auf kleinere Gewässer vor allem in Irland konzentriert, in denen angeblich Ungeheuer hausen sollten. Einer dieser Seen war der Lough Nahooin im Galway-County, der lediglich hundert mal achtzig Meter mißt und damit kaum größer als ein öffentliches Schwimmbad ist. Etwa ein Vierteljahr bevor der See im Juni 1968 systematisch mit Netzen, ›Monsterreusen‹ und Echoloten abgesucht wurde, hatten der Farmer Stephen Coyne und sein Sohn das Untier zum letzten Mal gesehen. Das Wesen wurde von Coyne auf eine Länge von vier Metern geschätzt, besaß einen langen, etwa dreißig Zentimeter dicken Hals, zwei Buckel und einen flachen Schwanz. Doch obwohl ein so großes Wesen den Wissenschaftlern eigentlich in die Falle hätte gehen müssen, fand sich keine Spur von der Kreatur, angeblich, weil, so Janet und Colin Bord in ihrem Werk *Modern Mysteries of the World* (1989), ›es Hinweise darauf gibt, daß die irischen Ungeheuer – und auch die schottischen, vielleicht noch andere – sich bisweilen an Land wagen und es gewohnt sind, von See zu See zu ziehen‹.

Die zahlreichen erfolglosen Expeditionen nach Nessie, Champ und anderen Seeungeheuern sprechen nicht unbedingt für die Existenz dieser Wesen, wie Skeptiker zu Recht anführen. Zudem weisen sie darauf hin, daß, ganz abgesehen von lebenden Exemplaren, bislang auch niemals Kadaver von unidentifizierbaren Kreaturen gefunden wurden, die mit den Beschreibungen der populären Monster identisch gewesen wären. Mit einer Ausnahme: Dem japanischen Trawler ›Zuiyo Maru‹ ging am 10. April 1977 vor der Küste des neuseeländischen Christchurch ein großer verwesender, zwei Tonnen schwerer Kadaver ins Netz, den sie aus dreihundert Meter Tiefe emporhievten. Zu ihrem Erstaunen stellte die Besatzung des Trawlers fest, daß es sich bei ihrem makabren Fang um ein ihnen unbekanntes Tier von etwa zehn Metern Länge handelte, das einen langen Hals, einen flachen Schwanz sowie vier Flossen besaß. Da der riesige Kadaver jedoch extrem nach Verwesung stank und zudem eine tranige Flüssigkeit absonderte, so daß die Fischer befürchteten, das Tier würde ihre gesamte Ladung von frischem Fisch verderben, warfen sie die Kreatur, nachdem sie sie genau vermessen, gezeichnet und fotografiert hatten, zurück ins Meer, worüber die japanischen Paläontologen, die sich der Angelegenheit annahmen, nicht sonderlich erfreut waren. Aufgrund der Fotos und der von einem leitenden Angestellten des Fischereiunternehmens angefertigten Zeichnungen gelangten sie zu dem Schluß, daß es sich bei dem Wesen ›weder um einen Fisch, noch um einen Wal oder irgendein anderes bekanntes Säugetier‹ handele. Höchstwahrscheinlich, so erklärte Professor Yoshinori Imaizumi vom japanischen Nationalmuseum für Wissenschaft, ging den Fischern ein Plesiosaurier ins Netz – womit die Vermutung, daß eine Gruppe dieser prähistorischen Meereslebewesen oder andere Geschöpfe, von denen die Wissenschaft bislang nichts weiß, im Loch Ness und anderswo auf der Welt ihr ›Unwesen‹ treiben, zumindest im Bereich des Möglichen liegt. Und schließlich gibt es, wie bereits William Shakespeare erkannte, mehr Dinge zwischen Himmel und Erde, als unsere Schulweisheit sich träumen läßt.

4

Geister- und Spukerscheinungen

Hatten Sie schon einmal, im subjektiven Zustand absoluter Wachheit, den unleugbaren Eindruck, ein Lebewesen oder ein unbelebtes Objekt zu sehen, von ihm berührt zu werden oder eine Stimme zu hören, ohne daß sich dieses Empfinden, soweit Sie herausfinden konnten, auf eine äußerliche, physikalische Gegebenheit zurückführen ließ?

Fragebogen der British Society for Psychical Research

Geistererscheinungen gehören zweifellos zu den faszinierendsten Phänomenen. Die *X-Files*-Episode ›Shadows‹, die dieses Thema aufgreift, hält allerdings keinem Vergleich mit den besten Folgen wie ›Squeeze‹, ›Ice‹, ›Soft Light‹ oder ›Clyde Bruckman's Final Repose‹ stand.

Gespenster, Poltergeister und Spukgestalten sorgen seit etlichen Jahrhunderten in sämtlichen Teilen der Welt immer wieder für Aufsehen und sind auch heute noch so weit verbreitet, daß bei einer statistischen Erhebung, die 1982 von einer englischen Tageszeitung durchgeführt wurde, jeder siebte Brite behauptete, schon einmal einer Erscheinung begegnet zu sein, die er für ein Gespenst hielt. Umfragen in anderen Ländern erbrachten ähnliche Resultate. Selbst Könige, berufsmäßige Skeptiker wie Wissenschaftler, Gelehrte, Bischöfe, führende Kirchenmänner wie John Wesley oder der Schriftsteller Sir Arthur Conan Doyle (1859 – 1930), der als mindestens ebenso scharfsinnig wie seine populärste Figur, der Meisterdetektiv Sherlock Holmes, galt, waren von der Existenz von Gespenstern überzeugt. Angesichts der wahrhaft erdrückenden

Beweislast, die sich im Laufe der Jahre angesammelt hat, kann man ihnen das kaum verübeln. Tatsächlich würde es an Borniertheit grenzen, wollte man die Berichte vieler Hundert ehrbarer Zeugen kurzerhand als Wunschdenken, Halluzination oder Lüge abtun.

Gleichwohl liegt nach wie vor im Dunkeln, was es mit Geister- und Spukerscheinungen genau auf sich hat. Zwar haben sich die Parapsychologie und die ›seriöse‹ Wissenschaft in den letzten hundert Jahren intensiv mit diesem Phänomen auseinandergesetzt, doch die Frage, was Geister sind bzw. wie sie entstehen, mußte bislang unbeantwortet bleiben. Handelt es sich bei Gespenstern, wie viele Menschen glauben, um die Seelen Verstorbener, die aus irgendeinem Grund keine Ruhe finden? Oder sind Geister vielmehr auf Telepathie und Selbsthypnose zurückzuführen, wie Skeptiker meinen, und existieren gar nicht wirklich?

Es gibt verschiedene Kategorien, in die sich Gespenster einteilen lassen. Vor allem zwischen den Spuk- und den Poltergeistern besteht ein wesentlicher Unterschied, da ›normale‹ Gespenster ortsbezogen sind, während ein Poltergeist eng mit einer bestimmten Person verbunden ist. Tatsächlich gibt es Fälle, in denen ein Poltergeist die Familie dazu brachte, das Haus zu räumen – Poltergeister ›neigen‹ dazu, lautstark auf sich aufmerksam zu machen und Gegenstände zu zerstören. Die Familien ließen sich an einem anderen, manchmal weit entfernten Ort nieder, aber die Poltergeister folgten ihnen ins neue Heim und setzten dort ihre Spielchen fort.

Der traditionelle Hausgeist dagegen bleibt, wo er ist, und wandelt zuweilen jahrhundertelang durch dieselben Räumlichkeiten, um sich ganz beliebigen Menschen zu zeigen. Es gibt auch einige personenbezogene Geister, vorzugsweise die Geister von engen Familienmitgliedern, aber wie das normale Gespenst fügt diese recht seltene Geistergruppe ihren ›Opfern‹ im Gegensatz zum Poltergeist niemals Schaden zu – sieht man einmal von dem gehörigen Schrecken ab, den der Anblick eines toten Verwandten bei einem Menschen auslösen mag.

Der Parapsychologe G. N. M. Tyrrell unterscheidet in seinem Buch *Apparitions* vier Gruppen von Hausgeistern. Die erste Kategorie bezeichnet die sogenannte ›Krisenerscheinung‹, bei der es sich wohl um das am weitesten verbreitete Geisterphänomen handelt. Hierbei erscheinen dem Beobachter Personen, die ihm sehr nahestehen und gerade in diesem Augenblick ein tiefes emotionales Erlebnis haben, etwa einen Unfall, ein starkes Glücksgefühl, großen physischen/psychischen Schmerz – oder den Tod. So haben in Kriegszeiten viele Mütter und Ehefrauen davon berichtet, daß sie exakt in dem Augenblick, in dem ihr Sohn bzw. Mann auf dem Schlachtfeld starb, plötzlich seine Stimme hörten oder ihn vor sich sahen, ebenso wie Scully in der *X-Files*-Expisode ›Beyond the Sea‹ beim Erwachen ihren Vater im Wohnzimmer erblickt, der lautlos das Vaterunser betet, kurz bevor das Telefon klingelt und ihre Mutter ihr mitteilt, daß William Scully eben an einem Herzanfall gestorben ist. Jedoch wirken Krisenerscheinungen in den meisten Fällen insofern nicht geisterhaft, als die Gestalten Schatten werfen oder im Spiegel sichtbar sind. Sie wirken oft wie Menschen aus Fleisch und Blut, bis sie sich mit einemmal in Luft auflösen oder einfach verschwinden.

Zur zweiten Gespenstergruppe gehören laut Tyrrell postmortale Erscheinungen, bei denen eine Person nach ihrem Tod noch einmal in ihrem gewohnten häuslichen Rahmen erscheint, wie um sich von der realen Welt zu verabschieden. Einer der bekanntesten Fälle dieser Art und zugleich ein wunderbares Beispiel für sogenannte Kollektiverscheinungen, also für Gespenster, die von mehreren Leuten gesehen werden, ereignete sich im späten 19. Jahrhundert in England und wurde der ›Society for Psychical Research‹, der ›Gesellschaft für parapsychologische Forschung‹, von einem Mann namens Charles Lett, dem Schwiegersohn eines gewissen Captain Towns, mitgeteilt. Lett berichtete, daß seine Tochter zusammen mit einer Freundin, ungefähr ein halbes Jahr, nachdem Towns das Zeitliche gesegnet hatte, gegen einundzwanzig Uhr abends eines der Schlafzimmer im Haus des Verblichenen betraten und die zwei Mädchen reichlich verblüfft waren, als sie auf dem glänzend polierten Kleiderschrank das Bild von Captain Towns erblickten. ›Es ähnelte einem normalen Medaillonporträt, aber in Lebensgröße‹, erzählte Letts. ›Das Gesicht des Captains wirkte matt und bleich. Er trug die Flanelljacke, in der er zu Lebzeiten zu schlafen pflegte. Überrascht und auch etwas erschrocken hielten die Mädchen die Erscheinung zunächst für ein Porträtbild, das sich in der Schrankfläche lediglich spiegelte – aber im ganzen Raum war nichts dergleichen zu finden. Während sie noch verwirrt dastanden, kam Miss Towns, die Schwester meiner Frau, ins Zimmer, und bevor die Kinder etwas sagen konnten, rief sie aufgeregt: ›Du meine Güte! Da ist Papa!‹ Eines der Hausmädchen wurde in den Raum geholt und stieß hervor: ›Oh, Miss! Da ist ja der selige Herr!‹ Auch der Diener des Captains, der Butler und ein Kindermädchen erkannten den Verstorbenen. Schließlich wurde nach Mrs. Towns, der Witwe des Captains, geschickt. Als sie die Erscheinung sah, ging Mrs. Towns mit ausgebreiteten Armen darauf zu, um das Bild zu berühren, doch während ihre Hand über das Furnier strich, verblaßte das Bild langsam, bis es nicht mehr zu erkennen war.‹ Danach zeigte sich das Porträt nie wieder.

Skeptiker und auch manche Parapsychologen, die Spukerscheinungen prinzipiell entweder auf Selbsthypnose oder Telepathie zurückführen, haben erklärt, daß es vermutlich Miss Lett war, die das Porträt ihres verstorbenen Großvaters auf dem Kleiderschrank zu sehen glaubte, und das Bild den übrigen Personen per Gedankenübertragung unbewußt mitgeteilt hat, es letztlich also überhaupt keine Spukerscheinung gab. Doch selbst wenn diese Theorie den Tatsachen entsprechen sollte – was ich nicht glaube –, bietet sie dennoch keine Erklärung für die wohl seltenste Gespenstergruppe, die Tyrrell anführt, nämlich sogenannte ›experimentell herbeigerufene Geistererscheinungen‹. Bei dieser Kategorie wird nicht der Geist Toter oder Sterbender gesichtet, sondern der von vollkommen gesunden Menschen, die bewußt den Versuch unternehmen, ihr Abbild für andere Personen sichtbar zu machen. Ein solcher ›Geist‹ zeichnet sich dadurch aus, daß er den Gesetzen der Perspektive gehorcht – was bedeutet, daß man ihn je nach Blickwinkel anders wahrnimmt –, als fester Körper erscheint und Geräusche verursacht, die seinen Bewegungen entsprechen. Laut Tyrrell, der in seinem Buch sechzehn Beispiele für erfolgreiche Versuche mit experimentell herbeigeführten Geistererscheinungen dokumentiert hat, wirkt das Abbild der Versuchsperson für kurze Zeit so real wie ein Mensch aus Fleisch und Blut, obwohl man in seiner Gegenwart wie bei einem Poltergeist oft eine plötzliche Kälte spürt. Der arm- und beinlose Golfkriegsveteran Leonard ›Rappo‹ Trimble in der *X-Files*-Episode ›The Walk‹ bedient sich dieser erstaunlichen ›Technik‹, um seine vermeintlichen Feinde zu töten. Gut möglich, daß es sich bei selbst herbeigerufenen Geistererscheinungen und Mulders Theorie des Astralleibs im Grunde um ein- und dasselbe Phänomen handelt.

Gleichwohl wird dem ›gemeinen Hausgeist‹, der vierten Kategorie von Tyrrells Einteilung, nach wie vor die meiste Aufmerksamkeit entgegengebracht, was auch nicht weiter verwunderlich ist, da es sich bei diesem Geistertypus um die ›klassische‹ Gespenstererscheinung handelt, wie man sie in Literatur und Film immer wieder findet. Geister dieser Gruppe sind nahezu ausschließlich ortsbezogen und werden, weil sie allgemein keine Sachschäden anrichten, manchmal fast wie Familienmitglieder behandelt, vor allem, da die weitaus meisten gewöhnlichen Geistererscheinungen in normaler häuslicher Umgebung stattfinden, wie etwa im Fall der damals neunzehnjährigen Valerie Haywood, die im Sommer 1966 mit ihren Eltern in ein Haus in Dunstable, Bedfordshire, zog und dort mehrmals einem älteren Mann begegnete, der in schäbigen Kleidern aus viktorianischer Zeit steckte und abends gegen acht Uhr in einem der Schlafzimmer erschien. Laut Miss Haywood stand er dann stets mitten im Raum, ohne sich zu rühren, bis er sich nach kurzer Zeit in Luft auflöste. Später kam den Haywoods zu Ohren, daß es sich bei dem Gespenst, das bereits öfter gesehen wurde, um den ruhelosen Geist eines ehemaligen Hausbewohners handeln soll, was bei Geistererscheinungen sehr häufig der Fall zu sein scheint, fast so, als hätte eine Person eine so starke Beziehung zu einem bestimmten Ort entwickelt, sei es aus Liebe, Haß oder Trauer, daß ein Teil von ihr auch nach dem physischen Ende weiter dort verweilt.

Es gibt scheinbar keine Gründe, sich vor Geistern dieser Art zu fürchten, denn in aller Regel verhalten sie sich den Neulingen in ihrem ehemaligen Heim gegenüber nicht feindselig. Als das Ehepaar Little im Jahre 1968 beispielsweise ein Ziegelhaus im Kern County in Kalifornien erwarben, entdeckte Mr. Little wenige Wochen nach dem Einzug eine fremde Frau, die um das Haus herumging. Kurz darauf beobachtete Mrs. Little, wie eine ›hochgewachsene, dünne Frau in einem langen, dunklen, altmodischen Kleid aus dem Hinterzimmer kam und das Schlafzimmer betrat. Am Fuß des Bettes zögerte sie. Schließlich ging sie weiter ins Wohnzimmer. Ich konnte ihre Umrisse genau erkennen.‹ Wenige Tage nach dieser unheimlichen Begegnung stieß sie in einem Karton in der Garage auf ein Foto ›ihres‹ Gespenstes und stellte fest, daß es sich dabei um den Geist von Alice Margaret Kolitisch handelte, die das Haus in den zwanziger Jahren zusammen mit ihrem Mann für den gemeinsamen Ruhestand gebaut hatte. Wie es aussah, sorgte sich Mrs. Kolitisch auch nach ihrem Tode noch um das Haus, das ihr zu Lebzeiten so viel bedeutet hatte.

In ihrem Buch *Modern Mysteries of the World* bemerken Janet und Colin Bord, daß es ›vermutlich leichter ist, mit einem Geist auszukommen, wenn er sich als der frühere Besitzer (des eigenen Heims) entpuppt. (...) Dafür scheinen Gespenster, die man nicht identifizieren kann und deren Gründe für ihr Erscheinen nicht erahnbar sind, eher furchteinflößend zu sein.‹ Denn während die Littles sich mit dem hin und wieder auftauchenden Geist von Mrs. Kolitisch abgefunden haben und noch immer in dem Ziegelhaus in Kern County leben, hielten es die Cookes, ein junges Paar mit einer Tochter im Säuglingsalter, die Ende Januar 1970 in ein Haus in Stockton, einem Vorort von Newcastle in South West Wales (Australien) einzogen, kaum vierzehn Tage in ihrem neuen Domizil aus, bevor sie wieder ihre Koffer packten und sich aus dem Staub machten. In einem Interview mit dem *Sydney Morning Herald* berichteten die Cookes, daß ihre Betten zerwühlt waren. Das Spielzeug lag in der ganzen Wohnung verstreut herum, und die Türgriffe wurden von unsichtbarer Hand heftig gerüttelt. Den Ausschlag zum Auszug gab der Anblick eines Geistes, der sich Michael Cooke bot, als er draußen an einem Fenster vorbeiging. Ein ›schreckliches weißes Gesicht‹ dessen Augen ›weiß und in der Mitte grün‹ waren, starrten ihn aus dem Zimmer an. ›Das war das Ende‹, so Cooke. ›Wir hatten eigentlich erwogen, das Haus zu kaufen, aber jetzt wollen wir dort nicht mehr wohnen.‹

Nicht nur in gewöhnlichen Wohnstätten treiben Geister ihr Unwesen. Vor allem historische Gebäude wie das Weiße Haus in Washington, wo schon des öfteren der Geist Abraham Lincolns gesehen wurde, unter anderem von so glaubwürdigen Zeugen wie John F. Kennedy und Winston Churchill, werden von Spukerscheinungen heimgesucht.

In England, *dem* Geisterland schlechthin, hat nahezu jedes alte Gebäude sein ›eigenes‹ Gespenst. Besonders der Tower von London, hinter dessen Mauern im Laufe der Jahrhunderte so manche blutige Tat begangen wurde, scheint eine wahre Geisterbrutstätte zu sein. Etwa die Gespenster von zwei Jungen, die man Hand in Hand durch den sogenannten Bloody Tower gehen sah und bei denen es sich um Edward und Richard handeln soll, zwei der Prinzen, die von ihrem Onkel in dem Turm umgebracht worden sind, der anschließend als Richard III. den Thron bestieg. Oder Anna Boleyn, die Gemahlin König Heinrichs VIII., die von ihrem Mann in den Turm gesperrt und im Jahre 1536 auf seinen Befehl hingerichtet wurde. Nigel Blundell berichtet, daß im letzten Jahrhundert ein Wächter eines Nachts von einem seltsamen Licht angelockt wurde, das von der Kapelle St. Peter ad Vincular, der Grabstätte Annas, ausging. Neugierig kletterte der Wächter auf eine Leiter, um durch ein Fenster ins Innere zu spähen – und erblickte zu seiner Überraschung eine Prozession in elisabethanischen Gewändern, die durch das Mittelschiff zog, angeführt von einer Frau, die Anna Boleyn glich. Dann verschwand die Menschenmenge plötzlich, und das Licht in der Kapelle erlosch.

Einige Jahre später, 1864, wurde ein Wachmann des

Towers vor ein Militärgericht gestellt, da man ihn während seiner Schicht schlafend vorgefunden hatte. Jedoch sprach man den Wachposten frei, als er erzählte, daß er in einem der Korridore eine weiße Gestalt mit einer sonderbaren Haube, unter der allerdings kein Kopf zu erkennen war, gesehen hatte und nach einer Warnung, auf die die schemenhafte Erscheinung nicht reagierte, sein Bajonett in die Gestalt stieß. Daraufhin flammte ein feuriger Blitz den Lauf seines Gewehres hinauf, und der Posten fiel in Ohnmacht. Da mehrere Soldaten sowie ein Offizier bestätigten, gesehen zu haben, wie die kopflose Erscheinung mitten durch das Bajonett und den Wachposten hindurchgegangen war, befand das Gericht den Mann für nicht schuldig.

Im Laufe der Jahre wurde der Geist der armen Anna Boleyn von verschiedenen Zeugen gesehen. So soll Annas Geist angeblich häufig am Jahrestag ihres Todes am 19. Mai in einer Phantomkutsche die Stätte ihrer Kindheit, Blickling Hall in Norfolk, aufsuchen. Außerdem wurde behauptet, sie sei im Februar 1915 am Vorabend einer Hinrichtung im Londoner Tower erschienen. Und eines Nachts beobachteten Sergeant William Nicholls und seine Wachabteilung, wie eine braun gekleidete Frau mit einer Halskrause rasch in Richtung Themse ging und in einer drei Meter dicken Steinmauer verschwand.

Da ›normale‹ Geistererscheinungen fast immer den gleichen Schemata gehorchen und sich die Gespenster bei verschiedenen Sichtungen in denselben ›Bahnen‹ zu bewegen scheinen, wie auf Schienen laufende Dämonen in einem Spukhaus auf dem Jahrmarkt, nimmt man an, daß es sich bei Erscheinungen dieser Kategorie um eine Art Aufzeichnung von Ereignissen handelt, die sich in den betreffenden Mauern einst zutrugen. Wobei diese Geschehnisse, intensive Gefühle von Trauer, Wut, Haß ausgelöst haben müssen. Eine weit verbreitete Theorie besagt, daß sich die Energien, die bei diesen Zwischenfällen freigesetzt werden, sich dem Ort des Geschehens sozusagen einprägen, von den Mauern irgendwie aufgesogen werden, wie eine Videokassette mit einem Film bespielt wird, und sinnlich wieder hervortreten, wenn die Umstände dafür geeignet sind. Mit anderen Worten: Man nimmt an, daß es möglich ist, daß Geistererscheinungen nichts weiter als die Projektionen vergangener Ereignisse sind, die wie ein Film abgespielt werden, wenn der ›Projektor‹ – vielleicht von einer besonders sensiblen Person – unbewußt in Gang gesetzt wird.

Mit dieser Theorie lassen sich Poltergeistphänomene allerdings nicht erklären, weil Poltergeister zuweilen über eine gewisse boshafte Intelligenz zu verfügen scheinen und sogar in der Lage sind, direkt auf Situationen zu reagieren. Als der Psychologe William Roll im September 1961 beispielsweise in Newark, New Jersey, einen Poltergeistfall untersuchte und der heimgesuchten Familie erklärte, daß ein Gespenst Menschen keinen Schaden zufügt, traf ihn eine kleine Flasche, die zuvor auf einem Tisch gestanden hatte, am Kopf.

Überhaupt sind Poltergeister recht hemmungslose Gesellen, wie der vermutlich bekannteste Fall von RSPK (Recurrent Spontaneous Psychokinesis bzw. wiederkehrende spontane Psychokinese) eindrucksvoll kommentiert, der sich vom August 1977 bis zum September 1978 im Londoner Vorort Enfield ereignete. Elf Monate lang beschäftigten sich Parapsychologen, Psychologen, Priester, zwei Poltergeistforscher, Fotografen, ein Sprachtherapeut und sogar Sozialarbeiter vor Ort mit dem Phänomen und registrierten dabei nicht weniger als tausendfünfhundert Poltergeisterscheinungen, in deren Zentrum die damals zwölfjährige Tochter der Familie, Janet, zu stehen schien.

Dabei hatte die ganze Sache relativ harmlos begonnen. In einem der Schlafzimmer war mit einemmal ein leises, verhaltenes Schlurfen zu hören, als würde jemand Unsichtbares durch den Raum schleichen. Dann setzten die Klopfgeräusche ein, die fast bei allen RSPK-Vorfällen auftauchen, und hielten beinahe ein ganzes Jahr lang ohne Unterbrechung an. Gleichzeitig wurde eine tiefe, rauhe Stimme hörbar, die aus dem Nichts zu kommen schien und die Anwesenden mit Obszönitäten und Beschimpfungen belegte. Spielzeugbauklötze flogen durch die Luft. Besteck, ein blecherner Teekannendeckel und ein Messingrohr wurden verbogen. Eine Streichholzschachtel, die in einer Schublade lag, geriet von selbst in Brand und erlosch auf ebenso geheimnisvolle Weise wieder. Möbelstücke wurden verrückt. Schließlich gipfelten die Erscheinungen darin, daß eines Tages ein Teil des gasgefeuerten Kamins von einer unsichtbaren, gewaltigen Kraft mit Gewalt aus der Verankerung gerissen und der Gitterrost wuchtig durch den Raum geschleudert wurde.

Wie bei den weitaus meisten Poltergeistfällen stand in Enfield ein junges, pubertierendes Mädchen im Mittelpunkt, auf die sich die Aktivitäten in erster Linie konzentrierten. Aus ihr drang jene mysteriöse tiefe Stimme, und zweimal sahen Zeugen, wie Janet mitten im Zimmer schwebte, als ob unsichtbare Hände sie halten würden. Das legt den Schluß nahe, daß RSPK-Phänomene bis zu einem gewissen Grad mit dem Erwachen des Geschlechtstriebs und den daraus resultierenden inneren Konflikten sowie emotionalen Umstellungen zusammenhängen. Auch treten Poltergeister oft bei Familien in Erscheinung, wo zwischen Eltern und Kindern eine gewisse Spannung herrscht, so daß es durchaus möglich ist, daß es sich bei dem vermeintlichen Poltergeist weniger um eine Art Gespenst, sondern vielmehr um die unterdrückten Gefühle eines lebenden Menschen handelt, der seiner Wut und (auch sexuellen) Frustration auf diese Weise unbewußt Luft macht.

Nachvollziehen läßt sich diese Theorie gut an einem Zwischenfall, der sich 1967 in einer Anwaltspraxis im bayerischen Rosenheim zutrug. Dort spielten Büromaschinen ohne jeden Grund verrückt, Deckenlampen platzten plötzlich oder begannen hin und her zu schwingen, aus Kopiergeräten lief Flüssigkeit heraus. Mehrmals in der Minute wurde die Zeitansage der damaligen Bundespost angewählt, was zu einem explosionsartigen Anstieg der Telefonrechnung führte. Bei der Untersuchung des Falles fand der renommierte Parapsychologe Professor Hans Bender von der Universität Freiburg heraus, daß es eine der Büroangestellten war, eine junge Frau mit Namen Annemarie Schneider, die für die RSPK-Aktivitäten verantwortlich zeichnete. Es stellte sich heraus, daß Frau Schneider mit ihren Arbeitsbedingungen unzufrieden war, die Maschinen im Büro nicht leiden konnte und zudem keinen Freund hatte, was sie, wie sie zugab, sexuell frustrierte. Erst als sie bald darauf einen Mann kennenlernte und heiratete, hörten die nervtötenden Zwischenfälle schlagartig auf.

Selbst wenn es den Tatsachen entspricht, daß Poltergeistausbrüche durch unterdrückte Emotionen verursacht werden, ist noch immer ungeklärt, wie unsere Gefühle uns befähigen sollen, dermaßen viel Energie aufzubringen, um zentnerschwere Möbel in der Wohnung herumzurücken, ohne sie zu berühren, Dinge in der Luft schweben zu lassen oder Brände auszulösen. Phänomene dieser Art zu erforschen, versucht gegenwärtig vor allem die in Missouri in den USA arbeitende SORRAT-Gruppe (Society for Research on Rapport and Telekinesis, Gesellschaft zur Erforschung von Apportion und Telekinese). In leicht überprüfbaren Versuchen hat die Sorrat-Gruppe Resultate erzielt, von denen viele Forscher und Parapsychologen annehmen, daß sie uns der Lösung des Poltergeisträtsels einen großen Schritt näher bringen. So brachten SORRAT-Mitglieder beispielsweise Tische und Stühle zum Schweben und schafften es sogar, einen Gegenstand durch ein anderes festes Objekt zu manövrieren.

Howard Graves, der Rache- und Schutzgeist, der in der *X-Files*-Episode ›Shadows‹ sein Unwesen treibt, weist sowohl Merkmale eines normalen Gespenstes als auch eines Poltergeistes auf. Er entspricht damit dem Grundsatz der Macher der Serie, klassischen, im Grunde schon längst bekannten Geschichten neue Wendungen zu verleihen. Ob die Vampire in ›3‹, der Werwolf in ›Shapes‹ oder eben der Geist in ›Shadows‹ – eine ansprechenden Aufmachung und innovative Ideen können selbst dem kältesten Kaffee wieder Geschmack verleihen, auch wenn das Resultat im Fall von ›Shadows‹ etwas hinter den Erwartungen zurückblieb.

VIERTER TEIL

Nicht von dieser Welt

1

UFO-Sichtungen

> Ich bin vollkommen davon überzeugt,
> daß wirklich schon UFOs gesichtet worden sind.
> Die Frage lautet nicht, ob es UFOs gibt,
> sondern *was* sie eigentlich genau sind.
>
> *Ed Mitchell*

UFO-Sichtungen spielen in den *X-Files* relativ häufig eine Rolle. Noch häufiger allerdings ereignen sie sich in der Realität: Berichte von unidentifizierbaren Flugobjekten, kurz UFOs genannt, sind allerdings beileibe kein Phänomen des sensationsgierigen 20. Jahrhunderts, wie fälschlicherweise oft angenommen wird.

Die Schilderungen über geheimnisvolle und unbekannte Erscheinungen am Himmel reichen fast bis zu den Anfängen der Geschichtsschreibung zurück. Die angeblich ältesten Berichte über UFO-Sichtungen, so behaupten UFO-Forscher, auch als UFOlogen bezeichnet, sind uns als Sagen und Legenden überliefert. So ist in einer alten chinesischen Geschichte zum Beispiel von einem fernen ›Land der fliegenden Wagen‹ die Rede, in dem dreiäugige Wesen in geflügelten Wagen mit vergoldeten Rädern fahren. Der indische Sanskrit-Text *Drona Parva* enthält Beschreibungen von Luftkämpfen zwischen Gottheiten, die Flugmaschinen, sogenannte *vimanas*, steuern. In einer der Schlachten wird gar ein ›flammendes Rund von der Leuchtkraft rauchlosen Feuers‹ abgeschossen.

Die eindrucksvollsten alten UFO-Berichte finden sich jedoch, so meinen UFOlogen, in der Bibel. So fuhr der Prophet Elija bzw. Elias etwa mit einem ›Streitwagen aus Feuer‹ gen Himmel. Auch das 2. Buch Mose enthält Schilderungen, die als UFO-Sichtungen interpretiert werden können, wobei sich allerdings jedem ausgebildeten Theologen die Haare sträuben, da er es gelernt hat, diese Textstellen metaphorisch zu deuten. In dem Abschnitt, in dem Moses die Kinder Israels aus Ägypten und durch die Sinai-Wüste ins Gelobte Land führt, heißt es: ›Während der Wanderung ging der Herr tagsüber in einer Wolkensäule vor ihnen her, um ihnen den Weg zu weisen, und nachts in einer Feuersäule, um ihnen zu leuchten‹. Dem Bibelforscher und presbyterianischen Geistlichen Barry H. Downing zufolge könnte es sich bei der sonderbaren Wolken- und Feuersäule um ein UFO gehandelt haben, dessen Abgasstrahl wohl auch das Rote Meer geteilt hätte. Allerdings vermutet Downing auch in Engeln und der Wolke, auf der Jesus von Nazareth nach seiner Auferstehung schließlich zum Himmel emporschwebte, außerirdische Raumschiffe. Seine Theorie ist mit Vorsicht zu genießen.

Besonders ausführliche UFO-Schilderungen in der Bibel glauben einige Ufologen beim Propheten Ezechiël (Hesekiël) zu finden. Um das Jahr 593 v. Chr. hatte dieser ein außergewöhnliches Erlebnis: ›Ich sah, wie der Sturm eine mächtige Wolke von Norden herantrieb; sie war von einem hellen Schein umgeben, und Blitze zuckten aus ihr. Die Wolke brach auf, und aus ihrem Inneren leuchtete ein helles Licht, wie der Glanz von gleißendem Gold. In dem Licht sah ich vier Gestalten, die wie Menschen aussahen, doch hatte jede von ihnen vier Flügel.‹ Die Gestalten ›wanderten gemeinsam umher‹, und zwischen ihnen ›war etwas, das wie ein Kohlenfeuer wirkte; daraus kamen Funken und Blitze hervor‹. Die Wesen selbst, so hatte es den Anschein, waren Teile eines größeren Objekts, zu dem vier funkelnde Räder gehörten, in die jeweils ein zweites Rad eingefügt war. Über den geflügelten Wesen sah der Prophet zudem eine ›menschenähnliche Flammengestalt‹, welche von einem ›Lichtkranz wie helles Gold umgeben war‹.

Viele UFO-Forscher halten Ezechiëls Worte für die Schilderung der Ankunft eines Raumschiffs. Der prominenteste Vertreter dieser Theorie ist der umstrittene Schweizer Schriftsteller Erich von Däniken, dem in der Vergangenheit schon mehrfach schlampige Recherche und sogar Betrug vorgeworfen worden sind. Als Däniken Ezechiëls Bericht in seinem Sachbuch *Erinnerungen an die Zukunft* 1968 als UFO-Sichtung anführte, machte sich der renommierte NASA-Ingenieur Josef F. Blumrich, der sich seit 1934 mit der Konstruktion von Flugzeugen und Raketen befaßte und unter anderem am Bau der Saturn V-Rakete beteiligt war, daran, diese seiner Meinung nach vollkommen lächerliche Behauptung zu widerlegen. Blumrich war davon überzeugt, daß ›Ezechiëls Rad‹ einer Prüfung durch einen erfahrenen Ingenieur nicht standhalten würde.

Doch zu seiner großen Überraschung mußte er genau das Gegenteil feststellen. Nach den vorchristlichen Beschreibungen des Propheten konstruierte er einen funktionstüchtigen Flugapparat, den er als ›Landefähre‹ bezeichnete, die von einem Mutterschiff aus gestartet worden sein konnte, wie er in einem Essay in dem Buch *The Spaceships of Ezekiel* (1973) darlegt. Blumrich zufolge hätte es sich bei den vier ›Gestalten‹ um Landegeräte handeln können, jedes mit einem Rad zum Manövrieren in unebenem Gelände versehen. Die ›Flügel‹ wären vielleicht Rotorblätter gewesen, so Blumrichs Argumentation, die zur letzten Positionierung vor dem Landen gedient hätten, während ein großes Raketentriebwerk im Rumpf des UFOs den Hauptantrieb darstellte.

Über die Jahrhunderte hinweg gab es überall auf der Welt immer wieder angebliche UFO-Sichtungen, die zum Teil auf Gemälden, Wandbildern und Kunstobjekten wiedergegeben sind. So ist auf einem mittelalterlichen Gobelin, der das Leben der Jungfrau Maria schildert, zum Beispiel ein über der Stadt schwebendes, mit einer Kuppel versehenes Objekt auszumachen, während auf einem Fresko aus dem 14. Jahrhundert, das die Kreuzigung Jesu Christi auf dem Kalvarienberg zeigt, im Hintergrund deutlich ein scheibenförmiges Flugobjekt zu sehen ist. Auch ist etwa auf einer um 1680 geprägten Medaille ein diskusförmiges Gebilde am Himmel zu erkennen. Manche UFO-Forscher verleitete das zu dem Schluß, die Medaille sei zum Gedenken an eine vermeintliche UFO-Beobachtung geprägt worden.

In historischen Aufzeichnungen finden sich ebenfalls Textstellen, die sich als Hinweise auf UFOs deuten lassen. Die Chronisten Alexanders des Großen berichten zum Beispiel, daß Alexanders Heer im Jahre 329 v. Chr. zwei seltsame Flugobjekte ausgemacht hätte. UFOlogen gehen davon aus, daß der französische Geistliche Agobard, ehemals Erzbischof von Lyon, Außerirdische meinte, als er im 9. Jahrhundert schrieb, Mitglieder seiner Gemeinde würden behaupten, die Region würde von ›Seeleuten aus der Luft‹ heimgesucht werden, deren Schiffe von den Wolken herabkämen, damit sie Obstgärten und Getreidefelder plündern konnten. Agobard tat die Bürger damals als ›von tiefer Dummheit verblendetes Volk‹ ab, doch so leicht lassen sich die Kugeln und Scheiben, die im April 1561 über Nürnberg auftauchten und am Himmel ein ›Luftballet‹ veranstalteten, ganz sicher nicht erklären. Denn schon fünf Jahre später zeigte sich über Basel ein fast identisches Phänomen. Berichte von Augenzeugen erzählen von ›großen, schwarzen Kugeln‹, die mit einem Mal am Himmel auftauchten und mit hoher Geschwindigkeit gen Sonne oder umeinander herum flogen, bevor sie sich schließlich feuerrot verfärbten und verschwanden.

Auch in späteren Jahren tauchten immer wieder Geschichten von sonderbaren Erscheinungen auf, die sich am Himmel zeigten. Ein paar der seltsamsten Beobachtungen wurden in den Jahren 1896/97 in den Vereinigten Staaten gemacht, wo sich eine Welle angeblicher UFO-Sichtungen rasch von der West- zur Ostküste ausbreitete. Nachdem der Busfahrer Charles Lusk und andere Einwohner am Nachmittag des 17. November 1896 über Sacramento ein Flugobjekt erblickten, das sie als ›zigarrenförmig, mit einer Gondel und zwei seitlichen Rädern wie bei einem alten Fluß-dampfer‹ beschrieben, wurde das Objekt am Abend desselben Tages im achtzig Kilometer entfernten San Francisco ausgemacht. Eine Woche später tauchte das ›UFO‹ anscheinend über San José und *gleichzeitig* über tausendzweihundert Kilometer weiter nördlich bei Tacoma, Washington, auf, um am folgenden Tag siebenhundert Kilometer südlich davon über Oakland und Los Angeles gesichtet zu werden. Doch obwohl die Zeitungen dem Phänomen viel Papier und Druckerschwärze widmeten, geriet es relativ schnell wieder in Vergessenheit – bis das absonderliche Luftschiff im Februar 1897 plötzlich im mittleren Westen der USA auftauchte. Ersten Berichten, wonach das Objekt nahe der Orte Hastings und Invale im Bundesstaat Nebraska ausgemacht wurde, folgten innerhalb der nächsten zwei Monate weitere Sichtungen über anderen Städten in Nebraska sowie in Iowa, Kansas, Arkansas, Texas und Tennessee. Schließlich gelang es einem Zeitungsverkäufer aus einem Vorort von Chicago, ein Foto von dem Flugobjekt zu machen, doch leider ging das Bild, das von einem Magazin als Vorlage für diverse Federzeichnungen verwendet wurde, verloren, so daß es für eine Analyse nicht mehr zur Verfügung steht. Gleichwohl brachten die Zeichnungen die Diskussion um das geheimnisvolle Luftschiff für einige Wochen wieder in

Gang, bevor die Sichtungen des Objekts Ende April 1897 stetig abnahmen, um letztlich ganz aufzuhören. Diesmal jedoch für immer.

Worum es sich bei dem ›Gondel-UFO‹ genau handelte, konnte bis dato nicht geklärt werden. Zwar liegt aufgrund der Beschreibung des Objekts die Vermutung nahe, daß es sich bei dem sonderbaren Objekt um eine Art Zeppelin handelte, schließlich wurde schon im Jahre 1852 ein luftschiffähnlicher Ballon mit starrem Stahlrahmen und Antriebsmotor von den Franzosen entwickelt und über Paris fliegen gelassen. Doch würde der Erfinder des neuen Flugobjekts im Zuge der damals herrschenden technischen Revolution nicht Patentschutz für seine Schöpfung beantragt haben, um sich die Rechte an dem Luftschiff zu sichern? Auch trat der Tüftler nicht an die breite Öffentlichkeit, nachdem seine Erfindung in der Presse und bei der Bevölkerung soviel Aufmerksamkeit erregt hatte, um die Angelegenheit aufzuklären, wie man es in einem solchen Fall wohl erwarten würde. Bis heute weiß niemand mit Sicherheit, was es mit der Sache auf sich hat.

Auch – und besonders – in unserem Jahrhundert wurden zahlreiche teilweise überaus spektakuläre UFO-Sichtungen aus allen Teilen der Welt gemeldet. Am frühen Morgen des 30. Juni 1908 stürzte über der Region Tunguska in Sibirien zum Beispiel ein riesiges Objekt vom Himmel und explodierte kurz über der Erdoberfläche. Ein Augenzeuge, der Bauer Sergej Semenow, erklärte später, die riesige Explosion hätte den Horizont gespalten. »Es war so heiß, daß mir das Hemd fast auf dem Rücken verbrannte. Ich sah einen gewaltigen Feuerball, der einen großen Teil des Himmels bedeckte. Danach wurde es stockfinster.« Ein anderer Mann hatte ein längliches, flammendes Objekt gesehen, das eine Art Staubschweif hinter sich herzog.

Die Erde bebte, und innerhalb von wenigen Sekunden wurde ein Gebiet von der Größe Leningrads dem Erdboden gleichgemacht. Eine gewaltige, sengende Sturmbö fegte über die öde Landschaft, Bäume in einem Gebiet von über sechzig Kilometern Breite wurden wie Streichhölzer umgeknickt und mit den Wurzeln aus der Erde gerissen. Mehr als 3000 Quadratkilometer Wald verbrannten. Naturwissenschaftler sollten später schätzen, daß die Gewalt der riesigen Explosion mit der einer 20-Megatonnen-Atombombe vergleichbar war. Und tatsächlich gab es Wissenschaftler, die mutmaßten, daß eine Nukleardetonation für die Katastrophe verantwortlich sein könnte. Doch die ersten Atombomben wurden erst im Jahre 1943 unter der Aufsicht von Robert Oppenheimer in Los Alamos, New Mexico, gebaut, was den australischen Journalisten John Baxter und den amerikanischen Wissenschaftler Thomas Atkins zu der Theorie veranlaßte, daß es womöglich ein außerirdisches Raumschiff war, das über Tunguska abstürzte, nachdem es zuvor beim Eintritt in die Erdatmosphäre irgendwie beschädigt worden sei. Unterstützt wird ihre These angeblich dadurch, daß von sowjetischen Wissenschaftlern in der Nähe der vermeintlichen Absturzstelle extrem hohe Radioaktivität gemessen wurde, was Baxter und Atkins auf den Atomantrieb des angeblichen UFOs zurückführen. Andere Forscher gehen dagegen davon aus, daß ein Komet oder möglicherweise auch ein Asteroid mit der Erde kollidiert ist, und führen Berechnungen an, denen zufolge das abgestürzte Objekt, um was auch immer es sich dabei nun tatsächlich gehandelt haben mag, einen Durchmesser von etwa hundert Metern sowie ein Gewicht von einer Million Tonnen besaß und mit einer geschätzten Geschwindigkeit von einhunderttausend Stundenkilometern in die Erdatmosphäre eindrang, um durch die Reibung teilweise zu verglühen. Ehrlicherweise sprechen diese Zahlen meiner Ansicht nach eher für die Kometen-Theorie.

Knapp zehn Jahre später, am Nachmittag des 13. Oktober 1917, kam es in dem kleinen portugiesischen Wallfahrtsort Fátima zu einer UFO-Sichtung, für die es 50 000 Zeugen gab. Nachher erzählten sie Reportern, die Wolken hätten sich mit einem Mal geteilt und den Blick auf eine riesige silberne Scheibe freigegeben, die sich wie die Flügel einer Mühle drehte. Nachdem das kreisrunde Objekt sich im Sturzflug der Erde bis auf etwa hundert Meter genähert hatte, stieg es steil nach oben in den Himmel hinauf und verschwand in Richtung der Sonne. Angeblich erfüllte sich damit die Prophezeiung von drei Hirtenkindern, die früher an dem Tag behauptet hatten, mit der Jungfrau Maria gesprochen zu haben. Die Gottesmutter hätte ihnen gesagt, sie würde sich den Menschen heute auf eine Weise offenbaren, ›daß jeder glauben müssen wird‹.

UFO-Sichtungen wie in Fátima, für die es viele Zeugen gibt, die unabhängig voneinander dasselbe berichten und manchmal sogar Fotos oder Filmaufnahmen präsentieren können, die das gleiche Objekt zeigen, sind vergleichsweise selten und für UFO-Forscher daher besonders interessant. Ein aktueller Vorfall dieser Art ereignete sich 1988 in einem kleinen Ort namens Gulf Breeze in Florida und wurde von Mulder unter dem Pseudonym M. F. Luder für die Zeitschrift *Omni* in einem langen Artikel analysiert (siehe ›Fallen Angel‹). Dort haben Hunderte von Zeugen mehrmals UFOs und seltsame Lichter in allen Farben des Spektrums beobachtet, so daß praktisch auszuschließen ist, daß es sich bei diesen Phänomenen um Naturerscheinungen oder neuartige Flugzeugtypen handelt, wie Skeptiker meinen. Außerdem liegen von den Gulf Breeze-Sichtungen von dem ortsansässigen Architekten Ed Walters und zahlreichen weiteren Anwohnern Dutzende von Fotos und Filmaufnahmen vor, was eigentlich nur den Schluß nahelegt, daß die Erscheinungen real waren. Zumindest haben Computeranalysen des Bildmaterials bis dato keine Zweifel an der Authentizität des Zwischenfalls aufkommen lassen.

Die vielleicht spektakulärste UFO-Sichtung überhaupt ereignete sich am 24. August 1990 um zwanzig vor neun Uhr abends im Gebiet der ehemaligen DDR, wo Hunderte von Personen von Greifswald und den Inseln Rügen und Usedom aus zwei Gruppen hell erleuchteter Objekte am Himmel ausmachten. Mehreren der Zeugen gelang es, Videoaufnahmen der sonderbaren Erscheinungen zu machen, so daß Filmaufnahmen von fünf unabhängigen Beobachtern vorliegen, die den Vorfall dokumentieren. Da aufgrund der verschiedenen Standorte der Zeugen eine Triangulation der UFOs möglich war, sind sowohl die Flughöhe, als auch die Entfernung der Flugobjekte zu den Zeugen von dem Diplomingenieur Rolf-Dieter Klein von MUFON-CES relativ exakt bestimmt worden. Wie die beiden UFO-Forscher Helmut Lammer und Oliver Sidla in ihrem Buch *UFO-Geheimhaltung* (1996) darlegen, spielte sich die Greifswalder Sichtung laut MUFON-CES so ab, daß die erste UFO-Gruppe, die sich aus fünf Objekten zusammensetzte, einen Lichterkreis formte und sich in einer Höhe von etwa zweitausend Metern befanden, zweiundzwanzig Kilometer von den Beobachtern entfernt. Die zweite Einheit der UFOs in etwa zweieinhalbtausend Meter Höhe war zunächst kaum auszumachen, bevor die Objekte plötzlich heruntergingen und auf 23 Kilometer herankamen. Gleichzeitig beschleunigten die UFOs der ersten Gruppe und verschwanden schließlich, während sich zu den vier Objekten der zweiten Formation zwei weitere UFOs gesellten, die aus großer Entfernung kamen und mit hohem Tempo aufschlossen. Der UFO-Forscher Illobrand von Ludwiger schätzt, daß die Objekte je einen Durchmesser von zwölf Metern besaßen. Da Nachfragen bei lokalen meteorologischen Stationen ergeben haben, daß zum Zeitpunkt der Sichtung keinerlei ungewöhnliche Wetterbedingungen herrschten, lassen sich Naturphänomene wie Lentikulariswolken (linsenförmige Wolken) oder Nordlichter, die fälschlicherweise immer wieder für UFOs gehalten werden, als Ursache für die Erscheinungen komplett ausschließen. Auch die Theorie von Skeptikern, daß es sich bei den Objekten um Ultraleichtflugzeuge handelte, kommt als Erklärung nicht in Frage und wirkt angesichts der Aussagen der zahlreichen Zeugen des Vorfalls sowie der vielen Video- und Fotoaufnahmen, die ganz eindeutig *keine* Flugzeuge zeigen, recht verzweifelt.

Gleichwohl gibt es auch interessante UFO-Sichtungen, an denen nur eine einzige Person beteiligt war (was tatsächlich sogar auf die meisten Fälle angeblicher UFO-Erscheinungen zutrifft). Als der junge amerikanische Geschäftsmann Kenneth Arnold aus Boise, Idaho, beispielsweise am 24. Juni 1947, kurz vor dem sogenannten Roswell-Zwischenfall nahe der Stadt Roswell, New Mexico, in den ersten Julitagen des Jahres mit seinem Privatflugzeug in einer Höhe von circa zweitausendachthundert Metern über die Cascade Mountains im US-Bundesstaat Washington flog, ahnte er nicht, daß er später an diesem Tag einen Begriff prägen würde, den heutzutage jedes Kind kennt. Ausschlag dafür gab die Begegnung mit einer Formation blendend heller Objekte, die wenige Meilen von ihm entfernt mit unglaublicher Geschwindigkeit über die Berggipfel rasten. Es waren insgesamt neun Maschinen, die in enger Staffel flogen. Arnold schätzte ihre Flügelspannweite auf vierzehn bis fünfzehn Meter. Als das erste Objekt um genau 14 Uhr 59 am Mount Rainier vorbeischoß, beschloß der verwirrte Pilot, das Tempo der mysteriösen Flugobjekte zu messen. Nach exakt einer Minute und zweiundvierzig Sekunden passierte die letzte der neun Maschinen den Gipfel des Mount Adams, der etwa fünfundsiebzig Kilometer vom Mount Rainier entfernt ist. Arnold errechnete, daß die Geschwindigkeit der Objekte ungefähr 2650 Stundenkilometer betragen hatte, was etwa dreimal mehr war, als der schnellste Düsenjet zu jener Zeit zu leisten vermochte.

Nachdem Arnold gegen 16 Uhr in Yakima gelandet war und seinem Freund Al Baxter, dem Geschäftsführer von *Central Aircraft*, von seinem Erlebnis berichtet hatte, breitete sich die Geschichte aus wie ein Buschfeuer. Als Arnold später am Tag in Pendleton, Oregon, ankam, umringte ihn bereits auf dem Flugfeld eine Schar neugieriger Reporter, die ihn mit Fragen bombardierte, von denen viele bohrend und skeptisch waren. Aber Kenneth Arnold blieb bei seiner Darstellung der Ereignisse, und da er ein solider Bürger und Geschäftsmann sowie zudem ein erfahrener Such- und Rettungspilot war – er hatte über 4000 Flugstunden absolviert und war schon viele Male über die Cascade Mountains geflogen –, gab es keinen Grund zu der Annahme, er würde sich einen dummen Scherz erlauben. Als Arnold von einem der Journalisten darum gebeten wurde, die sonderbaren Objekte zu beschreiben, sagte er, sie hätten wie Motorboote bei Seegang ausgesehen, wie der im Wind flatternde Schwanz eines chinesischen Papierdrachens. Schließlich erklärte er: »Sie sind geflogen wie eine Untertasse, wenn man sie über eine glatte Wasseroberfläche hüpfen läßt.« So wurde die Bezeichnung ›Fliegende Untertasse‹ geboren, die seitdem von vielen Menschen statt des treffenderen Begriffs UFO verwendet wird.

Während über UFO-Sichtungen auf der Erde in den

letzten Jahren sehr viel berichtet und geschrieben wurde, ist der Umstand, daß es, wie in der *X-Files*-Episode ›Space‹, bei der Mehrzahl aller Raumfahrtunternehmen zu Begegnungen mit unbekannten Objekten kommt, weit weniger bekannt, und das, obgleich der Prozentsatz von UFO-Beobachtungen im Weltall unverhältnismäßig viel größer als der von Sichtungen am Erdenhimmel ist. Ein Grund hierfür ist laut des Mathematikers und Physikers Maurice Chatelain, dem Ex-Leiter der NASA-Abteilung Communications and Data Processing Systems (Nachrichten- und Datenverarbeitungssysteme) bei der North American Aviation in Downey, Kalifornien, daß Berichte der Astronauten über seltsame Begegnungen bei Raumflügen von der NASA zensiert, abgeändert, ›entschärft‹ oder schlicht und einfach ignoriert werden.

Nichtsdestotrotz sind im Laufe der Zeit eine ganze Reihe von Berichten über angebliche UFO-Sichtungen im Weltraum und sogar direkt über der Mondoberfläche sowie über andere unerklärliche Zwischenfälle auf Raumflügen bekannt geworden, die so mysteriös wie beeindruckend sind. So wurden beispielsweise während der ersten MERCURY-Mission im Mai 1963 über Hawaii auf einer Sonderfrequenz Stimmen empfangen und auf Band aufgenommen, von denen sich hinterher herausstellte, daß sie keiner irdischen Sprache zuzuordnen sind. Außerdem wurde von den Astronauten beim Überfliegen von Perth in Australien ein UFO gesichtet, das von Kontrollstationen auf der Erde ebenfalls ausgemacht wurde.

Doch das sollte erst der Anfang gewesen sein, denn zwei Jahre später (1965) wäre die GEMINI 4 über Hawaii beinahe mit einem ›silbernen Zylinder‹ mit einem feuerrot leuchtenden Schweif zusammengestoßen, welcher von der Besatzung fotografiert werden konnte. Während der GEMINI-10-Mission 1966 wurde das Shuttle von zwei UFOs verfolgt, die verschwanden, als die Astronauten Young und Collins die Bodenstation um eine Radarkontrolle baten. Später sichteten sie ein gewaltiges Objekt in der Nähe des Mondes, das weder ein Planet noch ein Planetoid sein konnte. 1968 entdeckten die Astronauten an Bord der APOLLO 8 bei einer Mondumkreisung mehrere scheibenförmige UFOs. Zudem empfingen sie mit dem sogenannten ›Raumfrequenz-Radio‹ eine Sendung in einer nicht identifizierbaren Sprache, die an die Aufnahmen der ersten MERCURY-Mission erinnert. Im folgenden Jahr wurde die APOLLO 12 in Mondnähe von zwei glänzenden UFOs begleitet, was von einigen irdischen Observatorien bestätigt wurde. Außerdem wurde während der Rückkehr der APOLLO-Kapsel zur Erde in der Umlaufbahn ein großes UFO mit roten Lichtern beobachtet.

Die Astronauten, die im All vermutlich am häufigsten mit UFOs ›zusammenstießen‹, waren Jim Lovell (von dessen letzter Mission Ron Howards hervorragender Spielfilm *APOLLO 13* mit Tom Hanks, Kevin Bacon und Bill Paxton in den Hauptrollen erzählt) und Edwin ›Buzz‹ Aldrin. Am 04. 12. 1965 gelang es Lovell, während der GEMIMI-7-Mission Fotos von einem riesigen UFO mit Rückstoßantrieb zu machen, das der Kapsel in einigem Abstand folgte. 1966 fotografierten Lovell und Aldrin von der GEMINI 12 aus zwei UFOs, die sich bloß ungefähr achthundert Meter von ihrem Shuttle entfernt befanden. Während der ersten Mondlandung der APOLLO 11 am 20. 07. 1969 schwebten laut Neil Armstrong und Aldrin zwei UFOs und ein länglicher Zylinder in der Nähe der Raumkapsel. Als die *Eagle*, die Landefähre der APOLLO 11, kurz darauf auf dem Mond aufsetzte, erschienen innerhalb eines in der Nähe gelegenen Mondkraters zwei nicht identifizierbare Raumfahrzeuge am Kraterrand, die von

›Buzz‹ Aldrin fotografiert werden konnten, bevor sie verschwanden. Darüber hinaus war die NASA streng vertraulichen, der Anglia-Fernsehgesellschaft in London vorliegenden Berichten zufolge gezwungen, den für die *Eagle* ursprünglich vorgesehenen Landeplatz kurzfristig zu verlegen, nachdem festgestellt worden war, daß die Stelle laut Aldrin ›nur so wimmelte‹ – von Material, das eindeutig nicht dorthin gehörte ... Als Beweis für diese mysteriöse Entdeckung könnten die Fotos dienen, die Aldrin von den Raumfahrzeugen am Rande des Kraters geschossen hat, doch die NASA hat diese Bilder bis heute nicht freigegeben, was den Schluß nahelegt, daß Colonel Aldrins Geschichte der Wahrheit entspricht. Hierfür scheinen ebenfalls die von den Russen und Amerikanern angeblich auf dem Mond entdeckten Ruinen, Bauten und Pyramiden zu sprechen, die offenbar von intelligenten Lebewesen errichtet wurden.

Geht man mal von der Annahme aus, daß die Astronauten im Hinblick auf ihre Beobachtungen im All die Wahrheit gesagt haben – und warum sollten sie das nicht tun? –, dann bleibt festzustellen, daß jene Wesen, die für all diese Erscheinungen verantwortlich sind, allem Anschein nach ein ausgesprochen starkes Interesse für unsere Raumfahrtunternehmen zu besitzen scheinen. Warum, das weiß vermutlich niemand. Und falls doch, dann wären wir, die Öffentlichkeit, wahrscheinlich einmal mehr die Letzten, die es erfahren.

2

UFO-Landungen

> Elf Prozent der erwachsenen Bevölkerung, also mehr als fünfzehn Millionen Amerikaner, geben an, selbst schon ein nicht identifiziertes Flugobjekt gesehen zu haben. Darüber hinaus glauben einundfünfzig Prozent der befragten Personen, daß UFOs real sind.
>
> *John Wallace Spencer*

Nachdem UFOs mehrere Jahrhunderte lang vornehmlich am Himmel beobachtet wurden, häuften sich in den fünfziger und sechziger Jahren plötzlich die Meldungen über angebliche Landungen von ›fliegenden Untertassen‹ und Begegnungen mit den Insassen der außerirdischen Raumschiffe, wobei einige Zeugen sogar angaben, mit den Aliens kommuniziert und Botschaften von ihnen erhalten zu haben. So fand im Oktober des Jahres 1952 beispielsweise eine UFO-Landung auf dem Flughafen Marignane von Marseille in Frankreich statt, deren Augenzeuge ein Zollbeamter mit Namen M. Gachignard war. Als Gachignard am 27. Oktober um zwei Uhr früh vor dem Zollgebäude auf einer Bank saß, um einen Imbiß zu sich zu nehmen, beobachtete er, wie ein gleißendes Licht, das er zunächst für eine Sternschnuppe hielt, mit hohem Tempo auf den Flughafen zuschoß, unmittelbar an ihm vorbeiflog und dann auf der Landebahn aufsetzte. Obgleich es Gachignard zufolge eine Geschwindigkeit von mindestens hundertfünfzig Meilen pro Stunde hatte, war das Flugobjekt in der Lage, von einer Sekunde zur anderen anzuhalten und zum Stillstand zu kommen. Der Zollbeamte, dem klar war, daß es sich bei dem Objekt unmöglich um ein Flugzeug handeln konnte, stand auf und ging auf das Ding zu. Es besaß die Form eines Footballs mit spitz zulaufenden Enden und maß ungefähr einen Meter in der Höhe und drei Meter in der Länge. Als Gachignard noch ungefähr fünfzig Meter von dem Objekt entfernt war, schoß aus dem hinteren Ende mit einemmal eine Wolke ›weißer Teilchen‹ hervor, und die sonderbare Flugmaschine hob wieder ab. Keine fünf Sekunden später war das UFO verschwunden. Später erklärte Gachignard: »Seine ungeheure Geschwindigkeit beim Aufsteigen war ebenso bemerkenswert wie die abrupte Landung. (...) Das Objekt schien überhaupt nicht zu beschleunigen. Eben war es noch bewegungslos, um im nächsten Augenblick wie ein Blitz zu fliegen.«

Das seltsame Flugobjekt, das Gachignard sah, hinterließ auf dem Boden keinerlei Spuren, so daß man lediglich auf den Bericht des Zollbeamten zurückgreifen kann. Oft allerdings findet man an Orten, wo vermeintliche UFO-Landungen stattfanden, Hinweise darauf: Vertiefungen in der Erde, Brandspuren, unbekannte Substanzen, niedergedrückte Pflanzen, etc. Und obgleich im Jahre 1975 ein ganzer Katalog mit über *fünfhundert* angeblichen UFO-Landungen erschien, von denen bei vielen Spuren zu finden waren, wurden leider bloß die wenigsten davon einer genauen wissenschaftlichen Prüfung und Analyse unterzogen. Doch wenn dies der Fall war, waren die Ergebnisse zumeist ausgesprochen faszinierend.

Ein gutes Beispiel hierfür ist die Landung eines UFOs auf einer Farm in Delphos, Kansas, am 2. November 1971. Hauptzeuge des Vorfalls war der sechzehn Jahre alte Ronald Johnson, der an jenem Abend gegen neunzehn Uhr ein seltsames Objekt entdeckte, das etwa zwanzig Meter von ihm entfernt direkt über dem Boden schwebte. Es war ungefähr drei Meter hoch und strahlte ein so gleißendes Licht ab, daß die Augen des Jungen verletzt wurden und er noch mehrere Tage später unter Sehstörungen und heftigen Kopfschmerzen litt. Ronald holte sofort seine Eltern, die aber nur noch sahen, wie sich das Licht entfernte. An jener Stelle, wo das Objekt über dem Boden geschwebt hatte, lag ein schwacher ringförmiger Schimmer auf der Erde, der sich kalt und seltsam verkrustet anfühlte. Ihre Finger wirkten nach der Berührung für eine Weile wie taub. Rasch verständigten UFO-Forschern gelang es, eine Probe von der Substanz zu nehmen, deren Analyse laut Ted Phillips den Nachweis von ›einzigartigen eiszapfenförmigen Kristallen von 0,01 bis 0,05 Mikron Länge sowie darüber hinaus eine bis heute unbekannte kristalline Struktur von niedrigem atomarem Gewicht‹ ergab. Der britische Chemiker Dr. Erol A. Faruk kam bei seiner Analyse des Stoffs zu dem Ergebnis, daß die Erde mit einer wäßrigen, chemilumineszenten Lösung besprüht wurde, als das UFO über der Stelle schwebte.

Ein weiterer interessanter Fall, bei dem nach der Landung eines UFOs auswertbare Spuren am Boden gefunden wurden, trug sich am 8. Februar 1981 in Trans en Provence, Frankreich, zu. Es war etwa siebzehn Uhr, als M. Collini, der gerade in seinem Garten arbeitete, einen tiefen, pfeifenden Ton vernahm. Einen Moment später sah er ein eiförmiges Objekt, das auf dem Rasen seines Grundstücks landete, um eine halbe Minute später plötzlich wieder durchzustarten und zu verschwinden. Als Collini sich die Stelle ansah, wo das Flugobjekt gelandet war, entdeckte er mehrere runde und einen kronenförmigen Abdruck in der Erde. Collini verständigte die Polizei. Schon kurz darauf nahm ein Team der GEPAN, der offiziellen französischen UFO-Forschungsgruppe, Proben von der Vegetation und der Erde in Collinis Garten. Eine Laboranalyse ergab, daß die Pflanzen erhebliche biochemische Störungen aufwiesen. Zudem hatte sich der Boden auf drei- bis sechshundert Grad Celsius erhitzt. Auch weniger spektakuläre topografische Phänomene werden von UFOlogen häufig als Hinweise für UFO-Landungen gedeutet, beispielsweise die merkwürdigen, wie mit dem Zirkel gezogenen Kornkreise, die im Juli 1986 nach der Sichtung eines UFOs in einem Getreidefeld in Hampshire, England, entdeckt wurden, oder ein großes Oval aus niedergedrücktem Schilfrohr in einem Sumpf bei Nishikawacho in Nordjapan, das 1986 nach einer Nacht mit starken elektrischen Störungen gefunden wurde.

Oftmals belassen es die UFO-Piloten aber nicht damit, bloß irgendwo für einige Sekunden oder Minuten zu landen, sondern verlassen ihre Flugmaschinen, um sich in der Umgebung umzusehen oder Reparaturen an ihren Raumschiffen vorzunehmen, wobei sie hin und wieder von Zeugen beobachtet werden. Ein solcher Fall trug sich am 21. August 1955 in Kelly/Hopkinsville, Kentucky, zu, wo Außerirdische ein abgelegenes Bauernhaus ›belagerten‹, in dem sich auch Robert ›Billy Ray‹ Taylor aufhielt, der aus dem Fenster des Hauses sah, wie ein silbernes UFO über das Gebäude hinwegflog und nicht weit entfernt im Tal landete. Obgleich Taylor den anderen Anwesenden von seiner Beobachtung erzählte, ging niemand hinaus, um die Sache nachzuprüfen, weil die Leute glaubten, Taylor würde sich einen dummen Scherz mit ihnen erlauben. Das änderte sich, als sie etwa eine Stunde nach der vermeintlichen Landung des UFOs ein nur knapp einen Meter großes Wesen auf das Gebäude zukommen sahen. Es besaß riesige, lid- und pupillenlose dunkle Augen, keine Nase, spitze Ohren, einen schmalen, lippenlosen Mund und einen übergroßen Kopf, der auf einem dünnen Körper mit streichholzartigen Beinen saß. Die Haut war haarlos und gräulich. Weil es sich bei der Kreatur offensichtlich um kein menschliches Wesen handelte, griffen die Männer im Haus nach ihren Waffen und eröffneten das Feuer auf das sonderbare Geschöpf, als es noch etwa sechs Meter vom Haus entfernt war. Das Wesen wurde von den Kugeln anscheinend aber nicht verletzt, sondern machte einen ›Überschlag rückwärts‹, um dann in den Schatten zu verschwinden. Dann entdeckten Taylor und die anderen Männer, daß es noch mehr von den Kreaturen gab, die in den Bäumen und auf dem Dach hockten. Die Menschen im Bauernhaus versuchten, die kleinen Wesen von den Fenstern und Türen fernzuhalten, und schossen wiederholt. Eines der Wesen griff vom Dach aus nach Taylors Haaren, als er hinausging, um zu sehen, ob er eines der Geschöpfe tödlich getroffen hatte, was jedoch nicht der Fall war. Schließlich drängten sich die elf Erwachsenen und Kinder in zwei Autos und fuhren nach Hopkinsville, da es in dem Bauernhaus kein Telefon gab und es nicht möglich war, die Behörden zu verständigen. In Hopkinsville angekommen, alarmierten sie die Polizei und fuhren mit mehreren Polizeibeamten und Reportern zurück zur Farm. Doch von den kleinen Wesen war keine Spur zu finden, so daß die Beamten und Journalisten wieder nach Hopkinsville zurückkehrten. Ein paar Stunden später tauchten die Kreaturen jedoch erneut auf. Dieses Mal war ihr Auftritt allerdings weniger spektakulär als beim ersten Mal, und bei Tagesanbruch verschwanden die Wesen schließlich ganz. Seit damals wurde dieser bemerkenswerte Fall immer wieder überprüft, aber es wurde nie ein Beweis für einen Schwindel gefunden. Auch ist nicht anzunehmen, daß sich Taylor und die übrigen zehn Augenzeugen ihre abenteuerliche Geschichte bloß aus den Fingern gesaugt haben, weil die Öffentlichkeit Berichten dieser Art seit jeher ausgesprochen skeptisch gegenübersteht.

Während der Zweck der ›Belagerung‹ des Bauernhauses in Kelly keinerlei Hinweise darauf zuläßt, was die Außerirdischen dabei im Sinn hatten, sind die Aktivitäten der Aliens hin und wieder leichter zu interpretieren, beispielsweise, wenn sie Pflanzen, Tiere und Steine untersuchen bzw. Proben der Vegetation nehmen oder – in seltenen Fällen – Reparaturen an ihren Raumschiffen vornehmen, wie in der Nacht vom 24. auf den 25. Februar 1964 in der Nähe von New Berlin im US-Bundesstaat New York, wo Mary Merryweather und ihre Schwiegermutter fünfzehn bis zwanzig etwa zwei Meter messende Wesen dabei beobachteten, wie sie an zwei gelandeten UFOs arbeiteten. Laut der beiden Zeugen schnitten die Außerirdischen dabei Kabel zurecht, die sie an einem aus einem der UFOs herabgelassenen Gerät festmachten. Nachdem die Wesen die Reparatur beendet hatten, wurde der Gegenstand hochgeliftet, und die Aliens begaben sich zurück in ihre Schiffe, um anschließend davonzufliegen. Später untersuchten Mrs. Merryweather und ihr herbeigeholter Mann den Landebereich und fanden dort Abdrücke und Vertiefungen im Erdreich, wo die beiden UFOs gestanden hatten. Darüber hinaus entdeckten sie ein ungefähr acht Zentimeter langes Kabelstück, das laut Mr. Merryweather auf ungewöhnliche Weise gefertigt war, doch als UFOlogen sich des Falles annahmen, war das Kabel seltsamerweise nirgends mehr zu finden, so daß die Aussagen von Mary Merryweather und ihrer Schwiegermutter durch das angeblich gefundene Kabelstück nicht bekräftigt werden konnten.

Interessanterweise scheinen Dinge, die von Außerirdischen oder aus ihren Raumschiffen stammen sollen, fast niemals erhalten zu bleiben, und falls doch, dann stellen sie sich gewöhnlich als ausgesprochen irdische Substanzen heraus, wie im Fall von Joe Simonton aus Eagle River, Wisconsin, in dessen Hof eines Nachts ein

UFO landete. Als Mr. Simonton neugierig auf das Raumschiff zuging, öffnete sich eine Luke an der Seite, und der Farmer erkannte, daß sich im Innern des Objekts drei dunkelhäutige Wesen befanden, die Joe einen silbernen Krug reichten und ihm mittels Handzeichen zu verstehen gaben, daß sie Wasser wollten. Als Simonton wenig später mit dem gefüllten Krug zurückkam, sah er, daß eines der Wesen auf einem Backblech Kekse zubereitete, und machte den Aliens ein Zeichen, daß er gerne davon probieren wolle. Die Außerirdischen überließen ihm vier Kekse, bevor sie wieder abhoben und im Sternenhimmel verschwanden. Eines der Gebäckstücke probierte Simonton tatsächlich – UFOlogen, die den Fall untersuchten, sagte er, es hätte wie Pappe geschmeckt –, doch die übrigen drei Kekse bewahrte er auf, so daß sie später im Labor analysiert werden konnten. Die Ergebnisse waren wenig sensationell, da sich die Zutaten des ›interplanetarischen‹ Gebäcks als handelsübliches Mais- und Weizenmehl erwiesen. Von außerirdischen Ingredienzien keine Spur.

Anders als in den Fällen Merryweather, Simonton oder Taylor, wo die Zeugen die Außerirdischen eine Weile beobachten konnten bzw. sogar mit ihnen kommunizierten, sind die weitaus meisten Begegnungen mit vermeintlichen Aliens eher flüchtiger Natur. Meistens werden die Außerirdischen dabei beobachtet, wie sie zu ihrem UFO zurückhuschen, um sich so schnell wie möglich aus dem Staub zu machen, sobald sie merken, daß jemand in der Nähe ist. Da die Beschreibungen der Aliens jedoch zuweilen ausgesprochen stark voneinander abweichen, ist es sinnvoll, sie systematisch in verschiedene Kategorien einzuteilen.

Das nahezu ›klassische‹ Bild eines Außerirdischen ist das eines kleinen, dünnen Wesens mit einem übergroßen Kopf und hervortretenden Augen, oft ohne weitere ausgeprägte Gesichtszüge. Die durchschnittliche Größe dieser humanoiden Kreaturen liegt bei einem bis anderthalb Meter. Durch ihre blaßgraue Haut und den Umstand, daß sie keinerlei Körperbehaarung besitzen, wirkt der ›humanoide Typus‹ in gewisser Weise wie ein menschlicher Fötus. Diese Form der Außerirdischen, die von UFOlogen als ›Kleine Graue‹ bezeichnet werden und extrem häufig in Zusammenhang mit Abduktionen auftreten, ist am weitesten verbreitet.

Weniger oft gesichtet wurden tierhafte Aliens, die etwa Fell, Klauen, einen Schwanz, Schuppen oder eine andere bemerkenswerte Hautstruktur, spitze Schlappohren, eine Schnauze, große Zähne und ›unmenschliche‹ Augen aufweisen. Die Größe dieser Wesen schwankt zwischen einem Meter achtzig und zwei Meter vierzig. Da sie in der Regel aufrecht auf zwei Beinen gehen, erinnern die ›tierischen‹ Außerirdischen meist stark an Riesenaffen.

Roboterartige Aliens werden offenbar am seltensten beobachtet. Wesen dieses Typus scheinen aus einem metallischen oder anderen künstlichen Material zu bestehen und bewegen sich oftmals ruckartig. Ihre Gestalt variiert von zweibeinigen Kreaturen von bloß zwanzig Zentimeter Größe bis hin zu gewaltigen Maschinen von sechs Meter Umfang. Häufig scheinen ›Roboteraliens‹ Raumanzüge mit einer kugelförmigen Kopfbedeckung zu tragen. Jedoch wurden Außerirdische im Gegensatz zu ihren Raumschiffen höchst selten – praktisch gar nicht, wenn man von den Roswell-Filmen von Ray Santilli absieht – fotografiert, so daß Berichte über vermeintliche Begegnungen mit Wesen aus dem Weltraum besser mit Vorsicht genossen werden.

Die Beobachtung von UFOs oder Außerirdischen hat bei Zeugen in manchen Fällen zu ernsthaften gesundheitlichen – nicht bloß psychischen – Problemen geführt. Zuweilen wurden Menschen von Raumschiffen sogar bereits verletzt, wie beispielsweise der Amateurgeologe Stephen Michalak, der im Mai 1967 in der Nähe des Falcon Lake, Manitoba (Kanada), Bodenproben sammelte, als unweit von ihm plötzlich ein leuchtendes UFO landete. Nachdem Michalak das Objekt eine halbe Stunde lang beobachtet hatte, schlich er vorsichtig näher an das UFO heran, das eine große Hitze ausstrahlte. Mit einemmal schoß ein Schwall heißer Luft aus dem ›Kühlergrill‹ an der Seite des Raumschiffs und steckte Michalaks Kleidung in Brand. Hastig schlüpfte der Geologe aus seiner brennenden Weste und seinem angesengten Hemd, während das UFO abhob und davonflog. Im Laufe der folgenden Jahre klagte Stephen Michalak immer wieder über Übelkeit, Schwindelgefühle und Kopfschmerzen, doch obwohl die ärztliche Diagnose ausschloß, daß Michalak mit nuklearer Strahlung in Kontakt gekommen war, konnte die Ursache für sein Leiden, das sich medikamentös nicht lindern ließ, nie gefunden werden.

Anders verhält es sich im Fall von Betty Cash, einer damals einundfünfzigjährigen Restaurantbesitzerin, die am 29. Dezember 1980 zusammen mit ihrer Freundin Vickie Landrum, die in Bettys Restaurant angestellt war, und deren siebenjährigem Enkel Colby auf der Landstraße 1285 in der Nähe von Huffman, Texas, einem UFO begegnete und dabei eindeutig Strahlungsschäden davontrug. Der kleine Colby hatte das diamantförmige Flugobjekt, das ihnen in einiger Entfernung die Durchfahrt versperrte, zuerst bemerkt und machte die beiden Frauen darauf aufmerksam. Das UFO war um ein Vielfaches größer als das Auto und ließ nach unten einen gewaltigen Feuerstrahl ab, wie bei einer startenden Rakete. Als Betty an den Straßenrand fuhr und den Wagen anhielt, war das UFO nur noch etwa sechzig Meter von ihnen entfernt. Es schien aus Aluminium zu bestehen und glänzte so stark, daß der Wald ringsum taghell erleuchtet wurde. Neugierig stiegen die beiden Frauen und der Junge aus, um das Objekt besser sehen zu können. Colby fürchtete sich, aber seine Großmutter, eine überzeugte Christin, die mit UFOs und Außerirdischen nichts im Sinn hatte, versicherte ihm, daß er sich nicht zu fürchten brauchte, weil sie davon ausging, daß das Phänomen den Heiland ankündigte, der sogleich erscheinen würde. Als sich Jesus jedoch nicht zeigte, bekam es auch Mrs. Landrum mit der Angst zu tun. Sie und Colby stiegen wieder in den Wagen, während Betty Cash das gleißende Objekt noch eine kleine Weile fasziniert anstarrte. Als das UFO schließlich hochstieg, tauchten am Himmel plötzlich zahlreiche Hubschrauber auf, die von Mrs. Cash später als riesige Chinook-Helikopter vom Typ CH-47 identifiziert wurden, wie sie von der US-Army benutzt werden, und ›eskortierten‹ das Objekt hinweg. Sobald sich das UFO und die Hubschrauber in sicherer Distanz befanden, sprang Betty in den Wagen und fuhr rasch an. Wenig später, gegen zweiundzwanzig Uhr, setzte sie Mrs. Landrum und Colby zu Hause ab und begab sich anschließend ebenfalls heim. Dort angekommen, bekam Mrs. Cash starke Kopf- und Halsschmerzen. Ihre Haut im Gesicht schälte sich ab, als hätte sie einen schlimmen Sonnenbrand. Sie bekam heftigen Durchfall und mußte sich wiederholt unkontrolliert übergeben. Ihre Augen schwollen an, und auf ihrer Kopfhaut sowie im Gesicht bildeten sich mit einer eitrigen Flüssigkeit gefüllte Bläschen, die nach kurzer Zeit aufplatzten. Vier Tage später wurde Betty Cash in das Parkway Hospital eingeliefert, wo man sie auf der Station für Verbrennungen so gut wie möglich behandelte. Colby und Vickie Landrum benötigten ebenfalls ärztliche Hilfe, auch wenn es sie nicht so schlimm erwischt hatte wie Betty, vermutlich, weil sie dem direkten Einfluß des UFOs nicht so lange ausgesetzt waren wie Mrs. Cash. Sowohl Colby als auch seine Großmutter bekamen eine schlimme Augenentzündung, und den beiden Frauen fiel das Haar fast ganz aus. Zudem bekam Betty Cash Brustkrebs – was mit der UFO-Beobachtung allerdings nicht unbedingt etwas zu tun haben muß –, der operativ entfernt wurde.

Da außer Betty Cash und den Landrums in jener Winternacht noch weitere Personen in und um Huffman sonderbare Lichter am Nachthimmel sahen und ein Polizist aus Dayton, der sich zusammen mit seiner Frau gerade auf dem Heimweg befand, in dem betreffenden Gebiet ebenfalls eine große Anzahl von Hubschraubern des Typs CH-47 beobachtete, beschlossen die beiden geschädigten Frauen, die US-Regierung auf zwanzig Millionen Dollar Schadenersatz zu verklagen. Vor Gericht stritten Vertreter der Army, der Air Force, der Navy und auch der NASA allerdings – wie nicht anders zu erwarten – ab, daß sie ein Flugobjekt besaßen, auf das die Beschreibung der Augenzeugen zutraf, so daß der Richter Ross Sterling die Klage abwies, noch bevor Betty Cash, die Landrums oder die übrigen unabhängigen Zeugen, die entweder das UFO oder die Hubschrauber gesehen hatten, aussagen konnten. Noch heute ist Mrs. Cash von den Verletzungen gezeichnet, die sie in jener Nacht davontrug.

Im Gegensatz zu UFO-Sichtungen aus Distanz, wo Augenzeugen in der Entfernung am Himmel sonderbare Phänomene ausmachen, bei denen es sich bei näherer Betrachtung auch um seltene Naturerscheinungen wie etwa Lentikulariswolken oder Wetterleuchten handeln könnte, lassen sich nahe Begegnungen mit außerirdischen Raumschiffen und deren Insassen beileibe nicht so leicht als Sinnestäuschungen abqualifizieren, wie manche Skeptiker es tun. Auch bin ich nicht bereit, Tausende ehrbarer Menschen in allen Teilen der Welt, die behaupten, UFOs oder Außerirdische gesehen zu haben, als Lügner, Spinner oder Verrückte abzutun. Denn was auch immer Betty Cash, Vickie Landrum und dem kleinen Colby in jener Nacht im Dezember 1980 auf der Landstraße 1285 begegnet ist und diesen drei Menschen ernsthafte, im Fall von Mrs. Cash dauerhafte körperliche Schäden zugefügt hat, war mit Sicherheit keine Halluzination.

3

Abduktion

Es sollen angeblich Leute von fremden Wesen entführt worden sein. Die Opfer dienen allein dazu, ein Brutprogramm von uns fremden Intelligenzen zu nähren. Wenn man diese Geschichte jemandem ohne Vorwarnung erzählen würde, würde man ihn bestenfalls für leicht verwirrt halten. Wenn aber auch nur ein Teil davon wahr wäre, würde das unser heutiges Weltbild von einem Tag auf den anderen völlig aus den Angeln heben und ziemlich sicher einen globalen Umbruch von gesellschaftlichen und politischen Denkweisen und Systemen mit sich bringen.

Helmut Lammer/Oliver Sidla

Abduktion, die Entführung durch Außerirdische, ist eines der großen Themen der *X-Files*, das sich wie ein roter Faden durch die Serie zieht. Zugleich ist dieses Phänomen die Erklärung für Fox Mulders Engagement bei seiner Arbeit mit den X-Akten, da seine Schwester Samantha am 27. November 1973 aus dem Haus der Familie in der Kleinstadt Chilmark, Massachusetts, spurlos verschwand, nachdem das Haus von einer unsichtbaren Macht wie bei einem Erdbeben durchgeschüttelt wurde und seltsame Lichter den Jungen blendeten. Auch die sonst so skeptische Scully hat ein recht starkes Interesse an diesem Thema, weil alles darauf hindeutet, daß sie ebenfalls von Außerirdischen entführt und eingehend medizinisch untersucht wurde (siehe den Zweiteiler ›Duane Barry‹/›Ascension‹).

Der Begriff Abduktion bedeutet wörtlich übersetzt ›Wegführen‹ und ist allgemein ein medizinischer Ausdruck, der das Bewegen von Gliedern von der Körperachse weg definiert (das Heben des Arms, das Spreizen der Finger, etc.). Abduktion ist eines der faszinierendsten und umstrittensten Phänomene im Zusammenhang mit extraterrestrischem Leben und hat in den letzten dreißig Jahren extrem heftige Kontroversen ausgelöst. Während ›seriöse‹ Wissenschaftler sich weigern, die Möglichkeit, daß Menschen von der Erde von Außerirdischen für kurze Zeit – meistens für ein paar Stunden, manchmal aber auch für mehrere Tage – entführt und an Bord ihrer UFOs medizinischen Tests unterzogen werden, auch bloß einer kritischen Prüfung zu unterziehen, legen die unzähligen Berichte und Aussagen von Hunderten glaubwürdiger Zeugen den Schluß nahe, daß es sich bei Abduktionen um mehr als bloße Hirngespinste handelt.

Der erste bekannt gewordene Fall einer Entführung durch Außerirdische ereignete sich im Jahre 1957 in Brasilien. Der Sohn eines Ranchers, Antonius Villas Boas, pflügte eines Nachts mit dem Traktor seines Vaters den Acker um, als keine zwanzig Meter von ihm entfernt ein eiförmiges UFO landete, dem vier kleine Wesen entstiegen und ihn zwangen, sie in ihr Raumschiff zu begleiten. An Bord des UFOs mußte Villas Boas sich seiner Kleidung entledigen, woraufhin ihm mehrere Haut- und Blutproben entnommen wurden. Schließlich, so berichtete der Brasilianer, betrat eine kleine ›Frau‹ mit langen, blonden Haaren den Raum, in dem die Untersuchung stattfand, die zwar weitgehend menschlich war, sich aber in einigen anatomischen Details von normalen Menschen unterschied. Nach eigener Aussage hatte Villas Boas, der sich von der Frau sexuell ausgesprochen stark angezogen fühlte, zweimal Geschlechtsverkehr mit ihr, bevor die Außerirdischen ihm seine Kleider zurückgaben und ihn kurz vor Tagesanbruch wieder auf dem Feld absetzten. In den nächsten Wochen nach dieser Begegnung verspürte der Student eine immer stärker werdende Übelkeit und entdeckte sonderbare Wunden an seinem Körper. Der Arzt, der Villas Boas einige Zeit darauf untersuchte, fand an seinem Leib seltsame Narben und Symptome, die auf eine radioaktive Vergiftung hinwiesen.

Zugegeben, der Bericht klingt bizarr und ist schwer nachzuvollziehen, aber zwei Dinge verleihen ihm dennoch relative Glaubwürdigkeit: Zum einen hat Villas Boas, der später ein erfolgreicher und angesehener Anwalt wurde, im Gegensatz zu vielen anderen angeblichen Entführungsopfern nie versucht, Profit aus seinen Erlebnissen zu schlagen oder behauptet, von den Außerirdischen irgendeinen Auftrag erhalten zu haben. Es liegt aber kein Motiv für das bewußte Erfinden einer derart abenteuerlichen Geschichte vor, die bloß den Spott der Öffentlichkeit heraufbeschwören konnte. Und zum anderen tauchten in den Jahren danach immer wieder Menschen auf, deren Berichte sich mit dem von Antonius Villas Boas in vielen Punkten decken.

Der vielleicht bekannteste Entführungsfall überhaupt trug sich im Jahre 1961 im amerikanischen Bundesstaat New Hampshire zu. In der Nacht des 19. September kehrten Betty und Barney Hill von einem Urlaub in Kanada in ihre Heimatstadt Portsmouth zurück. Sie fuhren auf der Route 3, als sie in südwestlicher Richtung am Himmel ein helles, sternähnliches Objekt bemerkten. Mr. Hill hielt mehrmals an, damit seine Frau das Flugobjekt durch ein Fernglas beobachten konnte. Er hielt das Objekt für ein Kleinflugzeug, bis es mit einemmal die Richtung änderte und auf das Auto der Hills zuflog, um drei Kilometer von North Woodstock entfernt rechts von der Straße in einer Höhe ›von acht oder zehn Stockwerken‹ zu schweben. Barney Hill fuhr an den Randstreifen und ließ sich von seiner Frau den Feldstecher geben, bevor er ausstieg, um das seltsame Flugobjekt eingehender zu betrachten. Als das untertassenförmige UFO auf den Wagen zukam, konnte Mr. Hill hell erleuchtete Kabinenfenster an dem Objekt ausmachen, hinter denen er schemenhafte Gestalten erkannte, die offensichtlich emsig arbeiteten. Als sich das Flugobjekt dem Wagen so weit genähert hatte, daß es das gesamte Blickfeld des Feldstechers ausfüllte, bekam es Mr. Hill mit der Angst zu tun. Von Panik erfüllt, rannte er zum Auto zurück und fuhr los. Ohne weitere Zwischenfälle gelangten die Hills endlich nach Hause. Dort angekommen, fiel ihnen auf, daß ihre Fahrt zwei Stunden länger gedauert hatte, als eigentlich geplant. Doch zunächst maß keiner der Eheleute diesem Umstand besondere Aufmerksamkeit bei.

Das änderte sich, als in den folgenden Wochen sowohl bei Betty als auch bei Barney Hill gesundheitliche Probleme auftraten. Während Mr. Hill unter Angstzuständen und Schlaflosigkeit litt und sein Zwölffingerdarmgeschwür sich verschlimmerte, wurde seine Frau von fürchterlichen Alpträumen geplagt. Da sich die psychischen und physischen Schwierigkeiten der Hills zunehmend verstärkten, empfahl ihnen ihr Hausarzt schließlich, in Boston den renommierten Psychiater Dr. Benjamin Simon aufzusuchen, der seine Behandlung im Dezember 1963, also mehr als zwei Jahre nach der angeblichen Begegnung mit dem UFO, begann. Dr. Simon versetzte die Hills nacheinander in Hypnose, um die Erinnerung an die Ereignisse jener Nacht 1961 aus ihrem Unterbewußtsein wieder ans Licht zu bringen. Während Dr. Simon sein Bandgerät mitlaufen ließ, erzählten die Hills unabhängig voneinander in tiefer Hypnose die vollkommen identische Geschichte, wie sie in den ›fehlenden‹ zwei Stunden an Bord eines UFOs medizinischen Tests unterzogen wurden. Während ihr Mann untersucht wurde, so berichtete Betty

Hill, hatte sie Gelegenheit, die Wesen nach ihrer Herkunft zu fragen, woraufhin man ihr eine Sternkarte des Sternsystems Zeta Reticuli zeigte, die Mrs. Hill in einer ihrer Sitzungen bei Dr. Simon nachzeichnete. Weil der Psychiater die Geschichte der Hills für Hirngespinste hielt, versuchte er, sie während ihrer Sitzungen zu einem Geständnis zu bewegen oder Widersprüche in ihren Berichten zu entdecken. Doch ohne Erfolg. Es gelang ihm nicht, ihre Erzählung als Schwindel zu entlarven, was auch nicht anzunehmen war, da sowohl Barney als auch Betty Hill über einen untadeligen Ruf verfügten und kaum die Menschen waren, die sich eine derart abstruse Geschichte ausdenken. Auch haben die Hills wie Antonius Villas Boas niemals versucht, aus ihrer vermeintlichen Entführung Kapital zu schlagen, was ihre Glaubwürdigkeit beträchtlich steigert. Hinzu kommt, daß eine in der Nähe der Route 3 gelegene Basis der US Air Force in jener Nacht im September 1961 das unbekannte Flugobjekt, in dem die Hills untersucht wurden, auf ihren Radarschirmen ausmachte.

Gleichwohl sind Skeptiker der Meinung, die Authentizität des Falles Hill widerlegen zu können, und zwar aufgrund der Karte von Zeta Reticuli, die Betty Hill während einer Hypnosesitzung mit Dr. Simon anfertigte und die sie in dem Raumschiff gesehen haben wollte. Während Mrs. Hill der Ansicht war, daß die Karte den Piloten des UFOs dazu diente, den Weg von ihrem Heimatplaneten zur Erde zu finden, führen Abduktionsgegner an, daß es eine fremde Intelligenz, die in der Lage ist, solche riesigen kosmischen Entfernungen zu überwinden, wohl kaum nötig hat, auf dermaßen altertümliche Navigationshilfen zurückzugreifen. Auch die Echtheit der Karte selbst wurde in Zweifel gezogen, obwohl einige der Sterne, aufgrund derer es der Grundschullehrerin und Amateurastronomin Marjorie Fish 1969 gelang, die von Mrs.

Hill gezeichnete Karte dem System Zeta Reticuli zuzuordnen, 1963, zu dem Zeitpunkt also, als die Zeichnung angefertigt wurde, noch überhaupt nicht entdeckt worden waren. Dies wiederum veranlaßte Skeptiker dazu, zu behaupten, daß eine beliebige Konstellation von Sternen und Planeten rein statistisch gesehen irgendwo im Universum zu finden wäre.

Berichte über eine der bislang wohl am besten dokumentierten Abduktionen gelangten 1975, vierzehn Jahre nach der Begegnung der Hills auf jener verlassenen Landstraße in New Hampshire, an die Öffentlichkeit und beschäftigten sich mit dem Forstarbeiter Travis Walton, der am 5. November im Beisein von sechs Kollegen von einem UFO entführt wurde. An jenem Abend fuhren Walton und die anderen Männer bei Herber, Arizona, mit einem Pritschenwagen von der Arbeit zu ihren Unterkünften zurück, als sie neben der Straße mit einemmal ein leuchtendes Objekt sahen, das etwa fünf Meter über der Erde schwebte. Neugierig hielt der Fahrer an, woraufhin der zweiundzwanzigjährige Travis ausstieg und auf das Flugobjekt zuging. Als er sich fast unter dem UFO befand, so berichteten seine Kollegen übereinstimmend, sandte das Raumschiff plötzlich einen blauen Lichtstrahl aus, der den jungen Forstarbeiter mitten auf die Brust traf und ihn drei Meter zurückschleuderte. In Panik fuhren die Männer davon, kehrten wenig später jedoch wieder zurück, um zu sehen, was mit Travis geschehen war. Dabei konnten sie beobachten, wie das UFO höher emporschwebte und dann davonflog. Von Travis Walton fand sich allerdings keine Spur.

Verängstigt fuhren die Forstarbeiter in die nächste Stadt und berichteten dem Sheriff, was geschehen war, der ihnen jedoch kein Wort glaubte und sie wegen Mordverdachts an Travis Walton festnahm, da niemand wußte, wo sich Walton aufhielt und Suchmannschaften, die das gesamte Gebiet durchkämmten, nicht den geringsten Hinweis auf seinen Verbleib fanden. Man versuchte, die Männer zu einem Geständnis zu bewegen und unterzog sie schließlich einem Lügendetektortest, um die Wahrheit ans Licht zu bringen. Doch das Ergebnis des Tests bestätigte lediglich, daß die Forstarbeiter nicht logen. Es fand sich keine Erklärung für Travis Waltons Verschwinden – bis er am 10. November 1975, fünf Tage nach der Begegnung mit dem UFO, fünfzig Kilometer vom Ort seiner Entführung entfernt wieder auftauchte. Travis fühlte sich verwirrt und physisch ermattet. Wie seine Kollegen wurde er einem Lügendetektortest unterzogen, da er behauptete, die letzten Tage an Bord eines Raumschiffs verbracht zu haben, wo er von kleinen, humanoiden Wesen mit großem, kahlem Kopf, weißgrauer Haut und ovalen, dunklen Augen zweimal untersucht wurde, bevor die Außerirdischen ihn absetzten. Obwohl der Test seine Geschichte bestätigte, forderte die Polizei, daß Walton eine Hypnosebehandlung machen sollte, was der junge Forstarbeiter auch sofort tat. Doch wenn die Behörden glaubten, so beweisen zu können, daß Travis Walton log, dann täuschten sie sich, denn auch unter Hypnose blieb Walton bei seinem Bericht.

Die Fälle Villas Boas, Hill und Walton sind geradezu klassische Beispiele für Abduktionen, die mehr oder weniger immer nach dem gleichen Muster abzulaufen scheinen und stets dem selben Zweck dienen, nämlich der eingehenden medizinischen Untersuchung der entführten Personen, die wiederum meistens nach einem gewissen Schema ablaufen. Danach werden die Entführten, nachdem sie sich im Innern des Raumschiffs befinden, zunächst in eine Art Warteraum gebracht, in dem sich zumeist mehrere Menschen aufhalten, bevor man sie einige Minuten später in den Untersuchungsraum führt. In den kleineren UFOs wird der Raum von einem Tisch, wie man ihn aus einer Arztpraxis kennt, dominiert, um den herum Rollwagen mit medizinischen Instrumenten und Laborgerät stehen, während es in den großen Raumschiffen, wie Entführte behaupten, weitläufige Hallen gibt, in denen ein Untersuchungstisch neben dem anderen thront, die meisten davon mit Menschen ›belegt‹. Sobald man zu seinem Tisch geführt wurde, wird man angewiesen, sich zu entkleiden, falls das noch nicht geschehen ist, um sich anschließend auf den Tisch zu legen. Wenig später beginnt die Untersuchung, die sich laut Professor David Jacobs von der amerikanischen Temple-Universität in den USA in zwei Bereiche einteilen läßt: die primären und die sekundären Untersuchungsvorgänge, wobei die primären Untersuchungen praktisch von allen Entführten geschildert werden, während die sekundären Vorgänge nur einen gewissen Teil der Opfer betreffen.

Die primäre Untersuchung beginnt in der Regel mit einer genauen Begutachtung des Körpers des Entführten. Einige der Wesen, die um den Tisch herumstehen, fangen damit an, die Füße des Opfers abzutasten und arbeiten sich dann langsam über die Knöchel und die Waden bis zur Hüfte vor. Dr. Helmut Lammer und Oliver Sidla berichten in ihrem Werk *UFO-Geheimhaltung*, daß an den Knien und den Waden zuweilen Hautproben genommen werden, wobei allerdings kein Blut fließt, da die dabei entstehenden Verletzungen des Körpergewebes (gerade Schnitte oder löffelförmige Vertiefungen) auf der Stelle vernarben. Dann werden bei Frauen gynäkologische Untersuchungen durchgeführt, bei denen u. a. Gewebeproben aus der Vagina oder dem Uterus entnommen werden. Bei Männern werden die Genitalien betastet. Nachdem die Brustpartie und die Rippen abgetastet wurden, nehmen die Außerirdischen sich den Kopf vor. Augen, Ohren,

Mundhöhle, Rachen, Zähne und Zahnfleisch werden mit medizinischen Instrumenten, wie sie jedem Arzt auf der Erde zur Verfügung stehen, untersucht, bevor nach einer gründlichen Begutachtung des Rückgrats, des Nackens sowie der Lymphdrüsen eine Untersuchung des Rektums vorgenommen wird, die von den Betroffenen übereinstimmend als schmerzfrei beschrieben wurde. Nach dieser Prozedur ist die physische Untersuchung in aller Regel beendet, sofern dem Menschen nicht Implantate eingesetzt werden, und die Wesen wenden ihre Aufmerksamkeit den mentalen und emotionalen Eigenschaften des Entführten zu, die von einem Außerirdischen, der sich durch seine Größe hervorhebt und den Zeugen zufolge sowohl Autorität als auch Kompetenz ausstrahlt, untersucht werden. Den folgenden Vorgang bezeichnet Dr. Jacobs als Mindscan bzw. Gedankenabtastung. Hierbei blickt der größere Außerirdische dem Entführten starr in die Augen, als ob er ihn hypnotisieren wolle (was möglicherweise ja sogar der Fall ist). Die Betroffenen haben berichtet, daß sie bei diesem Vorgang das Gefühl hatten, dem Wesen vollkommen ausgeliefert zu sein, da es allem Anschein nach irgendwie ihren Geist durchforschte und die Erinnerungen des Entführten durchsuchte wie die Bücher in einer Bibliothek. Die meisten Menschen empfinden diese Prozedur als überaus unangenehm und werden zunehmend ängstlicher, obwohl sie der Vorgang zugleich stark beeindruckt, weil der Außerirdische beim Mindscan in den Untersuchten zuweilen ganz bewußt gewisse Gefühle auslöst, um, so scheint es, ihre emotionale Reaktion darauf zu analysieren.

Frauen werden allgemein wesentlich eingehender untersucht als Männer, da sie im Anschluß an die normalen Untersuchungen noch weiteren gynäkologischen Eingriffen ausgesetzt werden, so daß UFOlogen vermuten, daß sie den eigentlichen Kern der Bemühungen der Wesen darstellen. Hauptsächlich dreht es sich bei diesen reproduktiven Prozeduren darum, Eizellen aus den Ovarien der Frauen zu entnehmen, was entweder mit einem langen, sehr dünnen Instrument geschieht, mit dem die Wesen durch die Vagina zu den Eierstöcken vordringen, oder indem ein nadelartiges Instrument durch den Bauchnabel in die Bauchhöhle eingeführt wird, um auf diese Weise zu den Ovarien zu gelangen, wobei an dieser Methode bemerkenswert ist, daß Betty Hill sie bereits schilderte, lange bevor irdische Mediziner diese Technik ebenfalls anwandten. Wie Lammer und Sidla richtig bemerken, muß die Erklärung einiger Skeptiker, daß Mrs. Hill sich bloß an eine vergessene Operation erinnern würde, in diesem Zusammenhang also als falsch gewertet werden. Gleichwohl bleibt die Frage, was die Außerirdischen für ein Interesse an den Eizellen menschlicher Frauen haben. Geht es ihnen, wie UFO-Forscher glauben, darum, mit Hilfe der Eier künstlich befruchtete, genmanipulierte, menschenähnliche Wesen zu erschaffen? Und falls ja, warum?

Die sekundären Untersuchungsvorgänge, die offenbar nicht alle Entführten über sich ergehen lassen müssen, greifen wesentlich mehr auf den Einsatz von technischen Geräten zurück als bei der primären Untersuchung. Dabei werden Maschinen über den Körper des Menschen bewegt, oder die Person werden in zylindrische Apparaturen, die Ähnlichkeit mit irdischen Computertomographen aufweisen, gesteckt. Mehrere Entführte haben berichtet, daß sie bei dieser Prozedur den Eindruck gewannen, sie würden durchleuchtet oder geröntgt. Sonst sind die Unterschiede zwischen den beiden Untersuchungsvorgängen eher unbedeutend.

Obgleich die Beschreibungen außerirdischer Wesen

vor allem bei angeblichen oberflächlichen Begegnungen mit UFO-Insassen – also nicht in Fällen von vermeintlicher Abduktion –, ausgesprochen verschieden sind, werden die Außerirdischen in Entführungsfällen von den Betroffenen fast immer gleich geschildert und werden gemeinhin als Little Greys bzw. Kleine Graue bezeichnet. Offenbar gibt es zwei Gruppen von Kleinen Grauen, die sich vor allem in der Körpergröße unterscheiden. Während die kleineren Wesen dieses Typs zwischen siebzig und hundertdreißig Zentimeter messen, sind die größeren Aliens um fünf oder zehn Zentimeter höher gewachsen. Die Hautfarbe der Wesen wird in den meisten Fällen als mattgrau beschrieben, kann jedoch auch einen bräunlichen oder weißen Ton enthalten. Die Außerirdischen haben wie Menschen zwei Arme, zwei Beine und einen übergroßen Kopf mit großen, dunklen, leicht schrägstehenden Augen. Ihre Leiber, die weniger detailreich als beim Menschen scheinen und zudem kaum Hinweise auf Knochen oder Gelenke liefern, sind vollkommen unbehaart. Die Wesen haben scheinbar weder Nase noch Ohren. Es ist interessant, daß die Kleinen Grauen damit in vielen Details den Wesen entsprechen, die nach dem Zwischenfall in Roswell im Jahre 1947 angeblich vom US-Militär zumeist tot aus dem Wrack ihres abgestürzten Raumschiffs geborgen und obduziert wurden. Vergleicht man Zeichnungen der außerirdischen Entführer mit den Wesen von Ray Santillis angeblichen Alien-Autopsiefilmen, fällt auf den ersten Blick lediglich auf, daß die Außerirdischen bei der Autopsie sechs Finger besitzen, während Entführte berichtet haben, daß die Wesen, die sie untersuchten, bloß vier Finger aufwiesen, von denen einer als Daumen dient.

Obwohl mittlerweile Hunderte von Berichten über vermeintliche Abduktionen vorliegen, gibt es bis heute keinen unwiderlegbaren Beweis für die Realität von

Entführungen durch Außerirdische. Gleichwohl sprechen gewisse Umstände dafür, daß hinter diesem Phänomen wesentlich mehr steckt als blühende Phantasie. Denn was sollte ehrbare Bürger – Bankdirektoren, Polizisten, Lehrer, Geschäftsleute – dazu veranlassen, sich derartige Geschichten aus den Fingern zu saugen, wenn sie damit rechnen müssen, wegen ihrer abenteuerlichen Berichte von ihrer Umwelt entweder als Lügner oder Spinner abgetan zu werden? Außerdem: Wenn es sich bei den angeblichen Entführungsgeschichten wirklich um nichts weiter als Fiktion handelt, warum lassen sich die Betroffenen dann nichts Besseres einfallen, als immer wieder langweilige, stundenlange Untersuchungen und Psychotests zu schildern? Jeder fünftklassige Science-fiction-Schreiber ist schließlich in der Lage, spektakuläre, dramatische Begegnungen mit Außerirdischen zusammenzufabulieren. Auch sind Kinder von vier Jahren kaum so durchtrieben, aus reiner Gewinnsucht zu behaupten, kleine graue Wesen hätten sie mitten in der Nacht aus ihren Betten geholt und an einen ›fliegenden Ort‹ gebracht.

Dennoch ist es recht schwer zu sagen, was wirklich hinter dem Phänomen Abduktion steckt. Massenhalluzination? Selbsttäuschung? Angesichts des Umstands, daß sich die meisten Entführten erst in psychotherapeutischen Sitzungen, bei denen die auch von Fox Mulder favorisierte Regressionshypnose zum Einsatz kam, wieder an das erinnern, was teilweise mehrere Jahre zuvor mit ihnen geschehen ist, scheint diese Möglichkeit eher unwahrscheinlich. Doch die Alternative, nämlich daß die Entführungsgeschichten wahr sind, ist alles andere als angenehm, der Gedanke, fremden Wesen aus dem Weltraum mehr oder weniger hilflos ausgeliefert zu sein, ausgesprochen furchteinflößend. Man kann Helmut Lammer und Oliver Sidla bloß beipflichten, wenn sie meinen: »Wenn auch nur ein Teil der Geschichten wahr wäre, würde das unser heutiges Weltbild von einem Tag auf den anderen völlig aus den Angeln heben und ziemlich sicher einen globalen Umbruch von gesellschaftlichen und politischen Denkweisen und Systemen mit sich bringen.«

4

Alien-Autopsien

Soweit ich weiß, stürzte in Roswell, New Mexico, 1947 kein UFO ab. Sollte die US-Luftwaffe wirklich außerirdische Leichen geborgen haben, hat man mir bislang nichts davon erzählt.

Bill Clinton

Seit in den ersten Julitagen des Jahres 1947 in der Nähe der Stadt Roswell, New Mexico, angeblich ein UFO abstürzte, das von der amerikanischen Luftwaffe geborgen und seitdem im geheimen im legendären Area 51 untersucht wird, halten sich hartnäckige Gerüchte, daß sich das US-Militär im ›Besitz‹ mehrerer toter Außerirdischer befindet. Eine Bestätigung dieser Annahme gelangte im Januar 1995 an die Öffentlichkeit, als der britische Musikproduzent Ray Santilli fünfzig Jahre altes Filmmaterial präsentierte, das drei Autopsien an eindeutig nicht humanoiden Wesen zeigt, die der Kameramann Jack B. angeblich im Auftrag der US Army zum Zeitpunkt des Roswell-Zwischenfalls aufnahm. Santilli stieß auf Jack B., als er 1992 in den USA auf der Suche nach bislang unveröffentlichten Elvis-Presley-Memorabilien (Fotos, Band- und Filmaufnahmen, Autogramme, etc.) war. Jack B., damals zweiundachtzig Jahre alt, hatte während der Blütezeit des Rock'n'Roll Mitte der fünfziger Jahre in Cleveland, Ohio, für die Agentur ›Universal News‹ ein Open-Air-Konzert mit Stars wie Bill Haley, Pat Boone und Elvis gefilmt und fragte Santilli, nachdem sie wegen des Cleveland-Streifens rasch und ohne große Formalitäten ins Geschäft gekommen waren, ob er auch Interesse an anderem Material hätte. Als Santilli bejahte, lud er den Briten noch einmal zu sich ein und erzählte ihm, daß er ›von 1942 bis 1952 bei den Streitkräften diente. (…) Mein Vater war im Filmgeschäft, und so wußte ich schon früh über den Umgang mit Kameras und Fotografie Bescheid. Nach der Grundausbildung konnte ich meine fotografischen Fähigkeiten zum Einsatz bringen und wurde einer der leidenschaftlichsten Kameramänner der Truppe. Ich wurde zu vielen Orten geschickt, und so lernte ich bald, auch unter schwierigen Bedingungen zu filmen.‹ Am 1. Juni 1947 wurde Jack B. von George C. McDonald, dem ehemaligen Direktor des Nachrichtendienstes der Army Air Force, angewiesen, sich für einen Sonderauftrag bei Generalmajor Clements M. McMullen zu melden, dem Ex-Vizekommandanten des Strategischen Luftwaffenkommandos, SAC, in Washington, D.C. McMullen beorderte den Kameramann nach Socorro, New Mexico, wo er angeblich die Bergung eines russischen Spionageflugzeugs filmen sollte. Doch als Jack B. in Socorro ankam, war ihm auf der Stelle klar, ›daß das kein russisches Spionageflugzeug war. Es war eine große Scheibe, eine ›Fliegende Untertasse‹, auf dem Rücken liegend, während noch immer große Hitze vom Boden um sie herum ausstrahlte. (…) Man hatte sich entschieden, zu warten, bis die Hitze sich legte, bevor man näher herangehen wollte, denn es bestand akute Feuergefahr. Das wurde noch verschlimmert durch die Schreie der Mißgeburten, die neben dem Wrack lagen. Was in Gottes Namen die waren, konnte keiner sagen.‹ Weiter berichtete der alte Kameramann Santilli: »Die drei Mißgeburten wurden abgeschleppt und gefesselt und geknebelt, während eine weitere von ihnen bereits tot war. Nachdem die Wesen entfernt worden waren, war es die vorrangige Aufgabe, die Trümmerteile einzusammeln.« Nach eigenen Angaben arbeitete Jack drei Wochen an den

Trümmern, bevor er den Befehl erhielt, sich umgehend in Forth Worth, Dallas, einzufinden, um dort die Autopsie an einer der ›Mißgeburten‹ aufzunehmen. Es folgte eine weitere Obduktion in Fort Worth, die laut des Kameramannes von Professor Detlev Bronk und einem Dr. Williams durchgeführt wurde, bevor er im Mai 1949 gebeten wurde, eine dritte Autopsie zu filmen, und zwar an dem vierten und letzten Wesen, das angeblich noch zwei Jahre im Gewahrsam des Militärs lebte. Insgesamt, so gab Jack an, waren es circa hundert Rollen 16-mm-Film, die er für die Autopsien und die Bergung der Socorro/Roswell-Wrackteile belichtete, also in etwa fünf Stunden bzw. dreihundert Minuten, von denen das Filmmaterial in Ray Santillis Besitz einundneunzig Minuten umfaßt. Der Rest befindet sich angeblich in den Archiven des Militärs, wo sich eigentlich auch die einundzwanzig Rollen von Santilli befinden sollten, die das Pentagon jedoch aus irgendeinem Grund vergaß. Niemand kümmerte sich mehr darum – bis Santilli mit dem sensationellen Material an die Öffentlichkeit ging.

Wie in dem Autopsiefilm, den Mulder sich in der *X-Files*-Episode ›Nisei‹ anschaut, ist auf diesen Schwarzweißaufnahmen zu sehen, wie mehrere Ärzte in Schutzanzügen drei etwa anderthalb Meter messende Wesen obduzieren, die große, kahle Köpfe mit dunklen, lid- und wimpernlosen Augen, keine Nasen und kaum wahrnehmbare Ohren aufweisen. Da das Material sich teilweise in einem sehr schlechten Zustand befand, als Santilli es für hundertfünfzigtausend Dollar von Jack B. kaufte, mußte Santilli jede einzelne der Filmrollen in einem speziellen Fotolabor konservieren und restaurieren lassen. Die Überspielung der ersten sieben Minuten kam im Januar 1995 aus dem Labor, kurz bevor das Wissen um die Existenz der Filme an die Öffentlichkeit gelangte, und wurde anscheinend bei Nacht in einem

Zelt aufgenommen, vermutlich direkt im Anschluß an die Bergung des abgestürzten UFOs bei Roswell bzw. Socorro. Im Licht von zwei Gaslaternen liegt eines der oben beschriebenen Wesen auf einem Tisch, zugedeckt mit einem Laken, aus dem lediglich die Hände und Füße herausragen. Mediziner in weißen Kitteln bemühen sich, etwas Elastisches vom Arm der toten Kreatur zu entfernen, was sich aber als schwierig gestaltet, so daß man der Argumentation des deutschen UFOlogen Michael Hesemann durchaus zustimmen kann, wenn er meint, daß die Ärzte versuchen, den Raumanzug des Wesens zu entfernen, da Zeugen, die in der Vergangenheit mit Außerirdischen zusammengetroffen sind, immer wieder zum Ausdruck gebracht haben, daß die Overalls der UFO-Piloten aus elastischem, schwer schneidbarem Material bestehen.

Zu den ersten Personen, die diese Aufnahmen zu sehen bekamen, gehörte neben Philip Mantle, einem Mitglied der UFO-Forschungsgesellschaft BUFORIA (British UFO Research Association), auch der Leadsänger der Band Troggs, Reg Presley. Santilli wußte, daß Presley sich brennend für UFOs, Kornkreise und dergleichen interessierte und lud den Musiker im Januar 1995 ein, sich das Material bei ihm anzusehen, sobald es aus dem Labor kam, wohl, um seine geschäftlichen Beziehungen zu Presley zu verbessern. Als Presley dann am 14. Januar 1995 von der BBC interviewt wurde, weil die Troggs durch die Aufnahme ihres alten Songs ›Wild Thing‹ in den Soundtrack des Streifens *Vier Hochzeiten und ein Todesfall* mit Sonnyboy Hugh Grant und Andie McDowell eine Art ›Revival‹ erlebten, erwähnte er dem Reporter gegenüber den ersten Sieben-Minuten-Autopsiefilm, den er gesehen hatte. Zwar waren seine Angaben lückenhaft, doch die Presse hatte eine neue Sensation, und innerhalb weniger Tage ging die Nachricht von Santillis Filmmaterial um die Welt, so daß die BUFORIA-Konferenz im englischen Sheffield, die am 19. und 20. August 1995 stattfand und auf der die Aufnahmen erstmals öffentlich vorgestellt wurden, schon nach kurzer Zeit komplett ausgebucht war. Zuvor jedoch fanden mehrere Vorführungen vor ausgewähltem Publikum statt. So lud Santilli am 11. März 1995 etwa Vertreter verschiedener Kirchen, u. a. den Erzbischof von Canterbury und den ›Oberrabbiner‹ von London ein, sich das sensationelle Material anzusehen. Doch wie Santilli Michael Hesemann später erklärte, war ›das Ergebnis absolut negativ, völlige Ablehnung. Sie hielten alles für einen Schwindel. Einige gingen bereits während der Vorführung.‹

Sechs Wochen später zeigte Ray Santilli einen etwa neun Minuten langen Streifen, der seinen Angaben zufolge am 1. Juli 1947, also noch vor dem bisher angenommenen Termin des angeblichen UFO-Absturzes bei Roswell, in Fort Worth, Dallas, aufgenommen wurde, Philip Mantle und dessen Frau Susan sowie Reg Presley, dem Kornkreisforscher Colin Andrews und dem UFOlogen Maurizio Baiata aus Rom. Später schrieb Mantle über die Vorführung, daß der Film wie der erste Autopsiestreifen in Schwarzweiß und ohne Ton war. »Ein Wesen liegt auf einem Tisch in einer Leichenhalle oder einem Autopsieraum. Die Wände sind weiß. Das Wesen wirkt humanoid, mit einem aufgeblähten Bauch, zwei Armen und Beinen mit je sechs Fingern und Zehen. Es ist völlig unbehaart. Der Kopf ist größer, weist eine kleine Nase, Mund, Ohren und zwei dunkle Augen auf, die tiefer sitzen als beim Menschen. (...)

Die Autopsie beginnt mit der Entfernung der ›dunklen Augen‹, doch tatsächlich handelt es sich dabei lediglich um eine Art Vorsatzlinse über den eigentlichen Pupillen. Jetzt sind die Augäpfel erkennbar, die hochgerollt erscheinen. Der Körper des Wesens wird aufgeschnitten, verschiedene Organe entfernt und in Metallbehälter gelegt. Etwas wie ein ›Kristall‹ von der Größe einer Kastanie wird aus der Bauchregion herausgeschnitten. Die Kopfhaut wird durch Schnitte entfernt und der Schädel mit einer Säge geöffnet, um das Gehirn freizulegen. (...) Die Autopsie wird von zwei Personen durchgeführt, von der eine von Zeit zu Zeit etwas aufschreibt. Hinter dem Kopf des Wesens befindet sich ein breites Sichtfenster. Dahinter ist jemand zu erkennen, der Arztkleidung trägt, Kittel, Kopfbedeckung, Maske.«

Eine knappe Woche später, am 5. Mai 1995, wurde der dritte und mit insgesamt achtzehn Minuten längste Autopsiefilm, der am 3. Juli 1947 aufgenommen worden sein soll, im London Museum in der britischen Hauptstadt einer ausgesuchten Gruppe von Pressevertretern, Wissenschaftlern und UFO-Experten gezeigt, zu der auch Michael Hesemann gehörte, der seine Eindrücke des Films anhand der Notizen, die er während der Vorführung machte, in dem eindrucksvollen Buch *Jenseits von Roswell* (1996) wiedergibt. Dort schreibt er: ›Die Ärzte tragen Schutzanzüge, nur mit einem Sichtschlitz in Augenhöhe. Auf einer Art OP-Tisch liegt, offenbar nackt, die Leiche eines nichtmenschlichen Wesens mit großem, kahlem Kopf, die dunklen Augen und der Mund weit aufgerissen, mit kleiner Nase und feinen Ohren. Der Bauch des sonst fast menschlich proportionierten, aber bloß einen Meter fünfzig großen Wesens ist aufgebläht, wohl durch die Bildung von Fäulnisgasen. Das rechte Bein weist starke Verletzungen auf. Muskelstränge sind erkennbar. (...) Das Wesen hat keinen Bauchnabel. Brustwarzen sind nur im Ansatz erkennbar. Anstelle eindeutiger Genitalien weist es eine kleine Höhlung zwischen den Beinen auf, die nur auf den ersten Blick einem weiblichen Genital gleicht.‹ Dann folgt die Autopsie. ›Die Mediziner tasten den Corpus ab, entnehmen Gewebeproben, legen sie in einen Glasbehälter. Einer von ihnen greift nach einem Skalpell, macht einen feinen Schnitt hinter dem Ohr. Blut quillt hervor. Dann wird der Corpus geöffnet. Ein rundes Organ in der Bauchmitte kommt zum Vorschein. (...) Mit einer Pinzette zieht der Arzt dünne, schwarze Häutchen von den Augen ab, legt sie in einen Glasbehälter. (...) Schließlich wird der Schädel seziert, mit Gewalt die Hirnschale entfernt, das – bereits zerfallene – Gehirn entnommen. (...) Insgesamt nehmen vier Personen an der Autopsie teil, drei davon im Obduktionsraum, eine davon scheint eine Frau zu sein – eine Krankenschwester, die assistierte? Links von dem Wesen befindet sich ein kleiner Tisch, darauf ein Tablett mit Autopsiebesteck. An der linken Wand steht ein weiteres Tischchen, darauf Schalen und Chemikalien. An der Wand hängt eine Uhr. (...) Ebenfalls an der Wand: ein ›Danger‹-Schild und ein schwarzes Wandtelefon mit Spiralkabel. Alle zwei bis drei Minuten hellt sich der Film auf und bricht kurz ab, wenn die Spule zu Ende zu sein scheint.‹

Wie Hesemann erklärt, begann nach dieser Vorführung eine der kontroversesten, emotionsgeladensten Debatten, ›die je in der gewiß nicht langweiligen Geschichte der UFO-Forschung geführt wurde‹. Schließlich, als der dritte Autopsiefilm am 29. August 1995 von weltweit fast dreißig Fernsehsendern gebracht wurde, erreichte die Kontroverse ihren Höhepunkt. Gleichzeitig gingen UFOlogen und Wissenschaftler daran, zu beweisen bzw. zu widerlegen, daß das Material tatsächlich echt ist, und analysierten nach und nach jedes Detail des Films. Doch wenn die Skeptiker glaubten, daß es nicht sonderlich schwer werden würde, Santilli zu diskreditieren, hatten sie sich getäuscht, denn Überprüfungen bezüglich der im Film zu sehenden Gegenstände – Telefon, Wanduhr, Mikrofon, Autopsiebesteck, etc. – ergaben ausnahmslos, daß sie in der zu erkennenden

Form im Jahre 1947 bereits auf dem Markt waren. So war die Wanduhr seit 1936 erhältlich, während das im Obduktionsraum hängende Mikrofon von der Firma Shure Bros. ab 1945 verkauft wurde. Außerdem konnte das Autopsiebesteck von Professor Cyril Wecht, dem ehemaligen Präsidenten der Amerikanischen Akademie für Forensische Wissenschaften, als gerichtsmedizinische Standardausrüstung in den vierziger Jahren identifiziert werden. Das Wandtelefon erwies sich ebenfalls als authentisch. Michael Hesemann dazu: »Spiralkabel wurden seit 1939 von der US-Telefongesellschaft AT&T angeboten und waren die ganzen vierziger Jahre hindurch als Extra bestellbar. Die US-Streitkräfte orderten alle ihre Telefone mit Spiralkabel«, und auch das Wandtelefon selbst war 1946 schon erhältlich, auch wenn der ›UFO-Erzskeptiker‹ Phil Klass in der November-Ausgabe 1995 des *Skeptics UFO Newsletter* behauptete, es wäre erst 1956 auf den Markt gebracht worden, was von vielen UFO-Gegnern trotz des gegenteiligen Beweises umgehend aufgegriffen wurde, denen mittlerweile jedes Mittel recht war, um Zweifel an der Echtheit des Materials zu säen. So kam es, daß das renommierte deutsche Nachrichtenmagazin *Der Spiegel* kurz darauf ›mit gewohnter Häme‹ (Hesemann) die Entlarvung des Streifens als Fälschung feierte. Auch andere Zeitschriften wie das amerikanische Magazin *Time* griffen Klas' Argument auf, doch im Gegensatz zum *Spiegel* zog man es dort vor, die Behauptung zu überprüfen und kam zu dem Schluß, daß der Santilli-Film ›nicht aufgrund des Wandtelefons diskreditiert werden kann‹, weil der AT&T-Historiker Sheldon Hochheiser ebenfalls bestätigte, daß das Telefon bereits 1946 von der Telefongesellschaft angeboten wurde.

Nachdem sämtliche erkennbaren technischen Details der Streifen offenbar echt waren, wurde das Filmmaterial vom Typ Cine Kodak Super XX überprüft.

Nachfragen bei Kodak ergaben, daß der Film der geometrischen Randmarkierung auf dem Abzug nach zu urteilen ›definitiv in Rochester, NY, hergestellt wurde, und zwar in den Jahren 1927, 1947 oder 1967‹. Jedoch war Santilli mit diesem Ergebnis nicht zufrieden, da es Zweifel an der Echtheit seines Materials ließ. Darum nahm er das Angebot des amerikanischen Fotoexperten Bob Shell an, eine genaue Datierung zu versuchen. Shell, der zunächst als professioneller Fotograf und Journalist arbeitete (er schrieb vierzehn Fachbücher über Fotografie), um später fototechnischer Berater des FBI zu werden und zudem als Experte für digitale Bildverarbeitung gilt, analysierte ein drei Einzelbilder umfassendes Segment des Materials. In seinem abschließenden Analysebericht kommt er zu dem Ergebnis, daß ›alle chemischen und physikalischen Charakteristiken des Films und seiner Bilder eindeutig darauf hinweisen, daß er im Jahre 1947 hergestellt, belichtet und entwickelt wurde‹. Wenn es sich bei dem Santilli-Material wirklich um eine Fälschung handelt, dann ist sie rein technisch betrachtet einfach grandios, da es bis dato nicht gelungen ist, die Authentizität der Autopsie-Filme ernsthaft in Zweifel zu ziehen.

Wesentlich weniger eindrucksvoll als die Santilli-Filme, deren Echtheit auch von Medizinern und Pathologen bestätigt wird, ist ein ›angeblicher‹ Alien-Autopsiestreifen, der im Herbst/Winter 1995 in Deutschland auftauchte und von dem RTL-Magazin *Stern TV* in Szene gesetzt worden war, um zu dokumentieren, wie leicht sich UFOlogen täuschen lassen. Doch das Vorhaben ging nicht auf, denn als man Michael Hesemann und anderen deutschen UFO-Forschern den Film zeigte, war ihnen auf den ersten Blick klar, daß es sich bei dem Material um einen – ausgesprochen plumpen – Schwindel handelte. Tatsächlich entpuppte sich der ›Alien‹, der von dem Horrorfreak, Hobbyfilmer und Special Effects-

Bastler Olaf Ittenbach aus München im Auftrag von *Stern TV* gebaut wurde, als Plastikpuppe, die mit Pappmaché und Puder überzogen und mit Innereien aus dem Schlachthaus gefüllt war. Doch obwohl sowohl Hesemann als auch die von ihm hinzugezogenen UFOlogen Philip Mantle und Roberto Pinotti den Mitarbeitern von *Stern TV* übereinstimmend erklärten, daß es sich bei dem Autopsiefilm um eine Fälschung handelte, kündigte der Fernsehsender RTL wenig später an: ›Deutschland im UFO-Fieber – UFO-Experten fallen auf selbstgebastelten Alien rein‹. Dieselbe Ansicht vermittelte der Moderator Günter Jauch ebenfalls in der *Stern TV*-Sendung, auch wenn ihm bereits eine eidesstattliche, von mehreren Zeugen beglaubigte Erklärung Hesemanns vorlag, aus der hervorging, daß die vermeintliche Alien-Autopsie eindeutig ein Schwindel war. Bei soviel boulevardjournalistischer Borniertheit ist es kein Wunder, daß die ernsthafte UFO-Forschung nicht unbedingt den besten Ruf genießt.

Im übrigen kann jeder UFO-Interessierte, der sich selbst ein Bild von dem bemerkenswerten Santilli-Material machen möchte, es in Originallänge inklusive Interviews mit Santilli und den wichtigsten Augenzeugen des Roswell-Zwischenfalls mittlerweile auf Video (Verlag Michael Hesemann, Düsseldorf) käuflich erwerben.

FÜNFTER TEIL
Episodenführer der ›X-Files‹

1. Staffel

1.01
Deutscher Titel: ›Gezeichnet‹
Originaltitel: ›The X-Files‹
Regie: Robert Mandel
Drehbuch: Chris Carter
Deutsche Erstausstrahlung: 05. 09. 1994

Inhalt: Die FBI-Agentin Dana Scully wird von ihren Vorgesetzten dem Agenten Fox ›Spooky‹ Mulder zugeteilt, der an den X-Akten arbeitet, in denen es um Fälle geht, bei denen möglicherweise paranormale Vorgänge im Spiel sind. Scully hat die Aufgabe, ihren neuen Partner zu überwachen und die ›Chefetage‹ über seine Aktivitäten auf dem laufenden zu halten. In Bellefleur, Oregon, stellt das Team Ermittlungen über das Verschwinden mehrerer Teenager an, die angeblich von Außerirdischen entführt wurden.

Besetzung:

David Duchovny	Special Agent Fox Mulder
Gillian Anderson	Special Agent Dana Scully
William B. Davis	Cigarette-Smoking Man
Charles Cioffi	Division Chief Scott Blevins
Cliff DeYoung	Dr. Jay Nemman
Sarah Koskoff	Theresa Nemman
Leon Russom	Detective Miles
Zachary Ansley	Billy Miles
Stephen E. Miller	Coroner John Truitt
Malcom Stewart	Dr. Glass
Alexandra Berlin	Krankenschwester
Jim Jansen	Dr. Werber
Doug Abrams	Polizist

Katya Gardener	Peggy O'Dell
Ric Reid	Assistant Coroner
J. B. Bivens	Lastwagenfahrer
Lesley Ewen	FBI-Rezeptionistin

1.02
Deutscher Titel: ›Die Warnung‹
Originaltitel: ›Deep Throat‹
Regie: Daniel Sackheim
Drehbuch: Chris Carter
Deutsche Erstausstrahlung: 12. 09. 1994

Inhalt: Scully und Mulder gehen auf der Ellens Air Force Base in Idaho dem Verschwinden mehrerer Piloten nach. Dabei stoßen sie auf vermeintliche Experimente des Militärs, das mit Hilfe von außerirdischen Technologien anscheinend neue Flugzeugtypen entwickelt. Erstmals tritt in dieser Episode der Mann auf, der später den Namen ›Deep Throat‹ erhält und zu einem wichtigen Informanten von Mulder wird.

Besetzung:

David Duchovny	Special Agent Fox Mulder
Gillian Anderson	Special Agent Dana Scully
Jerry Hardin	Deep Throat
Michael Bryan French	Paul Mossinger
Seth Green	Emil
Gabrielle Rose	Anita Budahas
Monica Parker	Ladonna
Sheila Moore	Verla McLennen
Lalainia Lindbjerg	Zoe
Andrew Johnston	Robert Budahas
Jon Cuthbert	Commanding Officer
Vince Metcalfe	Kissell
Michael Puttonen	Motelwirt

Brian Furlong	Lead Officer
Doc Harris	Mr. McLennen

1.03
Deutscher Titel: ›Das Nest‹
Originaltitel: ›Squeeze‹
Regie: Harry Longstreet
Drehbuch: Glen Morgan, James Wong
Deutsche Erstausstrahlung: 19. 09. 1994

Inhalt: Mulder und Scully jagen den genetisch mutierten Serienkiller Eugene Victor Tooms, der alle dreißig Jahre aus seinem Nest gekrochen kommt und fünf Morde begeht. Bei diesen Gewalttaten reißt er den Opfern die Leber heraus, um sie zu verschlingen und anschließend wieder in eine Art Winterschlaf zu verfallen.

Besetzung:

David Duchovny	Special Agent Fox Mulder
Gillian Anderson	Special Agent Dana Scully
Doug Hutchinson	Eugene Victor Tooms
Donald Logue	Tom Colton
Henry Beckman	Detective Frank Briggs
Kevin McNulty	Fuller
Terence Kelly	George Usher
Colleen Winter	Laborantin
James Bell	Detective Johnson
Gary Hetherington	Kennedy
Rob Morton	Kramer
Paul Joyce	Mr. Werner

1.04
Deutscher Titel: ›Signale‹
Originaltitel: ›Conduit‹
Regie: Daniel Sackheim
Drehbuch: Alex Gansa, Howard Gordon
Deutsche Erstausstrahlung: 26. 09. 1994

Inhalt: In Sioux City, Iowa, verschwindet die junge Ruby Morris, nachdem der Wohnwagen ihrer Familie von unbekannter Kraft heftig durchgeschüttelt wurde und blendende Lichter vor den Fenstern schwebten. Rubys Mutter Darlene behauptet, sie sei von Außerirdischen entführt worden. Da Mulder der Fall stark an das Verschwinden seiner Schwester Samantha erinnert, nehmen er und Scully sich der Sache an.

Besetzung:

David Duchovny	Special Agent Fox Mulder
Gillian Anderson	Special Agent Dana Scully
Carrie Snodgress	Darlene Morris
Michael Cavanaugh	Sheriff
Don Gibb	Wirt
Joel Palmer	Kevin Morris
Charles Cioffi	Division Chief Scott Blevins
Shelly Owens	Tessa Sears
Don Thompson	Holtzman
Akiko Morrison	Leza Atsumi
Taunya Dee	Ruby Morris
Glen Roald	Klinikangestellter
Maurice Mercado	Coroner

1.05
Deutscher Titel: ›Der Teufel von Jersey‹
Originaltitel: ›The Jersey Devil‹
Regie: Joe Napolitano
Drehbuch: Chris Carter
Deutsche Erstausstrahlung: 10. 10. 1994

Inhalt: In Atlantic City werden Leichen gefunden, denen diverse Körperteile abgefressen wurden. Die örtliche Polizei vermutet einen Kannibalen hinter den Verbrechen, doch Mulder und Scully finden heraus, daß in den umliegenden Wäldern zwei anscheinend degenerierte, wildlebende Menschen ihr Unwesen treiben.

Besetzung:

David Duchovny	Special Agent Fox Mulder
Gillian Anderson	Special Agent Dana Scully
Claire Stansfield	Weibliches Wesen
Wayne Tippit	Detective Thompson
Gregory Sierra	Dr. Diamond
Michael MacRae	Ranger Peter Brouillet
Jill Teed	Glenna
Tasmin Kelsey	Ellen
Andrew Airlie	Rob
Bill Dow	Vater
Hrothgar Mathews	Stadtstreicher
Jayme Knox	Mutter
Scott Swanson	1. Police Officer
Sean O'Byrne	2. Police Officer
David Lewis	3. Police Officer
D.Neil Mark	Leiter des SWAT-Teams

1.06
Deutscher Titel: ›Schatten‹
Originaltitel: ›Shadows‹
Regie: Michael Katleman
Drehbuch: Glen Morgan, James Wong
Deutsche Erstausstrahlung: 17. 10. 1994

Inhalt: Vor einer Bank werden zwei Leichen gefunden, deren Autopsie ergibt, daß ihre Kehlköpfe, Speiseröhren und Zungenwurzeln von innen zerquetscht wurden. Im Zuge ihrer Recherchen gelangten Mulder und Scully zu der Erkenntnis, daß die beiden Männer eine Sekretärin namens Lauren Kyte ausrauben wollten, die offensichtlich vom Geist ihres ehemaligen Chefs Howard Graves, der vor einigen Wochen ermordet wurde, beschützt wird.

Besetzung:

David Duchovny	Special Agent Fox Mulder
Gillian Anderson	Special Agent Dana Scully
Barry Primus	Robert Dorlund
Lisa Waltz	Lauren Kyte
Lorena Gale	Ellen Bledsoe
Veena Sood	Ms. Saunders
Deryl Hayes	Webster
Kelly Fox	Pathologin
Tom Pickett	Polizist
Tom Heaton	Hausmeister
Jamie Woods-Morris	Ms. Lange
Nora McLellan	Jane Morris
Anna Ferguson	Ms. Winn

1.07
Deutscher Titel: ›Die Maschine‹
Originaltitel: ›Ghost in the Machine‹
Regie: Jerrold Freedman
Drehbuch: Alex Gansa, Howard Gordon
Deutsche Erstausstrahlung: 24. 10. 1994

Inhalt: Das EURISKO-Gebäude in Crystal City, Virginia, wird von dem experimentellen Computersystem COS überwacht, das von dem Programmierer Benjamin Drake entwickelt wurde. Dieser will das Projekt unbedingt einstellen, wird jedoch von COS getötet. Als sich weitere groteske Mordfälle in dem Hochhaus ereignen, für die ebenfalls der Computer verantwortlich zu sein scheint, treten Mulder und Scully auf den Plan und entdecken, daß der Rechner offenbar ein Eigenleben besitzt.

Besetzung:

David Duchovny	Special Agent Fox Mulder
Gillian Anderson	Special Agent Dana Scully
Jerry Hardin	Deep Throat
Rob LaBelle	Brad Wilczek
Wayne Duvall	Jerry Lamana
Blu Mankuma	Claude Peterson
Tom Butler	Benjamin Drake
Gillian Barber	Nancy Spiller
Marc Bauer	Mann im Anzug
Theodore Thomas	Clyde

1.08
Deutscher Titel: ›Eis‹
Originaltitel: ›Ice‹
Regie: David Nutter
Drehbuch: Glen Morgan, James Wong
Deutsche Erstausstrahlung: 31. 10. 1994

Inhalt: Als eine kleine Gruppe von Wissenschaftlern, die in der Antarktis nach geologisch interessanten Substanzen bohrt, sich gegenseitig umzubringen beginnt, untersuchen Mulder und Scully den Fall. Sie kommen dahinter, daß die Forscher bei einer ihrer Bohrungen auf eine bislang unbekannte Lebensform gestoßen sind: einen parasitären Wurm, der seinen Wirt in den Wahnsinn treibt und unter Umständen schon vor Millionen von Jahren mit einem Meteor zur Erde kam.

Besetzung:

David Duchovny	Special Agent Fox Mulder
Gillian Anderson	Special Agent Dana Scully
Xander Berkeley	Dr. Hodge
Felicity Huffman	Dr. Nancy Da Silva
Steve Hynter	Dr. Denny Murphy
Jeff Kober	Bear
Ken Kerzinger	John Richter
Sonny Surowiec	Campbell

1.09
Deutscher Titel: ›Besessen‹
Originaltitel: ›Space‹
Regie: David Nutter
Drehbuch: Glen Morgan, James Wong
Deutsche Erstausstrahlung: 07. 11. 1994

Inhalt: Mulder und Scully erhalten einen anonymen Brief, in dem sie – offensichtlich von einem hochrangigen NASA-Mitarbeiter – darauf aufmerksam gemacht werden, daß irgend jemand bei der NASA eine anstehende Shuttle-Mission sabotieren will. Bei ihren Ermittlungen stoßen die beiden FBI-Agenten auf den ehemaligen Astronauten Colonel Marcus Belt, der von einem Spaziergang auf dem Mars anscheinend etwas mit zur Erde gebracht hat, das um jeden Preis verhindern will, daß erneut ein Shuttle zu diesem Planeten startet.

Besetzung:

David Duchovny	Special Agent Fox Mulder
Gillian Anderson	Special Agent Dana Scully
Ed Lauter	Colonel Marcus Aurelius Belt
Susanna Thompson	Michelle Generoo
Tom McBeath	Wissenschaftler
Terry David Mulligan	1. Mission Controller
Alf Humphreys	2. Mission Controller
French Tickner	Prediger
Norma Wick	Reporterin
David Cameron	Junger Wissenschaftler
Tyronne L'Hirondelle	EDV-Fachmann
Paul Des Roches	Sanitäter

1.10
Deutscher Titel: ›Gefallener Engel‹
Originaltitel: ›Fallen Angel‹
Regie: Larry Shaw
Drehbuch: Alex Gansa, Howard Gordon
Deutsche Erstausstrahlung: 14. 11. 1994

Inhalt: Deep Throat informiert Mulder darüber, daß in Townsend, Colorado, offenbar ein UFO abgestürzt ist. Der FBI-Agent hat vierundzwanzig Stunden Zeit, um herauszufinden, was vorgeht, ehe die Gegend im Zuge der Operation Falcon ›gesäubert‹ werden wird. Es stellt sich heraus, daß mit dem UFO anscheinend eine außerirdische Lebensform auf die Erde gekommen ist, die irgend etwas mit dem NICAP-Mitglied Max Fenig zu tun hat, einem jungen UFO-Forscher, der offenbar bereits *vor* dem Absturz des Raumschiffs vor Ort war.

Besetzung:

David Duchovny	Special Agent Fox Mulder
Gillian Anderson	Special Agent Dana Scully
Jerry Hardin	Deep Throat
Frederick Coffin	Section Chief Joseph McGrath
Marshall Bell	Commander Calvin Henderson
Scott Bellis	Fax Fenig
Brent Stait	Corporal Taylor
Alvin Sanders	Deputy Sheriff Wright
Sheila Paterson	Gina Watkins
Tony Pantages	Fraser
Freda Perry	Mrs. Wright
Michael Rogers	Griffin
William MacDonald	Dr. Oppenheim
Jane McDougall	Laura Darlton
Kimberly Unger	Chief Karen Koretz

1.11
Deutscher Titel: ›Eve‹
Originaltitel: ›Eve‹
Regie: Fred Gerber
Drehbuch: Kenneth Biller, Chris Brancato
Deutsche Erstausstrahlung: 21. 11. 1994

Inhalt: Als zwei junge Mädchen in verschiedenen Teilen der USA ihre Väter durch auf die gleiche Weise ausgeführte Morde verlieren, fragen sich Mulder und Scully, welche Verbindung zwischen diesen Fällen besteht. Es stellt sich heraus, daß sich die Mädchen nicht bloß äußerlich ähneln wie ein Ei dem anderen, sondern darüber hinaus auch genetisch völlig gleich sind. Die Spuren führen die FBI-Agenten zu der Biogenetikerin Dr. Sally Kendrick, die sich offensichtlich selbst geklont hat.

Besetzung:

David Duchovny	Special Agent Fox Mulder
Gillian Anderson	Special Agent Dana Scully
Jerry Hardin	Deep Throat
Harriet Harris	Dr. Sally Kendrick/Eve 8/ Eve 9
Erika Krievins	Cindy Reardon
Sabrina Krievins	Teena Simmons
George Touliatos	Dr. Katz
Tasha Simms	Ellen Reardon
Janet Hodgkinson	Kellnerin
David Kirby	Ted Watkins
Tina Gilbertson	Donna Watkins
Christine Upright-Letain	Ms. Wells
Gordon Tipple	Detective
Garry Davey	Jäger
Joe Maffei	Wächter
Maria Herrera	Wächterin
Robert Lewis	Offizier

1.12
Deutscher Titel: ›Feuer‹
Originaltitel: ›Fire‹
Regie: Larry Shaw
Drehbuch: Chris Carter
Deutsche Erstausstrahlung: 28.11.1994

Inhalt: Mulder und Scully bekommen es nicht nur mit Mulders alter Flamme, der Scotland Yard-Inspektorin Phoebe Green, sondern außerdem mit einem Brandstifter zu tun, der reihenweise britische Parlamentsabgeordnete in den Feuertod schickt. Er verfügt anscheinend über die umstrittene Fähigkeit der Pyrokinese.

Besetzung:

David Duchovny	Special Agent Fox Mulder
Gillian Anderson	Special Agent Dana Scully
Amanda Pays	Phoebe Green
Mark Sheppard	Cecil L'Ively
Dan Lett	Sir Malcolm Marsden
Laurie Paton	Mrs. Marsden
Duncan Fraiser	Beatty
Phil Hayes	Fahrer
Keegan Macintosh	Michael
Lynda Boyd	Ms. Kotchik
Christopher Gray	Jimmie
Alan Robertson	Grauhaariger Mann

1.13
Deutscher Titel: ›Die Botschaft‹
Originaltitel: ›Beyond the Sea‹
Regie: David Nutter
Drehbuch: Glen Morgan, James Wong
Deutsche Erstausstrahlung: 05. 12. 1994

Inhalt: Als zwei Teenager entführt werden, wendet sich der zum Tode verurteilte Serienmörder Luther Lee Boggs an Mulder, der vor Jahren durch ein psychologisches Täterprofil dafür gesorgt hat, daß Boggs geschnappt wurde. Boggs erklärt, daß er durch seine medialen Fähigkeiten erfahren habe, wo die Kinder sich aufhalten. Im Tausch für diese Information verlangt er, daß sein Todesurteil, das in den nächsten Tagen vollstreckt werden soll, in eine lebenslängliche Haftstrafe umgewandelt wird. Vor allem Scully, die gerade ihren Vater verloren hat, ist von Boggs und der Vorstellung, daß er über die Gabe verfügt, mit dem Jenseits zu kommunizieren, überaus fasziniert.

Besetzung:

David Duchovny	Special Agent Fox Mulder
Gillian Anderson	Special Agent Dana Scully
Brad Dourif	Luther Lee Boggs
Don Davis	William Scully
Sheila Larken	Margaret Scully
Lawrence King	Lucas Jackson Henry
Fred Henderson	Thomas
Don Mackay	Joseph Cash
Lisa Vultaggio	Liz Hawley
Chad Willett	Jim Summers
Kathrynn Chisholm	Krankenschwester
Randy Lee	Sanitäter
Len Rose	Arzt

1.14
Deutscher Titel: ›Verlockungen‹
Originaltitel: ›Gender Bender‹
Regie: Rob Bowman
Drehbuch: Larry Barber, Paul Barber
Deutsche Erstausstrahlung: 12. 12. 1994

Inhalt: Eine Reihe von rätselhaften Morden, bei denen die Opfer jeweils nach dem Geschlechtsakt an Herzversagen sterben, führt Mulder und Scully nach Steveston, Massachusetts, wo die Sekte der Kindred beheimatet ist. Es stellt sich heraus, daß es sich bei den Kindred anscheinend um eine Gruppe von Gestaltwandlern handelt, die nicht von dieser Welt stammen.

Besetzung:

David Duchovny	Special Agent Fox Mulder
Gillian Anderson	Special Agent Dana Scully
Brent Hinkley	Bruder Andrew
Michelle Goodger	Schwester Abby
Kate Twa	Marty (weiblich)
Peter Stebbings	Marty (männlich)
Nicholas Lea	Michael
Mitchell Kosterman	Detective Horton
Paul Batten	Bruder Wilton
Lesley Ewen	1. FBI-Agent
Doug Abrahams	2. FBI-Agent
Aundrea MacDonald	Hübsche Frau
John R. Taylor	Kunde
Gray Carrington	Germantown-Opfer
Tony Morelli	Polizist
David Thomson	Bruder Oakley

1.15
Deutscher Titel: ›Lazarus‹
Originaltitel: ›Lazarus‹
Regie: David Nutter
Drehbuch: Alex Gansa, Howard Gordon
Deutsche Erstausstrahlung: 19. 12. 1994

Inhalt: Scullys ehemaliger Partner und Ex-Liebhaber Jack Willis wird bei einem Banküberfall von dem kaltblütigen Ganoven James Dupre erschossen, bevor dieser von Scully niedergesteckt wird. Dem Notarzt gelingt es, Willis zu reanimieren. Doch es hat den Anschein, als ob der Geist des toten Dupre von dem Agenten Besitz ergriffen hat und ihn zu schrecklichen Taten verleitet.

Besetzung:

David Duchovny	Special Agent Fox Mulder
Gillian Anderson	Special Agent Dana Scully
Christopher Allport	Jack Willis
Cec Verrell	Lula Phillips
Jackson Davies	Bruskin
Jason Schornbing	Warren James Dupre
Callum Keith Rennie	Tommy Phillips
Jay Brazeau	Professor Varnes
Lisa Bunting	Ärztin
Peter Kelamis	O'Dell
Brenda Crichlow	Reporterin
Mark Saunders	Arzt
Alexander Boynton	Clean Cut Man
Russell Hamilton	Officer Daniels

1.16
Deutscher Titel: ›Ewige Jugend‹
Originaltitel: ›Young at Heart‹
Regie: Michael Lange
Drehbuch: Chris Carter, Scott Kaufer
Deutsche Erstausstrahlung: 03. 01. 1995

Inhalt: Als Mulder Drohbriefe von einem Mann erhält, der seines Wissens bereits seit einigen Jahren tot ist, führen die Spuren Scully und ihn zu einem Arzt namens Dr. Joe Ridley, dem es allem Anschein nach gelungen ist, den menschlichen Alterungsprozeß zu stoppen.

Besetzung:

David Duchovny	Special Agent Fox Mulder
Gillian Anderson	Special Agent Dana Scully
Jerry Hardin	Deep Throat
Dick Anthony Williams	Reggie Purdue
Alan Boyce	John Irvin Barnett (jung)
David Peterson	John Irvin Barnett (alt)
Christina Estabrook	Henderson
Graham Jarvis	Arzt
Robin Mossley	Dr. Joe Ridley
Merrilyn Gann	Staatsanwältin
Gordon Tipple	Joe Crandall
William B. Davis	Cigarette-Smoking Man
Courtney Arciaga	Krankes Kind
Robin Douglas	Computerspezialist

1.17
Deutscher Titel: ›Täuschungsmanöver‹
Originaltitel: ›E. B. E.‹
Regie: William Graham
Drehbuch: Glen Morgan, James Wong
Deutsche Erstausstrahlung: 20. 01. 1995

Inhalt: Über dem Irak ist ein UFO abgeschossen worden, das nun von der amerikanischen Regierung heimlich in die USA transportiert wird. Mulder und Scully finden heraus, daß neben dem UFO ebenfalls ein Außerirdischer geborgen wurde, der anscheinend noch am Leben war, als man ihn fand.

Besetzung:

David Duchovny	Special Agent Fox Mulder
Gillian Anderson	Special Agent Dana Scully
Jerry Hardin	Deep Throat
Allan Lysell	Chief Rivers
Peter LaCroix	Ranheim
Bruce Harwood	Byers
Dean Haglund	Langly
Tom Braidwood	Frohike

1.18
Deutscher Titel: ›Der Wunderheiler‹
Originaltitel: ›Miracle Man‹
Regie: Michael Lange
Drehbuch: Chris Carter, Howard Gordon
Deutsche Erstausstrahlung: 27. 01. 1995

Inhalt: Als bei mehreren Messen des Wunderheilers Samuel Hartley Menschen, die Hartley unmittelbar vorher von ihren Leiden zu befreien versuchte, sterben, nehmen Mulder und Scully sich der Sache an. Sie finden heraus, daß Hartley tatsächlich über gewisse übernatürliche Fähigkeiten verfügt – und daß es offenbar ein hinterhältiger Mörder auf ihn abgesehen hat.

Besetzung:

David Duchovny	Special Agent Fox Mulder
Gillian Anderson	Special Agent Dana Scully
R. D. Call	Sheriff Maurice Daniels
Scott Bairstow	Samuel Hartley
George Gerdes	Reverend Calvin Hartley
Dennis Lipscomb	Leonard Vance
Walter Marsh	Richter
Campbell Lane	Vater
Chilton Crane	Margaret Hohman

Howard Storey	Feuerwehrchef
Iris Quinn Bernard	Lillien Daniels
Lisa Ann Beley	Beatrice Salinger
Alex Doduk	Samuel (jung)
Roger Haskett	Deputy Tyson

1.19
Deutscher Titel: ›Verwandlungen‹
Originaltitel: ›Shapes‹
Regie: David Nutter
Drehbuch: Marilyn Osborn
Deutsche Erstausstrahlung: 03. 02. 1995

Inhalt: Im Trego-Reservat in Montana erschießt der Rancher Jim Parker einen jungen Indianer, weil er glaubt, ein Raubtier vor sich zu haben. Mulder und Scully kommen zu dem Schluß, daß in dem Reservat ein Werwolf sein Unwesen treibt.

Besetzung:

David Duchovny	Special Agent Fox Mulder
Gillian Anderson	Special Agent Dana Scully
Ty Miller	Lyle Parker
Michael Horse	Sheriff Tskany
Donnelly Rhodes	Jim Parker
Jimmy Herman	Ish
Renae Morriseau	Gwen Goodensnake
Dwight McFee	David Gates
Paul McLean	Dr. Josephs

1.20
Deutscher Titel: ›Der Kokon‹
Originaltitel: ›Darkness Falls‹
Regie: Joe Napolitano
Drehbuch: Chris Carter
Deutsche Erstausstrahlung: 10. 02. 1995

Inhalt: In den Wäldern des Olympic National Forest im Staate Washington verschwindet eine Gruppe Holzfäller spurlos. Bei ihren Ermittlungen entdecken Mulder und Scully, daß die Männer von einem Schwarm mutierter Leuchtkäfer ermordet wurden, die allem Anschein nach über mehrere Jahrhunderte hinweg in einem alten Baumriesen gefangen waren.

Besetzung:

David Duchovny	Special Agent Fox Mulder
Gillian Anderson	Special Agent Dana Scully
Jason Beghe	Larry Moore
Tom O'Rourke	Steve Humphreys
Titus Welliver	Doug Spinney
Ken Tremblett	Dyer
Barry Greene	Bob Perkins
David Hay	Mann

1.21
Deutscher Titel: ›Ein neues Nest‹
Originaltitel: ›Tooms‹
Regie: David Nutter
Drehbuch: Glen Morgan, James Wong
Deutsche Erstausstrahlung: 17. 02. 1995

Inhalt: Der mutierte Serienkiller Eugene Victor Tooms, dem Mulder und Scully nur den tätlichen Angriff auf Scully nachweisen konnten, wird trotz des Widerstands der FBI-Agenten aus der Psychiatrie entlassen. Da sie wissen, daß Tooms nach seiner ersten Mordserie lediglich noch eine einzige Leber benötigt, um seinen dreißigjährigen Winterschlaf antreten zu können, heften Mulder und Scully sich an seine Fersen. Unter der Rolltreppe eines Kaufhauses kommt es zur finalen Auseinandersetzung.

Besetzung:

David Duchovny	Special Agent Fox Mulder
Gillian Anderson	Special Agent Dana Scully
Doug Hutchinson	Eugene Victor Tooms
Paul Ben Victor	Dr. Aaron Monte
Mitch Pileggi	Walter S. Skinner
Henry Beckman	Detective Frank Briggs
Tim Webber	Detective Talbot
Jan D'Arcy	Richterin Kann
Jerry Wasserman	Dr. Plith
Frank C. Turner	Dr. Collins
Gillian Carfra	Christine Ranford
Mikal Dughi	Dr. Pamela Karetzky
Glynis Davies	Nelson
Steve Adams	Staatsanwalt
Catherine Lough	Dr. Richmond
William B. Davis	Cigarette-Smoking Man
André Daniels	Arlan Green

1.22
Deutscher Titel: ›Wiedergeboren‹
Originaltitel: ›Born Again‹
Regie: Jerrold Freedman
Drehbuch: Alex Gansa, Howard Gordon
Deutsche Erstausstrahlung: 24. 02. 1995

Inhalt: Mulder und Scully bekommen es mit einem jungen Mädchen namens Michelle Bishop zu tun, bei der es sich offenbar um die Reinkarnation eines Polizisten handelt, der exakt zum Zeitpunkt von Michelles Geburt getötet und grausam verstümmelt wurde und nun Rache an seinen Mördern nimmt.

Besetzung:

David Duchovny	Special Agent Fox Mulder
Gillian Anderson	Special Agent Dana Scully
Brian Markinson	Tony Fiore
Mimi Lieber	Anita Fiore
Maggie Wheeler	Detective Sharon Lazard
Dey Young	Judy Bishop
Andrea Libman	Dr. Sheila Brown
Leslie Carlson	Dr. Spitz
Richard Sali	Felder
Dwight Ross	Detective Rudy Barbala
Peter Lapres	Harry Linhart

1.23
Deutscher Titel: ›Roland‹
Originaltitel: ›Roland‹
Regie: David Nutter
Drehbuch: Chris Ruppenthal
Deutsche Erstausstrahlung: 03. 03. 1995

Inhalt: Die Mitarbeiter eines geheimen Forschungsprojekts der Regierung, bei dem ein neuartiges Raketentriebwerk entwickelt wird, werden einer nach dem anderen ermordet. Nur der geistig zurückgebliebene Hausmeister Roland Fuller scheint als Täter in Frage zu kommen. Mulders und Scullys Ermittlung fördern zutage, daß Rolands Bruder Dr. Arthur Grable, der vor einiger Zeit bei einem Unfall ums Leben kam und seitdem tiefgefroren in einem Kühlsarg in der kryogenetischen Abteilung des Forschungsinstituts ruht, der Cheftechniker des Projekts war. Offenbar hat Grables Geist Besitz von Roland ergriffen, um sein Werk zu vollenden.

Besetzung:

David Duchovny	Special Agent Fox Mulder
Gillian Anderson	Special Agent Dana Scully
Zeljko Ivanek	Roland Fuller
Nicole Mercurio	Mrs. Stodie
Kerry Sandomirsky	Tracy
James Sloyan	Dr. Frank Nollette
Garry Davey	Dr. Keats
Matthew Walker	Dr. Ron Surnow
Dave Hurtubise	Dr. Larry Barrington
Sue Mathew	Lisa Dole

1.24
Deutscher Titel: ›Das Labor‹
Originaltitel: ›The Erlenmeyer Flask‹
Regie: R. W. Goodwin
Drehbuch: Chris Carter
Deutsche Erstausstrahlung: 03. 03. 1995

Inhalt: Deep Throat bringt Mulder und Scully auf die Spur geheimer Regierungsexperimente, bei denen Genmanipulationen an Menschen mit außerirdischer DNA im Spiel sind. Noch nie zuvor waren die beiden FBI-Agenten so dicht davor, ›die Wahrheit‹ zu erfahren. Doch nach der brutalen Ermordung Deep Throats stehen Mulder und Scully einmal mehr mit leeren Händen da.

Besetzung:

David Duchovny	Special Agent Fox Mulder
Gillian Anderson	Special Agent Dana Scully
Jerry Hardin	Deep Throat
Lindsey Ginter	Crew-Cut Man
Anne Desalvo	Dr. Carpenter
Simon Webb	Dr. Secare
Ken Kramer	Dr. Berube
Jim Leard	Captain Roy Lacerio
Phillip MacKenzie	Unfallarzt
William B. Davis	Cigarette-Smoking Man
Jaylene Hamilton	Reporterin
Mike Mitchell	Polizist
John Payne	Wächter

2.Staffel

2.01
Deutscher Titel: ›Kontakt‹
Originaltitel: ›Little Green Men‹
Regie: David Nutter
Drehbuch: Glen Morgan, James Wong
Deutsche Erstausstrahlung: 07. 09. 1995

Inhalt: Nachdem die X-Akten-Abteilung auf Druck ›von ganz oben‹ geschlossen wurde, ist Mulder zu einem Horchposten versetzt worden, während Scully wieder an der FBI Academy in Quantico unterrichtet. Als Mulder Hinweise auf Außerirdische in Puerto Rico erhält, macht er sich unter Mißachtung seiner Befehle umgehend auf den Weg nach Südamerika.

Besetzung:

David Duchovny	Special Agent Fox Mulder
Gillian Anderson	Special Agent Dana Scully
Mitch Pileggi	Walter S. Skinner
Mike Gomez	Jorge Concepcion
Raymond J. Barry	Senator Richard Matheson
William B. Davis	Cigarette-Smoking Man
Les Carlson	Dr. Troisky
Marcus Turner	Mulder als Junge
Vanessa Morley	Samantha Mulder
Fulvio Cecere	Mathesons Sekretär
Deryl Hayes	Morris
Dwight McFee	Blue Beret Commander
Lisa Ann Beley	FBI-Kadettin
Gary Hetherington	Lewin
Bob Wilde	Rand

2.02
Deutscher Titel: ›Der Parasit‹
Originaltitel: ›The Host‹
Regie: Daniel Sackheim
Drehbuch: Chris Carter
Deutsche Erstausstrahlung: 14. 09. 1995

Inhalt: Als in einem Abwasserkanal in Newark, im Bundesstaat New Jersey, eine Leiche gefunden wird, setzt Skinner Scully und Mulder, der offiziell noch immer der Überwachungseinheit zugeteilt ist, auf den Fall an. Die FBI-Agenten finden heraus, daß ein Wurmmensch, der anscheinend von einem Frachtschiff aus Rußland eingeschleppt wurde, in der Kanalisation sein Unwesen treibt.

Besetzung:

David Duchovny	Special Agent Fox Mulder
Gillian Anderson	Special Agent Dana Scully
Mitch Pileggi	Walter S. Skinner
Darin Morgan	Wurmwesen
Matthew Bennett	Craig
Freddy Andreiuci	Detective Norman
Don MacKay	Charlie
Marc Bauer	Brisentine
Gabrielle Rose	Dr. Zenzols
Ron Sauve	Ray
Dmitri Boudrine	Ingenieur
Raoul Ganee	Dmitri
William MacDonald	Marshall

2.03
Deutscher Titel: ›Blut‹
Originaltitel: ›Blood‹
Regie: David Nutter
Drehbuch: Glen Morgan, James Wong
Deutsche Erstausstrahlung: 21. 09. 1995

Inhalt: In der Kleinstadt Franklin, Pennsylvania, laufen immer wieder Menschen scheinbar vollkommen grundlos Amok. Mulders und Scullys Nachforschungen ergeben, daß im Venango County experimentelle Insektenvertilgungsmittel versprüht werden. Offenbar ist eine Fliegenart durch die Chemikalien mutiert und überträgt nun bei Hautkontakt eine Substanz, die beim Menschen Halluzinationen und Aggressionszustände hervorruft.

Besetzung:

David Duchovny	Special Agent Fox Mulder
Gillian Anderson	Special Agent Dana Scully
William Sanderson	Ed Funsch
John Cygan	Sheriff Spencer
Kimberley Ashlyn Gere	Mrs. Roberts
George Touliatos	Larry Winter
Bruce Harwood	Byers
Dean Haglund	Langly
Tom Braidwood	Frohike
Gerry Rosseau	Wartungstechniker
Andre Daniels	Harry McNally
William MacKenzie	Busfahrer
Diana Stevan	Mrs. Adams
David Fredericks	Sicherheitsbeamter
Kathleen Duborg	Mutter
John Harris	Taber

2.04
Deutscher Titel: ›Schlaflos‹
Originaltitel: ›Sleepless‹
Regie: Rob Bowman
Drehbuch: Howard Gordon
Deutsche Erstausstrahlung: 28. 09. 1995

Inhalt: Einige seltsame Mordfälle in New York bringen Mulder, der inzwischen wieder an den X-Akten arbeitet, und seinen neuen Partner Alex Krycek auf die Spur eines gewissen Dr. Saul Grissom. Dieser Arzt hat im Vietnamkrieg experimentelle Operationen an US-Soldaten durchgeführt. Durch die Entfernung eines Teils des Gehirns wollte Dr. Grissom das Schlafbedürfnis der Männer eliminieren und zugleich ihr Aggressionspotential steigern.

Besetzung:

David Duchovny	Special Agent Fox Mulder
Gillian Anderson	Special Agent Dana Scully
Mitch Pileggi	Walter S. Skinner
Nicholas Lea	Special Agent Alex Krycek
Jonathan Gries	Salvatore Matola
Steven Williams	Mr. X
Tony Todd	Augustus D. Cole
Don Thompson	Henry Willig
David Adams	Dr. Francis Girardi
Michael Puttonen	Dr. Pilsson
Anna Hagan	Dr. Charyn
William B. Davis	Cigarette-Smoking Man
Mitch Kosterman	Detective Horton
Paul Bittante	Teamchef
Claude DeMartino	Dr. Grissom

2.05
Deutscher Titel: ›Unter Kontrolle‹ (1.Teil)
Originaltitel: ›Duane Barry‹
Regie: Chris Carter
Drehbuch: Chris Carter
Deutsche Erstausstrahlung: 05. 10. 1995

Inhalt: Der ehemalige FBI-Agent Duane Barry verschanzt sich mit mehreren Geiseln in einem Bürogebäude in Richmond, Virginia. Da Barry behauptet, von Außerirdischen entführt worden zu sein, wird Mulder zu dem Fall hinzugezogen, weil er sich in diesem Jargon schließlich auskennt. Es gelingt Mulder, der sich gegen eine der Geiseln austauschen läßt, Barry zur Tür zu locken, wo er von einem Scharfschützen angeschossen wird. Aber damit ist der Fall noch nicht abgeschlossen, denn Barry flieht aus dem Krankenhaus und entführt Scully aus ihrer Wohnung …

Besetzung:

David Duchovny	Special Agent Fox Mulder
Gillian Anderson	Special Agent Dana Scully
Steve Railsback	Duane Barry
Nicholas Lea	Special Agent Alex Krycek
C. H. Pounder	Special Agent Lucy Kazdin
Stephen E. Miller	Tactical Commander
Frank C. Turner	Dr. Hakkie
Fred Henderson	Rich
Barbara Polland	Gwen
Sarah Strange	Kimlerby
Robert Lewis	Polizist
John Sampson	1. Scharfschütze
Michael Dobson	2. Scharfschütze
Tosca Baggoo	Verkäuferin
Tim Dixon	Bob Morris
Prince Maryland	Janus

2.06
Deutscher Titel: ›Seilbahn zu den Sternen‹ (2. Teil)
Originaltitel: ›Ascension‹
Regie: Michael Lange
Drehbuch: Paul Brown
Deutsche Erstausstrahlung: 12.10.1995

Inhalt: Mulder und Krycek finden heraus, daß Duane Barrys Ziel der Blue Ridge Parkway ist, wo Barry seiner Aussage nach von Außerirdischen entführt wurde. Sie heften sich an seine Fersen, doch da Krycek ohne Mulders Wissen ein doppeltes Spiel treibt, können sie nicht verhindern, daß Scully spurlos verschwindet. Bevor Barry an einem rätselhaften ›inneren Erstickungsanfall‹ stirbt, erklärt er den Agenten triumphierend, daß die Aliens an seiner statt Scully mitgenommen haben.

Besetzung:

David Duchovny	Special Agent Fox Mulder
Gillian Anderson	Special Agent Dana Scully
Steve Railsback	Duane Barry
Nicholas Lea	Special Agent Alex Krycek
Mitch Pileggi	Walter S. Skinner
Sheila Larken	Margaret Scully
Steven Williams	Mr. X
Meredith Bain Woodward	Dr. Ruth Slaughter
William B. Davis	Cigarette-Smoking Man
Michael David Simms	FBI-Agent
Peter LaCroix	Dwight
Steve Makaj	Streifenpolizist
Peter Lapres	Videotechniker
Bobby L. Stewart	Deputy

2.07
Deutscher Titel: ›Drei‹
Originaltitel: ›3‹
Regie: David Nutter
Drehbuch: Chris Ruppenthal, Glen Morgan, James Wong
Deutsche Erstausstrahlung: 19. 10. 1995

Inhalt: Nach dem spurlosen Verschwinden von Dana Scully wird Mulder mit einer Mordserie konfrontiert, bei der die Opfer vollkommen blutleer aufgefunden werden. Seine Ermittlungen führen ihn zu einer rätselhaften jungen Frau namens Kristen Kilar, die davon überzeugt ist, ein Vampir zu sein.

Besetzung:

David Duchovny	Special Agent Fox Mulder
Justina Vail	›Unheiliger Geist‹
Perrey Reeves	Kristen Kilar
Frank Military	John
Tom McBeath	Detective Gwynn
Malcolm Stewart	Commander Carver
Frank Ferrucci	Detective Nettles
Ken Kramer	Dr. Browning
Roger Allford	Garrett Lorre
Richard Yee	David Yung
Brad Lorre	›Vater‹
John Tierny	Dr. Jacobs
David Livingstone	Wächter
Guyle Frazier	Polizist

2.08
Deutscher Titel: ›An der Grenze‹
Originaltitel: ›One Breath‹
Regie: R. W. Goodwin
Drehbuch: Glen Morgan, James Wong
Deutsche Erstausstrahlung: 26. 10. 1995

Inhalt: Scully taucht so plötzlich wieder auf, wie sie einige Zeit vorher verschwunden ist. Sie liegt im Northeast Georgetown Medical Center in Washington im Koma, ohne daß es für ihren Zustand eine medizinische Erklärung gibt. Mit Hilfe der Lone Gunmen findet Mulder heraus, daß jemand Scullys DNS manipuliert hat.

Besetzung:

David Duchovny	Special Agent Fox Mulder
Gillian Anderson	Special Agent Dana Scully
Sheila Larken	Margaret Scully
Melinda McGraw	Melissa Scully
Mitch Pileggi	Walter S. Skinner
Steven Williams	Mr. X
William B. Davis	Cigarette-Smoking Man
Don Davis	William Scully
Jay Brazeau	Dr. Daly
Nicola Cavendish	Schwester Owens
Lorena Gale	Schwester Wilkins
Bruce Harwood	Byers
Dean Haglund	Langly
Tom Braidwood	Frohike
Ryan Michael	Mann im Mantel
Tegan Moss	Scully als Mädchen

2.09
Deutscher Titel: ›Der Vulkan‹
Originaltitel: ›Firewalker‹
Regie: David Nutter
Drehbuch: Howard Gordon
Deutsche Erstausstrahlung: 02. 11. 1995

Inhalt: Als am Mount Avalon der Wissenschaftler Daniel Trepkos verschwindet und die Videokamera eines Vulkanforschungsroboters den Schatten eines Wesens überträgt, das sich an den hohen Temperaturen im Innern des Vulkans nicht zu stören scheint, nehmen sich Mulder und Scully der Angelegenheit an. Sie finden heraus, daß im Krater des Mount Avalon obsidianartiges Gestein gefunden wurde, das Sporen eines bis dato unbekannten Pilzes enthielt, der mit Vorliebe in menschlichen Wirten wächst.

Besetzung:

David Duchovny	Special Agent Fox Mulder
Gillian Anderson	Special Agent Dana Scully
Bradley Whitford	Dr. Daniel Trepkos
Leland Orser	Jason Ludwig
Shawnee Smith	Jesse O'Neil
Tuck Milligan	Dr. Adam Pierce
David Lewis	Vosberg
David Kaye	Reporter
Hiro Kanagawa	Peter Tanaka
Torren Rolfsen	Techniker

2.10
Deutscher Titel: ›Rotes Museum‹
Originaltitel: ›Red Museum‹
Regie: Win Phelps
Drehbuch: Chris Carter
Deutsche Erstausstrahlung: 09. 11. 1995

Inhalt: In den Wäldern rings der Stadt Delta Glen, im Bundesstaat Wisconsin, werden in kurzer Folge mehrere Teenager aufgegriffen, die nackt und orientierungslos umherirren und auf deren Rücken jemand mit rotem Marker die Worte ›HE/SHE IS ONE‹ geschrieben hat. Mulder und Scully finden Gründe fürr die Annahme, daß die Jugendlichen von Delta Glen seit Jahren als Versuchskaninchen für Experimente mit der DNS von Außerirdischen mißbraucht werden.

Besetzung:

David Duchovny	Special Agent Fox Mulder
Gillian Anderson	Special Agent Dana Scully
Paul Sand	Gird Thomas
Steve Eastin	Sheriff Mazeroski
Mark Rolston	Dr. Doug Herman
Lindsey Ginter	Crew-Cut Man
Gillian Barber	Beth Kane
Bob Frazer	Gary Kane
Robert Clothier	Alter Mann
Elisabeth Rosen	Katie
Crystal Verge	Frau bei Messe
Cameron Labine	Rick Mazeroski
Tony Sampson	Brad
Gerry Nairn	Mann
Brian McGugan	Offizier

2.11
Deutscher Titel: ›Excelsis Dei‹
Originaltitel: ›Excelsis Dei‹
Regie: Stephen Surjik
Drehbuch: Paul Brown
Deutsche Erstausstrahlung: 16. 11. 1995

Inhalt: Die Ordensschwester Michelle Charters von der Excelsis -Dei-Rehabilitationsklinik in Worchester, Massachusetts, ist der festen Überzeugung, von einem unsichtbaren Wesen vergewaltigt worden zu sein. Mulder und Scully übernehmen den Fall und stoßen bald auf ein neues Medikament namens Depranil. Es wird aus einem Pilz hergestellt, der ein Alkaloid enthält, das laut den Behauptungen des malaysischen Krankenpflegers Gung den Kontakt mit Verstorbenen ermöglicht.

Besetzung:

David Duchovny	Special Agent Fox Mulder
Gillian Anderson	Special Agent Dana Scully
Teryl Rothery	Schwester Michelle Charters
Sab Shimono	Gung Bituen
Frances Bay	Dorothy
Eric Christmas	Stan Phillips
David Fresco	Hal Arden
Sheila Moore	Mrs. Dawson
Jerry Wasserman	Dr. John Grago
Tasha Simms	Laura Kelly
Jon Cuthbert	Tiernan
Paul Jarrett	Upshaw
Ernie Prentice	Leo Kreutzer

2.12
Deutscher Titel: ›Böse geboren‹
Originaltitel: ›Aubrey‹
Regie: Rob Bowman
Drehbuch: Sara B. Charno
Deutsche Erstausstrahlung: 23. 11. 1995

Inhalt: Als die Polizistin B.J. Morrow in der Kleinstadt Aubrey, Missouri, die Überreste eines seit mehreren Jahren vermißten Detectives findet, ohne daß sie recht sagen kann, wie ihr das gelungen ist, nehmen sich Mulder und Scully des Falles an. Im Verlauf ihrer Ermittlungen stoßen sie auf eine Mordserie, die aus der Gegenwart bis in die vierziger Jahre zurückreicht. Der Täter war jeweils ein Mann namens Harry Cokely, der mittlerweile fast achtzig Jahre alt ist.

Besetzung:

David Duchovny	Special Agent Fox Mulder
Gillian Anderson	Special Agent Dana Scully
Terry O'Quinn	Brian Tillman
Deborah Strang	Detective B. J. Morrow
Morgan Woodward	Harry Cokely
Joy Coghill	Linda Thibedeaux
Roby Driscoll	Detective Joe Darnell
Peter Fleming	Polizist
Sara Jane Redmond	Mutter
Emanuel Hajek	Junger Cokely

2.13
Deutscher Titel: ›Todestrieb‹
Originaltitel: ›Irresistible‹
Regie: David Nutter
Drehbuch: Chris Carter
Deutsche Erstausstrahlung: 30. 11. 1995

Inhalt: Mulder und Scully werden von ihrem Kollegen Special Agent Bocks aus Minneapolis, Minnesota, darum gebeten, das Täterprofil eines Geistesgestörten zu erstellen, der sich an Leichen vergeht. Dieser Irre wird zunehmend skrupelloser, um seine Triebe zu befriedigen, wobei er auch vor Mord nicht zurückschreckt. Als Scully von dem Mann entführt wird, beginnt für Mulder ein Wettlauf mit der Zeit, um seine Partnerin aus den Händen des Verrückten zu befreien, bevor es zu spät ist.

Besetzung:

David Duchovny	Special Agent Fox Mulder
Gillian Anderson	Special Agent Dana Scully
Bruce Weitz	Special Agent Moe Bocks
Nick Chinlund	Donnie Addie Pfaster
Christina Willes	Karen F. Kosseff
Deanna Milligan	Satin
Robert Thurston	Jackson Toews
Glynis Davis	Ellen
Tim Progish	Mr. Fiebling
Dwight McFee	Verdächtiger
Denalda Williams	Marylin
Maggie O'Hara	Junge Frau
Kathleen Duborg	Zeugin
Mark Saunders	Special Agent Busch
Clara Hunter	Coed

2.14
Deutscher Titel: ›Satan‹
Originaltitel: ›Die Hand, die verletzt‹
Regie: Kim Manners
Drehbuch: Glen Morgan, James Wong
Deutsche Erstausstrahlung: 07. 12. 1995

Inhalt: Ein bizarrer Ritualmord, bei welchem dem Opfer Augen und Herz entfernt wurden, führt Mulder und Scully in die Kleinstadt Milford Haven, New Hampshire. Sie kommen dahinter, daß in der örtlichen Crowley High School (benannt nach dem berühmt-berüchtigten Okkultisten Aleister Crowley) anscheinend eine Gruppe Satanisten ihr Unwesen treibt.

Besetzung:

David Duchovny	Special Agent Fox Mulder
Gillian Anderson	Special Agent Dana Scully
Dan Butler	Jim Ausbury
Susan Blommaert	Phyllis H. Paddock
Heather McComb	Shannon Ausbury
Shaun Johnson	Pete Calcagni
Lynn Johnson	Deborah Brown
Travis MacDonald	Dave Duran
Michelle Goodger	Barbara Ausbury
Larry Musser	Sheriff John Oakes
Franky Czinege	Jerry Stevens
Laura Harris	Andrea
Doug Abrahams	Paul Vitaris

2.15
Deutscher Titel: ›Frische Knochen‹
Originaltitel: ›Fresh Bones‹
Regie: Rob Bowman
Drehbuch: Howard Gordon
Deutsche Erstausstrahlung: 14.12.1995

Inhalt: In einem Übergangslager für haitianische Flüchtlinge in Folkstone, North Carolina, ereignen sich mehrere rätselhafte Selbstmorde. Bei ihren Ermittlungen werden Mulder und Scully mit Voodoo-Flüchen, Geistern und Zombies konfrontiert. Schon bald fällt es ihnen schwer, zwischen Realität und Einbildung zu unterscheiden.

Besetzung:

David Duchovny	Special Agent Fox Mulder
Gillian Anderson	Special Agent Dana Scully
Bruce Young	Pierre Bauvais
Daniel Benzali	Colonel Wharton
Jamil Walker Smith	Chester Bonaparte
Matt Hill	Harry Dunham
Callum Keith Rennie	Friedhofswächter
Steven Williams	Mr. X
Kevin Conway	Jack McAlpin
Katya Gardner	Robin McAlpin
Roger Cross	Kittel
Peter Kelamis	Dr. Foyle
Adrien Malebranche	Angreifer

2.16
Deutscher Titel: ›Die Kolonie, Teil 1‹ (1. Teil)
Originaltitel: ›Colony‹
Regie: Nick Marck
Drehbuch: Chris Carter
Deutsche Erstausstrahlung: 28. 12. 1995

Inhalt: Im Nordosten der USA werden drei Ärzte getötet, die in Abtreibungsklinken gearbeitet haben. Die Ärzte waren einander verblüffend ähnlich. Während Mulder und Scully der Sache nachgehen, taucht bei William Mulder eine Frau auf, die behauptet, seine seit Jahren verschwundene Tochter Samantha zu sein.

Besetzung:

David Duchovny	Special Agent Fox Mulder
Gillian Anderson	Special Agent Dana Scully
Mitch Pileggi	Walter S. Skinner
Peter Donat	William Mulder
Brian Thompson	Pilot/Kopfjäger
Dana Glastone	Klon
Megan Leitch	Samantha Mulder
Tom Butler	CIA-Agent Ambrose Chapel
Time Henry	Marshall
Andrew Johnston	Barrett Weiss
Rebecca Toolan	Mrs. Mulder
Ken Roberts	Rezeptionist
Oliver Becker	Arzt
James Leard	Sergeant Al Dixon
Michael Rogers	Crewmitglied
Linden Banks	Reverend Calvin Sistrunk
Bonnie Hay	Ärztin
Richard Sargent	Captain
David L.Gordon	FBI-Agent
Capper McIntyre	Gefängniswächter
Michael MacDonald	Militärpolizist

2.17
Deutscher Titel: ›Die Kolonie, Teil 2‹ (2. Teil)
Originaltitel: ›End Game‹
Regie: Rob Bowman
Drehbuch: Frank Spotnitz
Deutsche Erstausstrahlung: 28. 12. 1995

Inhalt: Noch immer treibt der Klonmörder sein Unwesen. Als der ›Pilot‹ Scully als Geisel nimmt, um an die Frau heranzukommen, die sich als Samantha Mulder ausgibt, stellt sich heraus, daß es sich bei ihr ebenfalls um einen Mensch/Alien-Klon handelt. In der Arktis kommt es schließlich zur Konfrontation zwischen Mulder und dem unheimlichen Killer.

Besetzung:

David Duchovny	Special Agent Fox Mulder
Gillian Anderson	Special Agent Dana Scully
Mitch Pileggi	Walter S. Skinner
Steven Williams	Mr. X
Peter Donat	William Mulder
Brian Thompson	Pilot/Kopfjäger
Megan Leitch	Samantha Mulder
Colin Cunningham	Terry Wilmer
Garry Davey	Captain
Andrew Johnston	Barrett Weiss
Allan Lysell	Able Gardner
Oliver Becker	Arzt
Beatrice Zeilinger	Sanitäterin
Bonnie Hay	Ärztin

2.18

Deutscher Titel: ›Sophie‹
Originaltitel: ›Fearful Symmetry‹
Regie: James Whitmore, Jr.
Drehbuch: Steve DeJarnatt
Deutsche Erstausstrahlung: 04. 01. 1996

Inhalt: In der Kleinstadt Fairfield, Idaho, wird ein Straßenarbeiter von einem unsichtbaren Wesen getötet, das auf seiner Brust den Abdruck eines Elefantenfußes hinterläßt. Bei ihren Ermittlungen stoßen Mulder und Scully auf einen Zirkus, dessen Tiere offenbar von Außerirdischen entführt werden.

Besetzung:

David Duchovny	Special Agent Fox Mulder
Gillian Anderson	Special Agent Dana Scully
Jayne Atkinson	Willa Ambrose
Lance Guest	Kyle Lang
Jack Rader	Ed Meecham
Bruce Harwood	Byers
Dean Haglund	Langly
Tom Braidwood	Frohike
Jody St. Michael	Sophie
Charles Andre	Ray Floyd
Tom Glass	Wesley Brewer

2.19
Deutscher Titel: ›Totenstille‹
Originaltitel: ›Dod Kalm‹
Regie: Rob Bowman
Drehbuch: Alex Gansa, Howard Gordon
Deutsche Erstausstrahlung: 11. 01. 1996

Inhalt: Im Gebiet des 65. Breitengrades verschwindet die *U.S.S. Arden*, ein Zerstörer der US Navy. Kurze Zeit später wird ein Teil der Besatzung von einem norwegischen Fischkutter in einem Rettungsboot entdeckt. Da die Soldaten offenbar alle innerhalb von knapp achtundvierzig Stunden um etliche Jahre gealtert sind, machen Mulder und Scully sich auf den Weg nach Norwegen, um der Sache auf den Grund zu gehen.

Besetzung:

David Duchovny	Special Agent Fox Mulder
Gillian Anderson	Special Agent Dana Scully
John Savage	Henry Trondheim
David Cubitt	Captain Barclay
Vladimir Kulich	Olafsson
John McConnach	Seemann
Stephen Dimopoulos	Ionesco
Claire Riley	Dr. Laskos
Robert Metcalfe	Krankenpfleger
Dmitry Chepovetsky	Richard Harper

2.20
Deutscher Titel: ›Der Zirkus‹
Originaltitel: ›Humbug‹
Regie: Kim Manners
Drehbuch: Darin Morgan
Deutsche Erstausstrahlung: 18. 01. 1996

Inhalt: Als in einer Siedlung für Zirkusartisten in Gibsonton, Florida, der ›Alligatormann‹ Jerald Glazebrook ermordet wird und man am Tatort Spuren findet, die möglicherweise von einem Affen stammen, nehmen Mulder und Scully sich des Falles an. Dabei stoßen sie auf eine fast dreißig Jahre andauernde Serie von insgesamt achtundvierzig Morden, deren Opfer allesamt

Freaks waren, die in Kuriositätenkabinetts und Jahrmarktshows auftraten.

Besetzung:

David Duchovny	Special Agent Fox Mulder
Gillian Anderson	Special Agent Dana Scully
Jim Rose	Dr. Blockhead / Jeffrey Swaim
Wayne Grace	Sheriff Hamilton
Michael Anderson	Nutt
Paul ›The Enigma‹ Lawrence	›Rätsel‹
Vincent Schiavelli	Lanny
Blair Slater	Glazebrook (jung)
Devin Walker	Glazebrook (alt)
John Payne	Jerald Glazebrook
Debis Simpson	Kellner
Alex Diakun	Kurator
George Tipple	Hepcat Helm
Alvin Law	Reverend

2.21

Deutscher Titel: ›Heilige Asche‹
Originaltitel: ›The Calusari‹
Regie: Michael Vejar
Drehbuch: Sara B. Charno
Deutsche Erstausstrahlung: 26. 02. 1996

Inhalt: In einem Vergnügungspark in Arlington, Virginia, wird der zweijährige Teddy Holvey von einem Minizug überfahren, als er seinem davonfliegenden Luftballon nachläuft. Da man auf einem unmittelbar vor dem Unglück aufgenommenen Foto erkennen kann, daß Teddys Ballon offenbar *gegen die Windrichtung* flog, beschließen Mulder und Scully, sich eingehender mit der Sache zu beschäftigen. Bei ihren Ermittlungen stellen sie fest, daß der zweite Sohn der Holveys, der zehn Jahre alte Charlie, allem Anschein nach vom rachsüchtigen Geist seines bei der Geburt gestorbenen Zwillingsbruders Michael besessen ist.

Besetzung:

David Duchovny	Special Agent Fox Mulder
Gillian Anderson	Special Agent Dana Scully
Helene Clarkson	Maggie Holvey
Joel Palmer	Charlie/Michael Holvey
Lilyan Chauvin	Golda
Kay E. Kuter	Alter Calusari
Ric Reid	Steve Holvey
Christina Willes	Karen F. Kosseff
Bill Dow	Dr. Chuck Burks
Jacqueline Danieneau	Schwester Castor
Bill Croft	1. Calusari
Campbell Lane	2. Calusari
George Josef	3. Calusari
Oliver Wildsmith	Teddy Holvey

2.22
Deutscher Titel: ›Verseucht‹
Originaltitel: ›F. Emasculata‹
Regie: Rob Bowman
Drehbuch: Chris Carter, Howard Gordon
Deutsche Erstausstrahlung: 25. 01. 1996

Inhalt: Im Cumberland-Staatsgefängnis in Virginia rafft eine rätselhafte Seuche die Gefangenen dahin. Mulder und Scully ermitteln, daß die Insassen der ›Besserungsanstalt‹ von dem Chemiekonzern Pinck Pharmaceuticals als Versuchskaninchen benutzt werden. Der Konzern will die Wirkung eines gefäßerweiternden Enzyms erproben, das von einer erst kürzlich entdeckten Insektenart namens Faciphaga Emasculata produziert wird.

Besetzung:

David Duchovny	Special Agent Fox Mulder
Gillian Anderson	Special Agent Dana Scully
Mitch Pileggi	Walter S. Skinner
Charles Martin Smith	Dr. Osborne
Dean Norris	Marshall Tapia
John Pyper-Ferguson	Paul
William B. Davis	Cigarette-Smoking Man
Angelo Vacco	Angelo Garza
Morris Paynch	Dr. Simon Auerbach
Lynda Boyd	Elizabeth
John Tench	Steve
Alvin Sanders	Busfahrer
Kim Kondrashoff	Bobby Torrence
Chilton Crane	Mutter
Bill Rowat	Dr. Robert Torrence
Jude Zachary	Winston

2.23
Deutscher Titel: ›Das Experiment‹
Originaltitel: ›Soft Light‹
Regie: James Contner
Drehbuch: Vince Gilligan
Deutsche Erstausstrahlung: 01. 02. 1996

Inhalt: In Richmond, im Bundesstaat Virginia, werden innerhalb kurzer Zeit fünf Menschen das Opfer von vermeintlicher spontaner Selbstverbrennung. Mulder und Scully nehmen sich auf die Bitte von Detective Kelly Ryan des Falles an. Sie finden heraus, daß im Zentrum der unerklärlichen Geschehnisse der Wissenschaftler Dr. Chester Ray Banton steht, dessen Schatten sich bei einem fehlgeschlagenen Experiment mit einem Teilchenbeschleuniger anscheinend in eine Art Schwarzes Loch verwandelt hat.

Besetzung:

David Duchovny	Special Agent Fox Mulder
Gillian Anderson	Special Agent Dana Scully
Tony Shalhoub	Dr. Chester Ray Banton
Kate Twa	Detective Kelly Ryan
Kevin McNulty	Dr. Christopher Davey
Steven Williams	Mr. X
Nathaniel Deveraux	Detective Barron
Robert Rozen	Arzt
Donna Yamamoto	Nachtschwester
Forbes Angus	Wissenschaftler
Guyle Frazier	1. Officer
Steve Bacic	2. Officer
Craig Brunanski	Sicherheitsbeamter

2.24
Deutscher Titel: ›Unsere kleine Stadt‹
Originaltitel: ›Our Town‹
Regie: Rob Bowman
Drehbuch: Frank Spotnitz
Deutsche Erstausstrahlung: 08. 02. 1996

Inhalt: Als der Geflügelinspektor George Kearns in Dudley, Arkansas, spurlos verschwindet, kümmern sich Mulder und Scully um den Fall, hauptsächlich deshalb, weil in dieser abgelegenen Gegend der sogenannte Foxfire-Geist sein Unwesen treiben soll. Doch statt auf ein Gespenst stoßen die beiden FBI-Agenten auf eine Stadt voller vermeintlicher Kannibalen, deren Anführer offenbar der ›Hühnerbaron‹ Walter Chaco ist.

Besetzung:

David Duchovny	Special Agent Fox Mulder
Gillian Anderson	Special Agent Dana Scully
Carolina Kava	Doris Kearns
John Milford	Walter ›Chic‹ Chaco
Gary Grubbs	Sheriff Tom Arens
Timothy Webber	Jess Harold
John MacLaren	George Kearns
Robin Mossley	Dr. Vance Randolph
Gabriele Miller	Paula Gray
Hrothgar Mathews	Patient
Robert Moloney	Arbeiter
Carrie Cain Sparks	Dienstmädchen

2.25
Deutscher Titel: ›Anasazi‹ (1. Teil)
Originaltitel: ›Anasazi‹
Regie: R. W. Goodwin
Drehbuch: Chris Carter
Deutsche Erstausstrahlung: 15. 02. 1996

Inhalt: Kenneth Soona, einer der Lone Gunmen, verschafft sich Zutritt zum Zentralcomputer des Verteidigungsministeriums und stößt dort auf hochbrisante Daten in Zusammenhang mit UFOs und Außerirdischen, die allerdings in Navajo verschlüsselt sind. Es gelingt Soona, Mulder das DAT-Band mit den Informationen zu übergeben, bevor er umgebracht wird. Während Scully versucht, jemanden zu finden, der die Daten dekodieren kann, wird Mulders Vater von Alex Krycek erschossen. Als Mulder schließlich in dem Navajo-Reservat Two Grey Hills in New Mexico auf einen in einem Steinbruch vergrabenen Güterwaggon stößt, in dem sich Dutzende – allem Anschein nach nicht menschliche – Leichen befinden, taucht plötzlich der Cigarette-Smoking Man auf und läßt von Soldaten eine Brandbombe zu dem FBI-Agenten in den Waggon werfen …

Besetzung:

David Duchovny	Special Agent Fox Mulder
Gillian Anderson	Special Agent Dana Scully
Mitch Pileggi	Walter S. Skinner
Peter Donat	William Mulder
Floyd ›Red Crow‹ Westerman	Albert Hosteen
Nicholas Lea	Alex Krycek
William B. Davis	Cigarette-Smoking Man
Bruce Harwood	Byers
Dean Haglund	Langly
Tom Braidwood	Frohike
Michael David Simms	Alter FBI-Agent
Renae Morriseau	Josephine Doane
Ken Camroux	1. FBI-Agent
Chris Carter	2. FBI-Agent
Dakota House	Eric Hosteen
Bernie Coulson	Kenneth Soona
Mitchel Davies	Stealth Man

3. Staffel

3.01
Deutscher Titel: ›Das Ritual‹ (2. Teil)
Originaltitel: ›The Blessing Way‹
Regie: R. W. Goodwin
Drehbuch: Chris Carter
Deutsche Erstausstrahlung: 24. 10. 1996

Inhalt: Mulder kann schwer verletzt aus dem Güterwaggon mit den vermeintlichen außerirdischen Leichen entkommen. Während Albert Hosteen und einige andere Navajos ihn pflegen, wird Melissa Scully ›versehentlich‹ getötet, weil der Killer sie mit ihrer Schwester Dana verwechselt. Es stellt sich heraus, daß Skinner das DAT-Band an sich genommen hat, doch obgleich er vorgibt, auf der Seite der beiden Agenten zu stehen, glaubt Scully, daß er sie ermorden will.

Besetzung:

David Duchovny	Special Agent Fox Mulder
Gillian Anderson	Special Agent Dana Scully
Mitch Pileggi	Walter S. Skinner
Peter Donat	William Mulder
Floyd ›Red Crow‹ Westerman	Albert Hosteen
Melinda McGraw	Melissa Scully
Sheila Larken	Margaret Scully
Nicholas Lea	Special Agent Alex Krycek
William B. Davis	Cigarette-Smoking Man
John Neville	Well-Manicured Man
Tom Braidwood	Frohike
Jerry Hardin	Deep Throat
Alf Humphreys	Dr. Mark Pomerantz
Dakota House	Eric Hosteen

Michael David Simms	FBI-Agent
Rebecca Toolan	Mrs. Mulder
Don S. Williams	1. Elder
Stanley Walsh	2. Elder
John Moore	3. Elder
Forbes Angus	Arzt
Mitchell Davis	Camouflage Man
Benita Ha	Reiseführerin
Victor Ian	Ministrant
Ernie Foort	Sicherheitsbeamter
Lenno Britos	Luis Cardinal
Byron Chief Moon	Erics Vater

3.02
Deutscher Titel: ›Verschwörung des Schweigens‹ (3. Teil)
Originaltitel: ›Paper Clip‹
Regie: Rob Bowman
Drehbuch: Chris Carter
Deutsche Erstausstrahlung: 31. 10. 1996

Inhalt: Mulder kommt wieder auf die Beine. Zusammen mit Scully findet er heraus, daß sein Vater vor dreißig Jahren an einem Geheimprojekt der US-Regierung mitgearbeitet hat, bei dem man mit Hilfe deutscher Nazi-Wissenschaftler versuchte, Menschen und Außerirdische zu kreuzen.

Besetzung:

David Duchovny	Special Agent Fox Mulder
Gillian Anderson	Special Agent Dana Scully
Mitch Pileggi	Walter S. Skinner
Walter Gotell	Victor Kemper
Melinda McGraw	Melissa Scully
Sheila Larken	Margaret Scully

Nicholas Lea	Special Agent Alex Krycek
William B. Davis	Cigarette-Smoking Man
John Neville	Well-Manicured Man
Tom Braidwood	Frohike
Dean Haglund	Langly
Bruce Harwood	Byers
Floyd ›Red Crow‹ Westerman	Albert Hosteen
Rebecca Toolan	Mrs. Mulder
Robert Lewis	Chirurg
Don S. Williams	1. Elder
Stanley Walsh	2. Elder
Lenno Britos	Luis Cardinal
Peta Brookstore	Krankenschwester
Martin Evans	Faktotum

3.03
Deutscher Titel: ›Blitzschlag‹
Originaltitel: ›DPO‹
Regie: Kim Manners
Drehbuch: Howard Gordon
Deutsche Erstausstrahlung: 07. 11. 1996

Inhalt: In Connerville, Oklahoma, sterben innerhalb kurzer Zeit fünf Menschen durch einen vermeintlichen Blitzschlag. Bei ihren Ermittlungen stoßen Mulder und Scully auf den jungen Darren Peter Oswald, der im Zentrum der sonderbaren Vorfälle zu stehen scheint und offenbar eine Art menschlicher Blitzgenerator ist.

Besetzung:

David Duchovny	Special Agent Fox Mulder
Gillian Anderson	Special Agent Dana Scully
Jack Black	Bart ›Zero‹ Liquori
Giovanni Ribisi	Darren Peter Oswald

Ernie Lively	Sheriff Teller
Karen Witter	Sharon Kiveat
Steve Makaj	Frank Kiveat
Peter Anderson	Stan Buxton
Kate Robbins	Mrs. Oswald
Mar Andersons	Jack Hammond
Brent Chapman	Polizist
Jason Anthony Griffith	1. Sanitäter
Cavan Cunningham	2. Sanitäter
Bonnie Hay	Nachtschwester

3.04
Deutscher Titel: ›Der Hellseher‹
Originaltitel: ›Clyde Bruckman's Final Repose‹
Regie: Rob Bowman
Drehbuch: Darin Morgan
Deutsche Erstausstrahlung: 14. 11. 1996

Inhalt: In und um Minneapolis treibt ein Killer sein Unwesen, der reihenweise Hellseher umbringt. Mit Hilfe des sonderbaren Versicherungsvertreters Clyde Bruckman, der anscheinend über die Fähigkeit verfügt, den Tod anderer Menschen vorherzusehen, versuchen Mulder und Scully, den Irren zu fassen.

Besetzung:

David Duchovny	Special Agent Fox Mulder
Gillian Anderson	Special Agent Dana Scully
Peter Boyle	Clyde Bruckman
Stu Charno	Mörder
Frank Cassini	Detective Cline
Dwight McFee	Detective Havez
Alex Diakun	Tarotmann
Karin Konoval	Madame Zelma

Ken Roberts	Verkäufer
Jaap Broeker	»The Stupendous Yappi‹
David McKay	Mr. Gordon
Greg Anderson	Polizeifotograf
Doris Rands	Mrs. Lowell

3.05
Deutscher Titel: ›Die Liste‹
Originaltitel: ›The List‹
Regie: Chris Carter
Drehbuch: Chris Carter
Deutsche Erstausstrahlung: 27. 02. 1997

Inhalt: Im Eastpoint Staatsgefängnis in Florida wird Napoleon ›Neech‹ Manley wegen zweifachen Mordes auf dem elektrischen Stuhl hingerichtet, nachdem er geschworen hat, zurückzukommen und jene fünf Personen umzubringen, die für seinen Tod die Verantwortung tragen. Kurz darauf werden in dem Zuchthaus auf rätselhafte Weise mehrere Wächter und Insassen ermordet. Mulder und Scully nehmen sich der Sache an und kommen zu dem Schluß, daß der Zellenwärter Vincent Parmelly offenbar vom Geist des hingerichteten Mörders besessen ist.

Besetzung:

David Duchovny	Special Agent Fox Mulder
Gillian Anderson	Special Agent Dana Scully
J. T. Walsh	Gefängnisdirektor Leo Brodeur
Bokeem Woodbine	Sammom Roque
Badja Djola	Napoleon ›Neech‹ Manley
John Toles-Bey	John Speranza
Ken Foree	Vincent Parmelly
April Grace	Danielle Manley

Greg Rogers	Daniel Charez
Mitch Kosterman	Fornier
Paul Raskin	Coroner Ullrich
Denny Arnold	1. Wächter
Craig Brunanski	2. Wächter
Joseph Patrick Finn	Kaplan
Bruce Pinard	Perry Simon
Don McKay	Oates
Michael Andaluz	Gefangener

3.06
Deutscher Titel: ›Fett‹
Originaltitel: ›2SHY‹
Regie: David Nutter
Drehbuch: Jeffrey Vlaming
Deutsche Erstausstrahlung: 06. 03. 1997

Inhalt: In Cleveland, Ohio, wird die stark zersetzte Leiche einer Frau namens Lauren MacKalvey gefunden. Ihre sterblichen Überreste enthalten keinerlei Fettgewebe mehr, was Mulder und Scully auf die Spur des ›fettsaugenden Vampirs‹ Virgil Incanto bringt, der sich seine Opfer per Online-Chat sucht.

Besetzung:

David Duchovny	Special Agent Fox Mulder
Gillian Anderson	Special Agent Dana Scully
James Handy	Detective Alan Cross
Timothy Carhart	›Virgil Incanto‹
Catherine Paolone	Ellen Kaminsky
Kerry Sandomirsky	Joanne Steffen
Aloka McLean	Jesse
Suzy Joachim	Jennifer
Glynis Davies	Monica
Randi Lynne	Lauren MacKalvey

William MacDonald	Special Agent Kazanjian
Brad Wattum	Polizist
Jan Bailey Mattia	Prostituierte
Lindsay Bourne	Freier
Dean McKenzie	Blaine

3.07
Deutscher Titel: ›Der zweite Körper‹
Originaltitel: ›The Walk‹
Regie: Rob Bowman
Drehbuch: John Shiban
Deutsche Erstausstrahlung: 21. 11. 1996

Inhalt: Mulder und Scully werden auf den Fall des Lieutenant Colonels Victor Stans angesetzt, der im Laufe der letzten drei Wochen mehrfach versucht hat, sich das Leben zu nehmen, dabei aber stets in letzter Sekunde gerettet wurde. Stans behauptet, daß eine Art Phantom, das seine gesamte Familie umgebracht hat, ihn nicht sterben lassen will. Bevor die beiden FBI-Agenten dahinterkommen, daß der arm- und beinlose Rappo allem Anschein nach mit Hilfe eines Astralleibs Rache an jenen nimmt, die er für seinen erbarmenswerten Zustand verantwortlich macht, müssen auch die Frau und der Sohn von General Thomas Callahan ihr Leben lassen.

Besetzung:

David Duchovny	Special Agent Fox Mulder
Gillian Anderson	Special Agent Dana Scully
Thomas Kopache	General Thomas Callahan
Willie Garson	Quinton ›Roach‹ Freely
Don Thompson	Victor Stans
Nancy Sorel	Captain Janet Draper
Ian Tracey	Leonard ›Rappo‹ Trimble

Paula Shaw	1. Krankenschwester
Beatrice Zeilinger	2. Krankenschwester
Deryl Hayes	Militärarzt
Rob Lee	Amputierter
Andrea Barclay	Frances Callahan
Pat Bermel	Therapeutin
Brennan Kotowich	Trevor Callahan
Paul Dickson	1. Wachmann
Harlan Cutshall	2. Wachmann

3.08
Deutscher Titel: ›Parallele‹
Originaltitel: ›Oubliette‹
Regie: Kim Manners
Drehbuch: Charles Grant Craig
Deutsche Erstausstrahlung: 13. 03. 1997

Inhalt: In Seattle, Washington, wird die fünfzehnjährige Amy Jacobs von einem Mann namens Carl Wade entführt. Ein anderes Opfer von Wade, die Kassiererin Lucy Householder, die von dem Schizophrenen fünf Jahre lang in einem Keller gefangengehalten wurde, bevor sie schließlich fliehen konnte, scheint mit Amy in telepathischem Kontakt zu stehen. Doch als Mulder und Scully mit ihrer Hilfe das gekidnappte Mädchen finden wollen, verhält Lucy sich alles andere als kooperativ.

Besetzung:

David Duchovny	Special Agent Fox Mulder
Gillian Anderson	Special Agent Dana Scully
Tracey Ellis	Lucy Householder
Michael Chieffo	Carl Wade
Jewel Staite	Amy Jacobs
Ken Ryan	Eubanks
Dean Wray	Fahrer des Abschleppwagens

Jaques LaLonde	Henry
David Fredericks	Larken
Sidonie Boll	Myra Jacobs
Robert Underwood	Sanitäter
Dolly Scarr	Chefin des Schnellrestaurants
Bonnie Hay	Frau
David Lewis	Kreski
Alexa Mardon	Sadie

3.09
Deutscher Titel: ›Die Autopsie‹ (1. Teil)
Originaltitel: ›Nisei‹
Regie: David Nutter
Drehbuch: Chris Carter, Howard Gordon, Frank Spotnitz
Deutsche Erstausstrahlung: 23. 01. 1997

Inhalt: Mulder und Scully gelangen an ein Video, das offenbar die Autopsie eines Außerirdischen zeigt. Sie nehmen sich der Sache an und stoßen dabei auf eine Gruppe von japanischen Wissenschaftlern, die anscheinend Genexperimente mit Alien-DNA durchführen.

Besetzung:

David Duchovny	Special Agent Fox Mulder
Gillian Anderson	Special Agent Dana Scully
Mitch Pileggi	Walter S. Skinner
Stephen McHattie	Killer
Steven Williams	Mr. X
Raymond J. Barry	Senator Richard Matheson
Robert Ito	Dr. Takeo Ishimaru
Tom Braidwood	Frohike
Dean Haglund	Langly
Bruce Harwood	Byers
Gillian Barber	Penny Northern

Corrine Koslo	Lottie Holloway
Lori Triolo	Diane
Brendan Beiser	Special Agent Pendrell
Yasuo Sakurai	Kazuo Sakurai
Carrie Cain Sparks	Bahnbeamtin
Warren Takeuchi	Mordopfer

3.10
Deutscher Titel: ›Der Zug‹ (2. Teil)
Originaltitel: ›731‹
Regie: Rob Bowman
Drehbuch: Frank Spotnitz
Deutsche Erstausstrahlung: 30. 01. 1997

Inhalt: Während Scully versucht, das Geheimnis einer Leprakolonie in Perkey, West Virginia, zu lüften, befindet Mulder sich an Bord eines Zuges. Einer der Waggons beherbergt im Auftrag der Regierung einen Außerirdischen. Doch Mulder hat keine Gelegenheit, sich davon zu überzeugen, worum es sich bei diesem mysteriösen Wesen handelt, denn ein Killer und eine in dem Waggon versteckte Zeitbombe machen ihm das Leben schwer.

Besetzung:

David Duchovny	Special Agent Fox Mulder
Gillian Anderson	Special Agent Dana Scully
Stephen McHattie	Killer
Steven Williams	Mr. X
William B. Davis	Cigarette-Smoking Man
Michael Puttonen	Zugbegleiter
Robert Ito	Dr. Takeo Ishimaru
Colin Cunningham	Escalante
Don S. Williams	Elder
Brendan Beiser	Special Agent Pendrell

3.11
Deutscher Titel: ›Offenbarung‹
Originaltitel: ›Revelations‹
Regie: David Nutter
Drehbuch: Kim Newton
Deutsche Erstausstrahlung: 28. 11. 1996

Inhalt: Ein Serienkiller bringt systematisch selbsternannte Propheten um, die allesamt von sich behaupteten, die Stigmata des gekreuzigten Christi aufzuweisen. Sein nächstes Opfer soll der zehnjährige Kevin Kryder aus Ohio werden, dessen Wundmale im Gegensatz zu denen der ermordeten ›Heiligen‹ allerdings tatsächlich bluten. Während Mulder sich skeptisch gibt, ist Scully von dem Jungen überaus fasziniert.

Besetzung:

David Duchovny	Special Agent Fox Mulder
Gillian Anderson	Special Agent Dana Scully
Kevin Zegers	Kevin Kryder
Sam Bottoms	Offizier der Küstenwache
Paul McLean	Mr. Kryder
Kenneth Welsh	Millennium Man
Michael Berryman	Owen Jarvis
Hayley Tyson	Susan Kryder
Lee Ermey	Reverend Findley
Leslie Swan	Carina Maywald
Fulvio Cecere	Priester
Nicole Robert	Mrs. Tynes
Selina Williams	Schwester

3.12
Deutscher Titel: ›Krieg der Koprophagen‹
Originaltitel: ›War of the Coprophages‹
Regie: Kim Manners
Drehbuch: Darin Morgan
Deutsche Erstausstrahlung: 05. 12. 1995

Inhalt: In der Kleinstadt Millers Grove (inspiriert von dem Ort Grovers Mill aus H. G. Wells' *War of the Worlds*) gehen Mulder und Scully Morden nach, die anscheinend von Küchenschaben begangen wurden. Als Mulder eine Schabe mit einem Metallskelett findet, sieht es danach aus, als würde die NASA etwas mit dem Fall zu tun haben.

Besetzung:

David Duchovny	Special Agent Fox Mulder
Gillian Anderson	Special Agent Dana Scully
Bobbie Phillips	Dr. Bambi Berenbaum
Raye Birk	Dr. Josef Eckerle
Dion Anderson	Sheriff Frass
Bill Dow	Dr. Newton
Alex Bruhanski	Dr. Bugger
Ken Kramer	Dr. Alexander Inanov
Nicole Parker	›Maus‹
Alan Buckley	›Typ‹
Tyler Labine	Stoner
Maria Herrera	1. Kundin
Fiona Robertz	2. Kundin
Dawn Stofer	3. Kundin
Shaw Allan	Kunde
Norma Wick	Reporterin
Wren Robertz	Ordonnanz
Tom Heaton	1. Anwohner
Bobby L. Stewart	2. Anwohner
Tony Marr	Motelbesitzer

3.13
Deutscher Titel: ›Energie‹
Originaltitel: ›Syzygy‹
Regie: Rob Bowman
Drehbuch: Chris Carter
Deutsche Erstausstrahlung: 12. 12. 1996

Inhalt: In der Kleinstadt Comity sterben im Laufe von wenigen Wochen drei Schüler auf seltsame Weise. Während die Einwohner die Jugendlichen für die Opfer eines Satanskultes halten, ist Mulder der Meinung, daß eine seltene Planetenkonstellation zwei jungen Mädchen mörderische Kräfte verliehen hat.

Besetzung:

David Duchovny	Special Agent Fox Mulder
Gillian Anderson	Special Agent Dana Scully
Dana Wheeler-Robinson	Detective White
Wendy Benson	Magri Kleinjan
Lisa Robin Kelly	Terri Roberts
Garry Davey	Rektor Bob Spitz
Denalda Williams	Zirinka
Gabrielle Miller	Brenda J. Summerfield
Ryan Reynolds	Jay De Boom
Tim Dixon	Dr. R. W. Godfrey
Ryk Brown	Ministrant
Jeremy Radock	Junger Mann
Russell Porter	Scott Simmons

3.14
Deutscher Titel: ›Groteske‹
Originaltitel: ›Grotesque‹
Regie: Kim Manners
Drehbuch: Howard Gordon
Deutsche Erstausstrahlung: 20. 03. 1997

Inhalt: Der Verhaltenskriminologe Special Agent Bill Patterson bittet Mulder um Hilfe, weil nach der Verhaftung eines Serienkillers das Morden nicht aufhört. Während Patterson der Meinung ist, es mit einem Nachahmungstäter zu tun zu haben, ist Mulder der Ansicht, daß hier ein Fall von Besessenheit vorliegt.

Besetzung:

David Duchovny	Special Agent Fox Mulder
Gillian Anderson	Special Agent Dana Scully
Mitch Pileggi	Walter S. Skinner
Kurtwood Smith	Special Agent Bill Patterson
Levani Outchaneichvili	John Mostow
Greg Thirloway	Special Agent Nemhauser
Susan Bain	Special Agent Sheherlis
Kasper Michaels	Junger Agent
Zoran Vukelic	Model
John Milton Brandon	Aguirre
James McDonnell	Glasbläser
Paul J. Anderson	Sanitäter
Amanda O'Leary	Ärztin

3.15
Deutscher Titel: ›Der Feind, Teil 1‹ (1. Teil)
Originaltitel: ›Piper Maru‹
Regie: Rob Bowman
Drehbuch: Chris Carter, Frank Spotnitz
Deutsche Erstausstrahlung: 19. 12. 1996

Inhalt: Die Mannschaft eines französischen Bergungsschiffs, das ein im 2. Weltkrieg abgestürztes Flugzeug heben sollte, wird mit extrem schweren Strahlenschäden in ein Krankenhaus in San Diego eingeliefert. Mulder und Scully kommen dahinter, daß sich im Wrack des Flugzeugs eine außerirdische Lebensform befand, die nur in öligen Flüssigkeiten überleben kann.

Besetzung:

David Duchovny	Special Agent Fox Mulder
Gillian Anderson	Special Agent Dana Scully
Mitch Pileggi	Walter S. Skinner
Nicholas Lea	Special Agent Alex Krycek
Robert Clothier	Chris Johanson
Jo Bates	Jeraldine Kallenchuk
Morris Paynch	Grauhaariger
Stephen E. Miller	Wayne Morgan
Ari Solomon	Gauthier
Paul Batten	Dr. Seizer
Russell Ferrier	Arzt
Lenno Britos	Luis Cardinal
Kimberley Unger	Joan Gauthier
Rochelle Greenwood	Kellnerin
Joel Silverstone	1. Ingenieur
Darcy Laurie	2. Ingenieur
David Neale	Wächter
Tom Scholte	Johanson (jung)
Robert F. Maier	Pilot
Tegan Moss	Dana Scully als Mädchen
Richard Hersley	Captain Kyle Sanford
Peter Scoular	Krankes Besatzungsmitglied
Christine Viner	Melissa Scully als Mädchen

3.16
Deutscher Titel: ›Der Feind, Teil 2‹ (2. Teil)
Originaltitel: ›Apocrypha‹
Regie: Kim Manners
Drehbuch: Chris Carter, Frank Spotnitz
Deutsche Erstausstrahlung: 02. 01. 1997

Inhalt: Mulder kehrt mit Alex Krycek, der noch immer das DAT-Band mit den ›MJ‹-Dokumenten besitzt (siehe: ›Anasazi‹, ›The Blessing Way‹, ›Paper Clip‹), aus Hongkong in die USA zurück, ohne zu wissen, daß Krycek von der fremden Lebensform besessen ist. Unterdessen hat Scully alle Hände voll damit zu tun, ein zweites Attentat auf Skinner zu verhindern.

Besetzung:

David Duchovny	Special Agent Fox Mulder
Gillian Anderson	Special Agent Dana Scully
Mitch Pileggi	Walter S. Skinner
John Neville	Well-Manicured Man
William B. Davis	Cigarette-Smoking Man
Tom Braidwood	Frohike
Dean Haglund	Langly
Bruce Harwood	Byers
Nicholas Lea	Special Agent Alex Krycek
Kevin McNulty	Fuller
Barry Levy	Navy-Arzt
Dmitry Chepovetsky	Junger William Mulder
Sue Mathew	Special Agent Caleca
Don S. Williams	1. Elder
Stanley Walsh	2. Elder
Lenno Britos	Luis Cardinal
Frances Flanagan	Krankenschwester
Brendan Beiser	Special Agent Pendrell
Peter Scoular	Krankes Besatzungsmitglied
Jeff Chivers	Bewaffneter Mann

Martin Evans	Verwalter
Eric Breker	Fahrer des Krankenwagens
Harrison R. Coe	Regierungsbeamter
Richard Hersley	Captain Kyle Sanford
David Kaye	Arzt
Craig Warkentin	Junger Cigarette-Smoking Man

3.17
Deutscher Titel: ›Mein Wille sei dein Wille‹
Originaltitel: ›Pusher‹
Regie: Rob Bowman
Drehbuch: Vince Gilligan
Deutsche Erstausstrahlung: 09. 01. 1997

Inhalt: Ein Gehirntumor versetzt den kaltblütigen Serienkiller Robert Modell, der sich selbst ›Pusher‹ nennt, in die Lage, anderen Menschen seinen Willen aufzuzwingen und sie auf diese Weise in den Selbstmord zu treiben. Ein Katz-und-Maus-Spielz zwischen Modell und den beiden FBI-Agenten Mulder und Scully beginnt.

Besetzung:

David Duchovny	Special Agent Fox Mulder
Gillian Anderson	Special Agent Dana Scully
Mitch Pileggi	Walter S. Skinner
Robert Wisden	Robert Modell/›Pusher‹
Vic Polizos	Special Agent Frank Burst
Julia Arkos	Holly
Steve Bacic	Collins
Meredith Bain-Woodward	Strafverteidigerin
Roger R. Cross	Lieutenant des SWAT-Teams
Ernie Foort	Wächter

Janyse Jaud	Krankenschwester
Darren Lucas	Kommandant des SWAT-Teams
Don MacKay	Richter
D. Neil Mark	Deputy Scott Kerber
E. Brad J. D. Sheppard	Staatsanwalt
F. Henry Watson	Gerichtsdiener

3.18
Deutscher Titel: ›Der Fluch‹
Originaltitel: ›Teso dos Bichos‹
Regie: Kim Manners
Drehbuch: John Shiban
Deutsche Erstausstrahlung: 16. 01. 1997

Inhalt: In Equador stoßen Archäologen bei Ausgrabungsarbeiten in Teso dos Bichos auf die Urne einer Schamanin, die trotz der Warnungen der dort lebenden Secona-Indianer nach Boston in ein Museum geschafft wird. Als sich in dem Museum wenig später eine Reihe mysteriöser Morde ereignet, schalten sich Mulder und Scully ein. Ihr Verdacht fällt auf Dr. Alonzo Bilac, der an den Ausgrabungen beteiligt war und sich seit der Rückkehr aus Teso dos Bichos zunehmend seltsamer verhält.

Besetzung:

David Duchovny	Special Agent Fox Mulder
Gillian Anderson	Special Agent Dana Scully
Vic Trevino	Dr. Alonzo Bilac
Janne Mortil	Mona Wustner
Gordon Tootoosis	Schamane
Garrison Chrisjohn	Dr. Winters
Tom McBeath	Dr. Lewton
Ron Sauve	Tim Decker
Alan Robertson	Dr. Carl Roosevelt

3.19
Deutscher Titel: ›Höllengeld‹
Originaltitel: ›Hell Money‹
Regie: Tucker Gates
Drehbuch: Jeffrey Vlaming
Deutsche Erstausstrahlung: 06. 02. 1997

Inhalt: Mulder und Scully bearbeiten in San Francisco den Fall mehrerer Chinesen, die offenbar bei lebendigem Leibe in einem Krematorium verbrannt wurden, und stoßen dabei auf ein Wettbüro in Chinatown, bei dem die Menschen ihre eigenen Organe als Wetteinsatz aufs Spiel setzen.

Besetzung:

David Duchovny	Special Agent Fox Mulder
Gillian Anderson	Special Agent Dana Scully
James Hong	Mann mit hartem Gesicht
Michael Yama	Hsin
Lucy Liu	Kim
Doug Abrahams	Neary
Diana Ha	Dr. Wu
Stephen Chang	Großer Mann
Donald Fong	Vasenmann
Ed Hong-Louie	Geldmann
Graham Shiels	Nachtwächter
Paul Wong	Mann

3.20
Deutscher Titel: ›Andere Wahrheiten‹
Originaltitel: ›Jose Chung's From Outer Space‹
Regie: Rob Bowman
Drehbuch: Darin Morgan
Deutsche Erstausstrahlung: 13. 02. 1997

Inhalt: Während der Sience-fiction-Autor Jose Chung mit Scully für sein Buch *From Outer Space* die Abduktion zweier Teenager rekonstruiert, ist Mulder damit beschäftigt, eine Vertuschungsaktion der US Air Force aufzudecken. Dabei bekommt er es mit den rätselhaften ›Männern in Schwarz‹ zu tun.

Besetzung:

David Duchovny	Special Agent Fox Mulder
Gillian Anderson	Special Agent Dana Scully
Charles Nelson Reilly	Jose Chung
William Lucking	Roky
Jason Gaffney	Harold
Sarah Sawatsky	Chrissy
Jesse Ventura	›Man in Black‹
Larry Musser	Detective Manners
Alex Diakun	Dr. Fingers
Terry Arrowsmith	Air-Force-Mann
Andrew Turner	CIA-Agent
Mina Mina	Dr. Hand
Allan Zinyk	Blaine
Michael Dobson	Schaeffer
Jaap Broeker	›The Stupendous Yappi‹

3.21
Deutscher Titel: ›Heimsuchung‹
Originaltitel: ›Avatar‹
Regie: James Charleston
Drehbuch: David Duchovny, Howard Gordon
Deutsche Erstausstrahlung: 20. 02. 1997

Inhalt: Da Skinners Ehe nach sechzehn Jahren vor dem Aus steht, zeigt er sich den Avancen einer jungen Frau, die ihn eines Abends in einer Bar anspricht, nicht abgeneigt. Als die Frau am nächsten Morgen allerdings tot neben ihm im Bett liegt, ist es ausnahmsweise einmal Skinner, der die Hilfe von Mulder und Scully benötigt, damit sie seine Unschuld beweisen.

Besetzung:

David Duchovny	Special Agent Fox Mulder
Gillian Anderson	Special Agent Dana Scully
Mitch Pileggi	Walter S. Skinner
William B. Davis	Cigarette-Smoking Man
Tasha Simms	Jay Cassal
Amanda Tapping	Carina Sayles
Bethoe Shirkoff	Alte Frau
Tom Mason	Detective Waltos
Cal Traversy	Junger Detective
Stacy Grant	Judy Fairly
Janie Woods-Morris	Lorraine Kelleher
Jennifer Hetrick	Sharon Skinner
Malcolm Stewart	Special Agent Bonnecaze
Brendan Beiser	Dr. Rick Newton
Michael David Simms	Agent
Morris Paynch	Grauhaariger

3.22
Deutscher Titel: ›Der See‹
Originaltitel: ›Quagmire‹
Regie: Kim Manners
Drehbuch: Kim Newton
Deutsche Erstausstrahlung: 27. 02. 1997

Inhalt: In der Kleinstadt Rigdon, in der Nähe des Sees Heuvelman's Lake, in dem angeblich ein Monster mit dem Namen ›Big Blue‹ hausen soll, ereignet sich eine Reihe mysteriöser Morde. Mulder und Scully nehmen sich der Sache an. Es stellt sich heraus, daß in dem Gewässer wirklich ein Untier lebt, nämlich ein riesiger Alligator, der Scullys Spitz Queegqueg den Garaus macht. Doch es hat den Anschein, als ob *noch etwas anderes* in den Tiefen des Sees lauern würde ...

Besetzung:

David Duchovny	Special Agent Fox Mulder
Gillian Anderson	Special Agent Dana Scully
Chris Ellis	Sheriff
Timothy Webber	Farraday
Nelson Brown	Bray
Mark Everton	Ted Bertran
Peter Hanlon	Dr. Bailey
Taylor Labine	Stoner
Nicole Parker	Chick

3.23

Deutscher Titel: ›Ferngesteuert‹
Originaltitel: ›Wetwired‹
Regie: Rob Bowman
Drehbuch: Chris Carter
Deutsche Erstausstrahlung: 06.03.1997

Inhalt: Ein mysteriöser Informant macht Mulder und Scully auf eine rätselhafte Mordserie in einer Kleinstadt aufmerksam. Bei ihren Ermittlungen entdecken die FBI-Agenten, daß die Mörder anscheinend durch Subliminale (unterschwellige Botschaften) zu ihren Taten getrieben wurden.

Besetzung:

David Duchovny	Special Agent Fox Mulder
Gillian Anderson	Special Agent Dana Scully
Mitch Pileggi	Walter S. Skinner
Sheila Larken	Margaret Scully
William B. Davis	Cigarette-Smoking Man
Tom Braidwood	Frohike
Dean Haglund	Langly
Bruce Harwood	Byers
Steven Williams	Mr. X

3.24
Deutscher Titel: ›Der Tag steht schon fest‹ (1. Teil)
Originaltitel: ›Talitha Cumi‹
Regie: R. W. Goodwin
Drehbuch: Chris Carter
Deutsche Erstausstrahlung: 27. 03. 1997

Inhalt: Ein geheimnisvoller Wunderheiler namens Jeremiah Smith, von dem es anscheinend gleich mehrere ›Ausführungen‹ gibt, die über die gesamten Vereinigten Staaten verteilt sind, bringt Mulder und Scully auf die Spur eines ungeheuerlichen Plans, der die Kolonisierung der Erde durch Außerirdische vorsieht. Und offenbar steht der Zeitpunkt für diese Aktion bereits fest …

Besetzung:

David Duchovny	Special Agent Fox Mulder
Gillian Anderson	Special Agent Dana Scully
Mitch Pileggi	Walter S. Skinner
Roy Thinnes	Jeremiah Smith
William B. Davis	Cigarette-Smoking Man
Peter Donat	William Mulder
Jerry Hardin	Deep Throat
Brian Thompson	Pilot/Kopfjäger
Angelo Vacco	Mordopfer
Steven Williams	Mr. X
Hrothgar Mathews	Galen Muntz
Rebecca Toolan	Mrs. Mulder
Stephen Dimopoulos	Polizist
John MacLaren	Arzt
Cam Cronin	Sanitäter
Bonnie Hay	Nachtschwester
Ross Clarke	Freundlicher Mann
Brian Barry	Mann

Danksagung

Wie üblich möchte ich an dieser Stelle die Gelegenheit nutzen, um all jenen Menschen zu danken, die dieses Buch auf die eine oder andere Weise möglich gemacht haben. Als da wären: Michael Schönenbröcher und Peter Thannisch; Matina, Amir und Dariush Keshavarz, die ich um nichts auf der Welt missen möchte; Kerem Bewarder, für den dasselbe gilt; Joachim Körber; Christian Meißner, der weiß, warum; Harvey & Wendell; Erika und Christian Merke; meine Frau Margrit, ohne die nichts so wäre, wie es ist; Walther Wiesheier, ein Freund und leidenschaftlicher X-Phile; und schließlich meinem Lektor Dr. Edgar Bracht, der Himmel und Hölle in Bewegung gesetzt hat, um dieses Projekt trotz zahlreicher Irrungen und Wirrungen letztlich doch noch auf den Weg zu bringen. Für die Dinge, die an diesem Buch richtig sind, gebührt das Lob diesen Personen. Für alles, was hingegen falsch ist, dürfen Sie Asche auf mein kahles Haupt streuen.

Andreas Kasprzak
Sterup, Februar 1997

Literaturverzeichnis

Kurt Allgeier, *Die Prophezeiungen des Nostradamus*. München, 1989.

Marquis d'Àrgens, *Jüdische Briefe*. Berlin/Stettin, 1738.

Nigel Blundell, *Die größten Geheimnisse der Welt*. München, 1984.

Werner Bonin, *Naturvölker und ihre übersinnlichen Fähigkeiten*. München, 1986.

Janet & Colin Bord, *Unheimliche Phänomene des 20. Jahrhunderts*. München, 1995.

Dom Augustin Calmet, *Dissertations sur les apparitions des Esprits, et sur les vampires ou les revenans de Hongrie, de Moravie, ect*. Paris, 1617.

Aleister Crowley, *Liber al Vel Legis*. Bersenbrück, 1986.

C. H. Dewisme, *Les Zombis*. Grasset, 1957.

Josef Dvorak, *Satanismus*. München, 1994.

Robert J. Dvorchak/Lisa Holewa, *Wer ist Jeffrey Dahmer?* Bergisch Gladbach, 1992.

Martin Ebon (Hrsg.), *True Experiences with Ghosts*. New York, 1968.

Pierre Fontaine, *Le Magie chez les Noirs*. Dervy, 1949.

Raymond E. Fowler, *Die Beobachter*. Bergisch Gladbach, 1994.

Ursel Fuchs, *Gentechnik – Der Griff nach dem Erbgut*. Bergisch Gladbach, 1996.

Ngaire Genge, *Die Wahrheit über Akte X*. München, 1996.

Jane Goldman, *Die wahren X-Akten*. Köln, 1996.

Johann Chr. Harenberg, *Vernünftige und Christliche Gedancken über die Vampirs oder Bluhtsaugende Todten*. Wolffenbüttel, 1733.

Dietrich Haubold, ›Vampire‹. In: *Vampira*, Band Nr. 2, Bergisch Gladbach, 1996.

Die Heilige Schrift. Stuttgart, 1972.

Herodot, *Das Gesamtwerk*. Leipzig, 1964.
Michael Hesemann, *Jenseits von Roswell*. Düsseldorf, 1996.
Hexen, Geister, Magier. Düsseldorf/Wien, 1979.
Magnus Hirschfeld, *Sexualität und Kriminalität*. Wien/Berlin, 1924.
P. L. Jacob, *Curiosités infernales*. Garnier, 1886.
Stephen King, *Danse Macabre*. München, 1988.
Josef Klapper, *Schlesische Volkskunde auf kulturgeschichtlicher Grundlage*. Breslau, 1925.
Helmut Lammer/Oliver Sidla, *UFO-Geheimhaltung*. München, 1996.
Pierre de Lancre, *L'incrédulité et mescréance du sortilége plainement convaincue*. Paris, 1622.
Walter-Jörg Langbein, *Die großen Rätsel der letzten 2500 Jahre*. München, 1997.
Gérard Lenne, *Der erotische Film*. München, 1990.
Frank Lovece, *Enthüllt: Die X-Akten*. Düsseldorf, 1996.
Brian Lowry, *Die Wahrheit ist irgendwo dort draußen*. Köln, 1996.
Miklosisch, *Etymologisches Wörterbuch der slawischen Sprachen*. Wien, 1886.
Ovid, *Metamorphosen*. Zürich, 1964.
Petronius/Arbiter, *Satiricon*. Berlin, 1965.
Phänomene. Erlangen, 1996.
Phänomene – Die Welt des Unerklärlichen. Erlangen, 1994.
Karsten Prüßmann, *Die Dracula-Filme*. München, 1993.
Michael Ranft, *Tractat von dem Kauen und Schmatzen der Todten in Gräbern*. Leipzig, 1734.
Alfons Rosenberg, *Praktiken des Satanismus*. Nürnberg, 1965.
Milan Ryzl, *Parapsychologie*. Genf, 1969.
Marquis De Sade, *Justine*. Hamburg, 1965.
Karl-Ferdinand von Schertz, *Magia posthuma*. Olmütz, 1706.

Thomas Schweer, *Stichwort Satanismus*. München, 1997.
Otto Steiner, *Vampirleichen*. Hamburg, 1959.
Dieter Sturm/Klaus Völker (Hrsg.), *Von denen Vampiren*. München, 1968.
Unerklärliche Phänomene. Erlangen, 1995.
Vergil, *Aeneis*. Berlin/Weimar, 1965.
Klaus Völker (Hrsg.), *Werwölfe und andere Tiermenschen*. München, 1972.
Hartwig Weber, *Jugendlexikon Religion*. Reinbek, 1986.
Michael White, *Die Wissenschaft der Akte* X. München, 1996.

ENDE

Band 13 871
Wolfgang Hohlbein
Der Widersacher

Auf der Suche nach einer Tankstelle stoßen der Versicherungsvertreter Brenner und die junge Anhalterin Astrid auf ein seltsames, uraltes Kloster, in dem die Zeit stehengeblieben zu sein scheint. Doch allzuschnell holt sie die Gegenwart ein. Über ihren Häuptern bricht ein flammendes Inferno aus, als ein arabischer Terrorist und die US-Luftwaffe sich ein letztes Gefecht liefern. Danach geschehen Zeichen und Wunder: Menschen, die Brenner verglühen sah, sind noch am Leben, und ein unheimlicher Priester enthüllt ihm die unglaubliche Kunde, daß das Ende der Welt angebrochen ist und der Widersacher nun auf der Erde wandle.